石油化工科技进步软科学研究报告

新时代石油精神和石化传统研究

本书课题组　著

中国石化出版社

图书在版编目（CIP）数据

新时代石油精神和石化传统研究 / 本书课题组著
．—北京：中国石化出版社，2023.7（2023.9 重印）
ISBN 978-7-5114-7135-2

Ⅰ．①新…　Ⅱ．①本…　Ⅲ．①石油化工企业—思想政治教育—研究—中国　Ⅳ．① D412.62

中国国家版本馆 CIP 数据核字（2023）第 112615 号

中国石化出版社出版发行
地址：北京市东城区安定门外大街 58 号
邮编：100011　电话：（010）57512500
发行部电话：（010）57512575
http：//www. sinopec-press. com
E-mail：press@ sinopec. com
北京科信印刷有限公司印刷
*
710 × 1000 毫米 16 开本 14.25 印张 211 千字
2023 年 7 月第 1 版　2023 年 9 月第 2 次印刷
定价：68.00 元

课题组成员

课题组长

徐旭日

课题指导

王　涛

参加人员

集团公司党组宣传部

于　凡

集团公司党组党校

刘新华　李晓明　李晓洁　于　淼

徐　雅　贾培才　田婧然　张俊荣

集团公司直属单位

刘彦国　周江平　黄仲文

黎海琳　张海霞　胡学美

前言

PREFACE

2021 年 10 月 21 日，习近平总书记在视察胜利油田时指出，要继承和发扬老一辈石油人的革命精神和优良传统，始终保持石油人的红色底蕴和战斗情怀，为社会主义现代化建设事业作出更大贡献。为深入学习贯彻习近平总书记重要指示精神，集团公司党组要求，公司上下要更加坚定地传承石油精神、弘扬石化传统，努力建设具有“强大战略支撑力、强大民生保障力、强大精神感召力的中国石化”，为党和国家事业再立新功、再创佳绩。

秉纲而目自张，执本而末自从。由红色基因一脉相承的石油精神和石化传统，是我国石油石化行业筚路蓝缕以启山林的制胜法宝，是一代代石油石化人攻坚啃硬、勇毅前行的精神源泉，是新时代建设具有强大战略支撑力、强大民生保障力、强大精神感召力的中国石化的不竭动力。从一定程度上讲，石油精神和石化传统就是我国石油石化企业的张目之纲要、聚末之根本。

贯彻党组要求，课题组立足于新时代石油精神石化传统的传承弘扬，从中国石化在确保国家能源安全、保障经济社会发展上再立新功、再创佳绩的战略高度，深入分析课题立项和研究的背景、意义。以此为基点，以时间为脉络，回顾了历届党和国家领导人特别是习近平总书记对石油石化工业的殷切关怀，总结了石油精神石化传统的形成基础；以此为基点，以归纳思维和理论探讨为工具，从石油精神和石化传统基本内涵的阐释入手，研究石油精神和石化传统的重要现实意义，探寻石油精神和石化传统的哲学基础；以此为基点，以实践实证为手段，选取勘探开发、炼油化工、油品销售、科学研究等四个业务领域，以样本研究的方式，分板块对其弘扬新时代石油精神和石化传统的经验做法、典型案例等进行研究分析；以此为基点，以新时代精神层面的继承与创新为核心，坚持实干为要，从现实要求、队伍状况、环境因素以及出发点、落脚点等多个维度科学分析，提出新时代传承石油精神弘扬石化传统的实践路径。

本着理论研究与实践应用并重、传承与创新并重的研究导向，课题组既在溯本求源上下功夫，也在与时俱进上做文章。走进新时代，习近平总书记重要讲话和指示精神为石油精神和石化传统的传承弘扬、实践落地，提供了理论指导和思想指引。党的二十大报告中关于推动国有企业“做强做优做大，提升企业核心竞争力”“在关系安全发展的领域加快补齐短板，提升战略性资源供应保障能力”等明确要求，为中国石化在新时代传承石油精神弘扬石化传统，建设“三个强大中国石化”指明了方向、明确了任务。在这样的大背景下，基于问题导向构建起来的中国石化新时代传承石油精神弘扬石化传统的“七有七进”工作体系，就显得源远流长、根深叶茂、恰逢其时了。

仰之弥高，钻之弥坚。对于新时代石油精神石化传统的研究，课题组的同志们普遍有这样的感觉，现有的文献资料中研究探讨石油精神的较为丰富，专门研究石化传统的略少，将石油精神石化传统进行一体化系统研究的相对不足，而以新时代为统领则基本上属于空白。要从空间维度上讲清楚行业与传统的嬗变轨迹，从精神谱系上厘清内在红色基因传承脉络，从思辨高度上弄清其哲学基础，从现实层面上分析内涵实质，从实践应用上总结升华，从传承创新中指导发展，要把石油精神石化传统系统归集、统筹研究，难度可想而知。

本课题由中国石化党组党校牵头组织，中国石化党组党校常务副校长、石油化工管理干部学院党委书记徐旭日，中国石化党组宣传部副部长王涛全程指导，党组党校刘新华、李晓明和党组宣传部于凡三位同志负责牵头组织、制订撰写计划、统稿整理、结构编排、文字修订等工作。具体撰写分工如下：“导论”部分由张俊荣主笔；“石油精神和石化传统概论”中，前四个部分由胡学美、李晓明主笔，第五部分由徐雅主笔；“石油精神和石化传统在典型业务板块中的表现”中，第一部分由周江平、于淼主笔，第二部分由黄仲文、贾培才主笔，第三部分由黎海琳、田婧然主笔，第四部分由张海霞、刘新华主笔；“新时代传承弘扬石油精神和石化传统的实践路径”由刘彦国、李晓洁主笔。在本书编写过程中，吕大鹏（中国石化党组宣传部原部长）、方忠于（中国石化报社党委书记、副社长）、徐成德（中国石化党群工作部副主任）、王丽娟（中国石化科技部副总经理）、毛增余（石化出版公司总经理）等领导提出了很好的建议，陈中义（洛阳工程公司党委宣传部原副部长、宣教中心主任）、孙明（石化出版公司副编审）、胡宁（中国石化油田事业部三级协理员）等专家给予了大力支持。需要特别说明的是，沈中（中国石油党组宣传部副部长）、林建功（中国海油党组宣传部副部长）、宋传修（大庆油田总经理助理、新闻发言人）为本课题提供了有力帮助。在此向参与撰写、修订及审定工作的所有人员表示衷心的感谢！

新时代石油精神石化传统的传承与弘扬，是一个宏大的课题，也是一个动态的研究对象，对它的研究正如对它的践行一样，永远在路上。受课题组成员研究时间、占有资料和自身能力所限，不足之处在所难免，敬请方家批评指正。

2023 年 7 月

目录

CONTENTS

导 论

石油精神和石化传统概论

石油精神和石化传统在典型业务板块中的表现

新时代传承弘扬石油精神和石化传统的实践路径

1

导　论

1.1 课题研究背景、思路、方法和创新点

党的十八大以来，习近平总书记多次就石油石化工业发展发表重要讲话、作出重要指示批示，深入石油石化企业调研指导，极大鼓舞了石油石化广大干部员工，激发了建设世界一流企业、保障国家能源安全的信心和决心。2016 年 6 月，习近平总书记作出重要批示，强调要大力弘扬以“苦干实干”“三老四严”为核心的石油精神，深挖其蕴含的时代内涵，凝聚新时期干事创业的精神力量。2021 年 10 月，习近平总书记到胜利油田考察调研，作出重要指示，提出殷切希望，勉励干部员工再立新功、再创佳绩，充分体现了以习近平同志为核心的党中央对石油石化行业和广大干部员工的深切关怀，为中国石化打造世界领先洁净能源化工公司、加快推进高质量发展指明了前进方向，注入了强大动力。新中国成立以来，我国石油化工从小到大、从弱到强，老一辈石油石化人苦干实干，相继开发多个大油田，为中国经济发展做出巨大贡献。如今，面对严峻的国内外形势，石油石化行业急需在新能源、新经济、新领域等方向布局，推动传统产业向智能化转型。新的

形势和任务，要求新一代石油石化人应从党和国家事业发展的战略高度去深入把握石油精神石化传统的深刻内涵，进一步汲取精神力量，永葆红色底蕴和战斗情怀，在确保国家能源安全、保障经济社会发展上再立新功、再创佳绩，承担起实现中华民族伟大复兴的历史使命，谱写中国式现代化石化新篇章。

1.1.1 背景分析

（1）党和国家面临“两个大局”的机遇与挑战

习近平总书记说过，“精神是一个民族赖以长久生存的灵魂，唯有精神上达到一定的高度，这个民族才能在历史的洪流中屹立不倒、奋勇向前”。当前，我们面临两个大局，一个是中华民族伟大复兴战略全局，一个是世界百年未有之大变局。我们从未像今天这样接近实现中华民族伟大复兴的目标，但是这个目标绝不是敲锣打鼓就能实现的，需要克服许多预想不到的风险和挑战，需要我们鼓足勇气、爬坡过坎、迎接挑战。在这个征途上需要我们继承和发扬业已存在的，包括石油精神和石化传统在内的宝贵精神财富。同时我们又面临世界百年未有之大变局，国际政治经济格局正在发生急遽变化，世界经济形势依然复杂严峻，保护主义上升，外部市场萎缩，我国发展面临巨大的挑战和压力，美国对中国全方位打压，构筑反华包围圈，不少动作直指中央企业。在这种形势下，我们必须审时度势，尽锐出战，保持战略定力和斗争精神，以前所未有的勇气和智慧加以应对。石油精神和石化传统是石油石化行业攻坚克难、夺取胜利的精神源泉和不竭动力，是我国石油石化战线核心竞争力和独特文化优势的集中体现。面对全面建成社会主义现代化国家的历史性目标，我们要以我们党的革命精神和中华民族优秀传统文化为根脉，从石油精神和石化传统中吸收营养、汲取力量，赓续红色传统，继承革命精神，为推动能源革命、石油石化工业高质量发展而不懈奋斗。

（2）中国石化创建世界一流企业进入加速时期

在新形势下，中国石化提出打造世界领先的洁净能源化工公司愿景目标，构建“一基两翼三新”产业格局，这是基于党中央对中国石化寄予的殷切期望，从国家能源发展战略高度提出的发展目标和构想。近四十年来，中国石化生来为党为国为人民，党中央一声令下，干部员工挺身而出，争当主力军和排头兵，今天中国石化已经成为世界第一大炼油公司、世界第二大化工公司。当前从石化行业来看，创建世界一流企业进入加速时期，公司改革发展正进入关键时期，油气资源发展能力亟待增强，炼油业务竞争力亟待提高，化工高端 + 新材料研发亟待加快，“卡脖子”技术攻关亟待突破，国际化经营和抗风险能力亟待强化，公司发展到一个更须把稳方向、攻坚破题、提质增效升级的新阶段。中国石化需要立时代潮头，尽央企职责，担当作为，奋力奔跑，迈向第二个百年奋斗目标新征程。越是发展的关键期，越需要精神的力量，越需要精神引领、典型示范。朝着高质量发展的宏伟目标迈进，需要大力传承石油精神、弘扬石化传统，发扬“有条件要上，没有条件创造条件也要上”的实干精神，弘扬“三老四严”、精细严谨、求真务实的优良作风，真抓实干，攻坚克难，推动公司发生根本性变革，实现历史性跨越，早日实现更高水平的“振兴石化”。

（3）中国石化正在向“再立新功、再创佳绩”新征程奋进

中国石化已经作出部署，“十四五”时期，要深入实施世界领先发展方略，从三个维度推动公司高质量发展：建设具有强大战略支撑力的中国石化，在服务构建新发展格局、推进高质量发展上走在前作表率，为党和国家支撑托底、稳盘固局；建设具有强大民生保障力的中国石化，在满足人民美好生活需要、促进共同富裕上走在前作表率，以“党和人民好企业”形象走进千家万户；建设具有强大精神感召力的中国石化，在弘扬伟大建党精神和优良革命传统、向社会广泛传递正能量上走在前作表率，为社会主义现代化建设注入更多精神力量。要牢记习近平总书记殷切嘱托，全面落实习近平总书记视察中国石化胜利油田重要指示精神，必须不断传承石油精神和弘扬石化传统，始终不忘石油石化人的本源、本质、本色，善于从石油精神、石化传统中汲取深厚养分，永葆红色底蕴和战斗情怀，任何时候都挺起精神脊梁，保持团结奋斗、开拓创新的昂扬斗志，在新时代新征程上再立新功、再创佳绩。

（4）石化人肩负着传承石油精神和弘扬石化优良传统的使命

党的十九大提出，进入新时代，我国社会的主要矛盾已经转化为人民日益增长的美好生活需要和不平衡不充分的发展之间的矛盾。这一历史性变化对中国石化的发展提出了更高要求。新时代中国石化不仅要成为党和国家最可信赖和依靠的“六种力量”，而且要成为“党和人民的好企业”，既让党放心，又让人民满意。要紧扣更好满足人民群众个性化、多样化、不断升级需求这一目标，深化供给侧结构性改革，在推动能源生产和消费革命、提升供给质量、振兴实体经济方面发力，在安全生产、绿色低碳、产业扶贫、维护稳定等方面提高标准。我们要继续传承石油精神、弘扬石化传统，将中国石化的企业使命“为美好生活加油”发扬光大，为社会提供更先进的技术、更优质的产品和更周到的服务，为利益相关方带来更多福祉；践行“每一滴油都是承诺”“易捷万店无假货”的要求，提供质优量足的产品，合规经营，童叟无欺。在抗击新冠疫情期间，坚持“国家需要什么就生产什么，人民期待什么就奉献什么”，坚决做到“生产不间断、油气不断供、商品不涨价、服务不打烊”，将石油精神和石化优良传统传承下去，满足人民日益增长的美好生活需要。

1.1.2 课题研究的基本思路和方法

（1）基本思路

本课题研究从理论探索和实践剖析两个相互交叉的路径出发，从梳理石油精神和石化传统的发展脉络入手，探寻石油精神和石化传统的形成基础，界定石油精神和石化传统的基本内涵，阐释石油精神和石化传统的哲学意义。对中国石化勘探开发、炼油化工、油品销售、科学研究等四大板块进行深入研究，分析新时代石油精神和石化传统在四大板块的主要特征，总结四大板块弘扬石油精神和石化传统的主要做法，萃取典型案例，针对传承弘扬新时代石油精神和石化传统存在的主要问题提出思考建议。在理论探索和实践分析的基础上，提出了传承弘扬新时代石油精神和石化传统的实践路径，从现实状况、环境因素以及出发点、落脚点等多个维度分析，立足于进一步丰富、完善、支撑和保障“七有”体系的推进落地，提出“进一步强化阐释宣传、进一步强化守正创新、进一步强化文化建设、进一步强化典型工作、进一步强化制度建设、进一步强化队伍建设、进一步强化工作考核”的“七进”举措。

（2）研究方法

课题组综合采用文献研究、案例分析、调查研究、实证研究等多种方法，从理论和实践两个层面对石油精神和石化传统进行了深入的分析和研究。

文献研究法。课题组根据课题需要，搜集、整理了相关文献 100 余篇（部），并进行了综述，为课题的研究提供了支持和论证。

案例分析法。根据研究主题的需要，课题组选取勘探开发、炼油化工、油品销售、科学研究等四大板块在传承弘扬新时代石油精神和石化传统工作中的典型事例进行深入研究，整理典型案例，为探究传承弘扬新时代石油精神和石化传统的规律性认识奠定了基础。

调查研究法。课题组会同集团公司党组宣传部等部门，开展“大力弘扬革命传统、石油精神和石化优良传统”的专题调研，围绕调研课题专门召开了座谈会，听取了意见建议。通过调研总结提炼在弘扬石油精神和石化传统工作中的经验成效，了解存在的问题，进一步明确课题研究的方向和重点，提高课题研究的针对性和实效性。

实证研究法。课题以胜利油田、镇海炼化、广东石油、石油勘探开发研究院等为实证研究单位，全面分析新时代石油精神和石化传统在各板块的主要特征，分析弘扬石油精神和石化优良传统的影响因素。从个别到一般，归纳石油精神和石化传统的本质属性和发展规律，使课题研究更规范、更科学。

1.1.3 课题主要创新点

（1）石油精神与石化传统融汇

石油精神和石化传统都是党领导人民进行伟大社会革命所凝结的宝贵精神财富，二者不是割裂的，而是相互联系、相互印证的。本课题将石油精神和石化传统作为一个整体共同研究，从历史维度上，理清石油精神和石化传统的形成基础、发展脉络；从时代角度上，深入分析基本内涵、重要意义以及在各业务板块的主要特征，填补了国内相关研究领域中石油精神研究较强而石化传统研究较弱的空白。

（2）勘探开发与相关板块并重

本课题重点选取中国石化勘探开发、炼油化工、油品销售、科学研究等四大典型业务板块开展研究，总结提炼新时代石油精神和石化传统的主要特征，梳理传承弘扬新时代石油精神和石化传统的主要做法及典型案例，深入分析传承弘扬新时代石油精神和石化传统的主要问题及思考建议，在国内相关文献中尚未发现类似研究成果。

（3）实践总结与哲学分析协同

本课题在全面总结石油精神和石化传统实践过程中，对石油精神和石化传统进行了深入的哲学分析。通过研究石油精神和石化传统的马克思主义哲学基础，传承石油精神、弘扬石化传统的哲学辩证关系以及石油精神和石化传统的价值定位，增强了课题研究的理论性和科学性。

（4）历史回顾与传承弘扬衔接

本课题既有关于石油精神和石化传统的形成基础、发展脉络、领导关怀的回顾总结，又更加注重在新时代如何传承弘扬石油精神和石化传统的研究，并提出具体可操作的路径措施。

（5）理论研究与实践应用贯通

本课题在全面阐释石油精神和石化传统基本理论的同时，更加注重实践应用研究。着重剖析各业务板块传承弘扬新时代石油精神和石化传统存在的主要问题，总结提炼传承弘扬新时代石油精神和石化传统的主要做法，萃取典型实践案例，为在全系统推广应用提供理论支撑和实践依据。

1.2 中央关于石油精神的重要论述

时代是思想之母，精神是信念之源。石油精神和石化传统是宝贵的精神财富，成为伟大民族精神的重要组成部分。

（1）习近平总书记关于能源战略、传承红色基因、弘扬石油精神的重要论述

党的十八大以来，习近平总书记多次对能源、石油石化工业，对弘扬伟大建党精神、传承红色基因、赓续红色血脉作出重要指示、批示及论述，为新时代弘扬石油精神和石化传统提出了新的要求。

2014 年 6 月 13 日，习近平总书记在中央财经领导小组第六次会议上提出“四个革命、一个合作”（推动能源消费革命、能源供给革命、能源技术革命、能源体制革命，全方位加强能源国际合作）能源安全新战略，引领我国能源行业发展进入新时代。这一重大战略内涵丰富、立意高远，是我们党历史上关于能源安全战略最为系统完整的论述，代表了我国能源战略理论创新的新高度。实践证明，这一战略符合我国国情，顺应时代潮流，遵循能源规律，是习近平新时代中国特色社会主义思想在能源领域的重要体现和科学运用，是新时代指导我国能源转型发展的行动纲领。

红色基因是共产党人永葆本色的生命密码。红色基因根植于共产党人的血脉之中，成为共产党人的遗传因子。红色基因体现了共产党人的身份自信和使命担当。党的十八大以来，习近平总书记在多种场合强调要传承好红色基因，赓续红色血脉，努力创造无愧于历史和人民的新业绩。

2019 年 9 月 16 日，习近平总书记在河南考察时强调，开展“不忘初心、牢记使命”主题教育，党员、干部要多学党史、新中国史，自觉接受红色传统教育，常学常新，不断感悟，巩固和升华理想信念。

2019 年 7 月 9 日，习近平总书记在中央和国家机关党的建设工作会议上指出，新形势下，要大力加强对党忠诚教育，发挥中央和国家机关红色资源优势，完善重温入党誓词、入党志愿书等活动，形成具有中央和国家机关特点的党内政治文化。

2019 年 8 月 20 日，习近平总书记在甘肃考察时强调，要深刻认识红色政权来之不易，新中国来之不易，中国特色社会主义来之不易。西路军不畏艰险、浴血奋战的英雄主义气概，为党为人民英勇献身的精神，同长征精神一

脉相承，是中国共产党人红色基因和中华民族宝贵精神财富的重要组成部分。我们要讲好党的故事，讲好红军的故事，讲好西路军的故事，把红色基因传承好。

2019 年 9 月 16 日，习近平总书记在河南考察时强调，革命博物馆、纪念馆、党史馆、烈士陵园等是党和国家红色基因库。要讲好党的故事、革命的故事、根据地的故事、英雄和烈士的故事，加强革命传统教育、爱国主义教育、青少年思想道德教育，把红色基因传承好，确保红色江山永不变色。

2020 年 7 月 24 日，习近平总书记在吉林考察时强调，要把红色资源作为坚定理想信念、加强党性修养的生动教材，教育引导广大党员、干部永葆初心、永担使命。

2020 年 11 月 12 日，习近平总书记在浦东开发开放 30 周年庆祝大会上的讲话指出，上海是中国共产党诞生地。要传承红色基因、践行初心使命，不断提升党的建设质量和水平，确保改革开放正确方向。广大党员、干部要勇于担当、敢为先锋，奋力创造新时代新奇迹。

2021 年 6 月 25 日，习近平总书记在十九届中央政治局第三十一次集体学习时，发表重要讲话《用好红色资源、赓续红色血脉，努力创造无愧于历史和人民的新业绩》。文章强调，“红色是中国共产党、中华人民共和国最鲜亮的底色，在我国 960 多万平方公里的广袤大地上红色资源星罗棋布，在我们党团结带领中国人民进行百年奋斗的伟大历程中红色血脉代代相传。每一个历史事件、每一位革命英雄、每一种革命精神、每一件革命文物，都代表着我们党走过的光辉历程、取得的重大成就，展现了我们党的梦想和追求、情怀和担当、牺牲和奉献，汇聚成我们党的红色血脉。红色血脉是中国共产党政治本色的集中体现，是新时代中国共产党人的精神力量源泉。”“回望过往历程，眺望前方征途，我们必须始终赓续红色血脉，用党的奋斗历程和伟大成就鼓舞斗志、指引方向，用党的光荣传统和优良作风坚定信念、凝聚力量，用党的历史经验和实践创造启迪智慧、砥砺品格，继往开来，开拓前进。当前，全党上下正在隆重庆祝建党百年、深入开展党史学习教育。各级党组织要充分用好红色资源，教育引导广大党员、干部赓续红色血脉，做到学史明理、学史增信、学史崇德、学史力行。”“我们党的百年奋斗史表明，只有具有伟大精神的政党才能领导人民赢得伟大斗争、开创伟大事业。一代又一代中国共产党人不畏艰难险阻、直面风险挑战，顽强拼搏、不懈奋斗，展现出伟大的历史主动精神，构筑起中国共产党人的精神谱系，形成了党的光荣传统。党的伟大精神和光荣传统是我们的宝贵精神财富，是激励我们奋勇前进的强大精神动力。”“当今中国正处于实现中华民族伟大复兴的关键时期，国家强盛、民族复兴需要物质文明的积累，更需要精神文明的升华。前进道路不可能是一片坦途，我们必然要面对各种重大挑战、重大风险、重大阻力、重大矛盾，决不能丢掉革命加拼命的精神，决不能丢掉谦虚谨慎、戒骄戒躁、艰苦奋斗、勤俭节约的传统，决不能丢掉不畏强敌、不惧风险、敢于斗争、敢于胜利的勇气。全党同志要用党在百年奋斗中形成的伟大精神滋养自己、激励自己，以昂扬的精神状态做好党和国家各项工作。”

习近平同志先后对镇海炼化三次视察、两次批示，亲自为镇海炼化发展擘画蓝图、指引方向。特别是 2006 年 11 月 6 日，习近平同志出席镇海炼化 100 万吨 / 年乙烯工程开工奠基仪式并提出“世界级、高科技、一体化”的殷切嘱托，为镇海炼化高质量发展提供了根本遵循、注入了强劲动力。

2009 年 9 月，在庆祝大庆油田发现 50 周年之际，习近平同志亲临大庆油田视察工作，高度评价大庆油田的贡献，作了重要讲话：“大庆油田的开发建设，铸就了以‘爱国、创业、求实、奉献’为主要内涵的大庆精神和铁人精神，造就了一支敢打硬仗、勇创一流的优秀职工队伍，涌现了铁人王进喜、新时期铁人王启民等不少在全国很有影响的先进典型，形成了团结凝聚百万石油人的强大精神动力，集中体现了中国工人阶级的崇高品质和精神风貌。大庆精神铁人精神已经成为中华民族伟大精神的重要组成部分，永远是激励中国人民不畏艰难、勇往直前的宝贵精神财富。”“大庆的实践启示我们，国有企业的发展和进步，必须始终坚持全心全意依靠工人阶级的根本方针。工人阶级是建设和发展中国特色社会主义的主力军。大庆油田的发展史，就是一部工人阶级的艰苦创业史，在当年国家物资极度匮乏的情况下，大庆油田的广大职工以高度的主人翁责任感和强烈的历史使命感，战天斗地、拼搏奉献，谱写了一曲曲建设社会主义的激越赞歌。随着油田开发建设的不断推进，广大油田职工热情持续高昂，创造活力竞相迸发，素质能力不断提高，业绩贡献更加突出。”

2016 年 5 月，习近平总书记到黑龙江省考察工作时强调，加强干部作风建设，黑龙江省有不少有利条件，东北抗联精神、北大荒精神、大庆精神和铁人精神激励了几代人。我们仍然要用这些精神来教育广大党员、干部，引导他们发扬优良传统，在全社会带头弘扬新风正气。

2016 年 6 月，习近平总书记作出重要批示，强调石油精神是攻坚克难、夺取胜利的宝贵财富，什么时候都不能丢。要大力弘扬以“苦干实干”“三老四严”为核心的石油精神，深挖其蕴含的时代内涵，凝聚新时期干事创业的精神力量。

2019 年 9 月 26 日，习近平总书记在致大庆油田发现 60 周年的贺信中指出，60 年前，党中央作出石油勘探战略东移的重大决策，广大石油、地质工作者历尽艰辛发现大庆油田，翻开了中国石油开发史上具有历史转折意义的一页。60 年来，几代大庆人艰苦创业、接力奋斗，在亘古荒原上建成我国最大的石油生产基地。大庆油田的卓越贡献已经镌刻在伟大祖国的历史丰碑上，大庆精神和铁人精神已经成为中华民族伟大精神的重要组成部分。习近平总书记强调，随着中国发展对能源需求的持续增长，油气供需矛盾日益突出，迫切需要我们把石油资源的开发利用这件关系国家安全和国民经济命脉的大事办好。站在新的历史起点上，希望大庆油田全体干部职工不忘初心、牢记使命，大力弘扬大庆精神、铁人精神，不断改革创新，推动高质量发展，肩负起当好标杆旗帜、建设百年油田的重大责任，为实现“两个一百年”奋斗目标、实现中华民族伟大复兴的中国梦作出新的更大的贡献。

2018 年，关于天然气产供储销体系建设和提升勘探开发力度，习近平总书记先后做出重要指示批示，要求加快推进天然气产供储销体系建设，提高供应保障能力；大力提升国内油气勘探开发力度，努力保障国家能源安全。

“深海一号”大气田是中国迄今为止自主发现的平均水深最深、勘探开发难度最大的海上深水气田，于 2021 年 6 月 25 日成功投产。投产当天，习近平总书记肯定大气田的建设成绩，并就“加强科技自主创新，加快进军深海步伐，保障国家能源安全，建设海洋强国”作出重要指示。

2021 年 10 月，习近平总书记到胜利油田考察调研时指出，石油能源建设对我们国家意义重大，中国作为制造业大国，要发展实体经济，能源的饭碗必须端在自己手里。习近平总书记强调要加大勘探开发力度，夯实国内产量基础，提高自我保障能力；要集中资源攻克关键核心技术，加快清洁高效开发利用，提升能源供给质量、利用效率和减碳水平。强调石油战线始终是共和国改革发展的一面旗帜，要继续举好这面旗帜，在确保国家能源安全、保障经济社会发展上再立新功、再创佳绩。要继承和发扬老一辈石油人的革命精神和优良传统，始终保持石油人的红色底蕴和战斗情怀，为社会主义现代化建设事业作出更大贡献。

2022 年 4 月 10 日下午，习近平总书记在海南考察时连线“深海一号”作业平台，听取平台员工汇报一线工作情况。习近平总书记强调，建设海洋强国是实现中华民族伟大复兴的重大战略任务。要推动海洋科技实现高水平自立自强，加强原创性、引领性科技攻关，把装备制造牢牢抓在自己手里，努力用我们自己的装备开发油气资源，提高能源自给率，保障国家能源安全。

习近平总书记在党的二十大报告中特别强调，要“弘扬以伟大建党精神为源头的中国共产党人精神谱系，用好红色资源，深入开展社会主义核心价值观宣传教育，深化爱国主义、集体主义、社会主义教育，着力培养担当民族复兴大任的时代新人。推动理想信念教育常态化制度化，持续抓好党史、新中国史、改革开放史、社会主义发展史宣传教育，引导人民知史爱党、知史爱国，不断坚定中国特色社会主义共同理想”。在讲到增强中华文明传播力影响力时，习近平总书记指出，要“坚守中华文化立场，提炼展示中华文明的精神标识和文化精髓，加快构建中国话语和中国叙事体系，讲好中国故事、传播好中国声音，展现可信、可爱、可敬的中国形象”。

习近平总书记关于能源战略、传承红色基因、弘扬石油精神的重要论述，具有科学丰富的内涵，给予我们重要启示：石油精神和石化传统的基础是中国特色新型工业化道路的实践与宝贵经验；石油精神和石化传统的根与魂是党的优良传统；石油精神和石化传统是党的精神与优良传统在社会主义现代化建设中的传承与发展；传承石油精神和石化传统即传承新时代党的精神。习近平总书记的重要指示精神为大力传承石油精神、弘扬石化传统指明了方向、提供了指南。

（2）新中国成立以来不同历史时期党和国家领导人关于石油精神的论述

毛泽东同志发出“工业学大庆”的号召，亲手树起了大庆红旗。新中国成立后，毛泽东主席十分关心石油工业的发展，特别是大庆油田会战的发展。

1964 年 1 月 25 日，在中南海会客室，毛泽东等中央领导同志听取关于大庆石油会战情况汇报后，毛泽东主席说：“我看这个工业，就要这个搞法，向你们学习嘛！要学大庆！”2 月 13 日，在春节座谈会上，毛泽东主席再次发出了号召，要鼓起劲来，要学解放军，学习石油工业部大庆油田的经验，学习城市、乡村、工厂、学校、机关的好典型。

据 1964 年的有关资料显示，这一年毛泽东主席对“工业学大庆”做出了 23 处讲话、批示、谈话，对大庆石油会战的成功探索、大庆石油会战所提供的宝贵经验和实践，给予了高度的肯定和赞扬。

20 世纪 60 年代，周恩来同志曾三次亲临大庆视察，对开发、建设大庆给予巨大鼓舞。在 1964 年 12 月三届人大一次会议的政府工作报告中，周恩来同志肯定了大庆经验，指出：“这个油田的建设，是学习运用毛泽东思想的典范。用他们自己的话说，是‘两论起家’，就是通过大学《实践论》和《矛盾论》，用辩证唯物主义的观点，去分析、研究、解决建设工作中的一系列问题。”“这个油田的建设，也是大学解放军，具体运用解放军的政治工作经验，坚持‘四个第一’和‘三八作风’的典范。”

1978 年 9 月，邓小平同志第三次视察大庆油田，作出“发扬大庆精神，建设美丽的大庆油田”的重要指示。

1990 年 2 月，江泽民同志到大庆油田视察工作，高度评价大庆精神，他指出，在实现“四化”的过程中，还会有这样、那样的困难，特别需要发扬大庆精神，有了大庆人这样昂扬的斗志，就不怕困难，就能迎着困难上，战胜困难。并把大庆精神概括为“为国争光、为民族争气的爱国主义精神，独立自主、自力更生的艰苦创业精神，讲究科学、‘三老四严’的求实精神，胸怀全局、为国分忧的奉献精神”，简述为“爱国、创业、求实、奉献”八个字。

1999 年江泽民同志视察胜利油田，并题词“从胜利走向胜利”。江泽民同志对胜利油田的亲切关怀和殷切期望，使广大干部职工受到巨大的鼓舞，进一步增强了战胜一切困难、不断夺取新胜利的信心和勇气。“从胜利走向胜利”，不仅反映了胜利油田过去几十年的辉煌成就，而且反映了胜利人在新的历史条件下实现更大发展，为国家做出更大贡献的雄心壮志、崇高追求和豪迈气概。

1998 年、2006 年，胡锦涛同志先后两次到大庆油田视察工作，充分肯定大庆人的奋斗业绩，高度评价大庆精神，希望大庆油田“珍惜大庆光荣史，再创大庆新辉煌”。1996 年，胡锦涛同志在接见大庆油田负责同志时说，“大庆的历史功绩不仅在于为国家生产了大量的石油资源，而且还在于为国家造就了一支英雄的工人阶级队伍，培养输送了一批领导骨干和科技骨干；不仅在于创造了巨大的物质财富，而且在别人卡我们脖子、国家十分困难的时候，用石油支撑了共和国的经济大厦。还有很重要的一条，就是在大庆油田的开发建设中培育了大庆精神、铁人精神这一宝贵的精神财富。”

总之，“石油精神”是石油人为石油事业不断拼搏而孕育形成的精神财富，是历代中央领导集体亲自培育、精心哺育出来的精神法宝。石油精神不仅蕴含着深厚的历史逻辑，而且彰显出鲜明的时代价值。党和国家在不同历史时期对石油精神和石油石化行业做出的重要批示和指示，使石油精神的概念逐步明确，石油精神的内涵不断丰富和完善，石油精神得到不断升华。

1.3 相关文献综述

自大庆精神、铁人精神、石油精神提出以来，社会各界特别是理论和学术界，对大庆精神、铁人精神、石油精神的研究逐步深化，研究成果大量涌现：研究石油精神的著述不断出版；《人民日报》《光明日报》《经济日报》

等媒体以及各省市区、各级企业主要报刊发表了许多弘扬石油精神的体会文章；全国主要社科期刊刊登了大量关于大庆精神、铁人精神、石油精神的研究论文、文章；一些高等院校博士、硕士论文也将大庆精神、铁人精神、石油精神作为学术论文的选题。这些研究成果内容广泛、形式多样、数量较大，对大力传承石油精神、弘扬石化传统发挥了重要作用。

从学者的著述、文章来看，对石油精神的研究，主要集中在大庆精神、铁人精神与企业文化的关系，石油精神的起源、内涵、作用与价值、弘扬石油精神的实践探索等几个方面。

（1）关于大庆精神、铁人精神在石油企业文化建设中的地位与作用

在阐释铁人精神与石油企业文化建设的关系时，高昂（2014 年）认为铁人精神对于石油企业文化的建设是厚重而深远的，它是不朽的基石、是发展的主脉、是不竭的动力。铁人精神为石油企业的文化建设提供了理论基础，指明了方向。无论石油企业发生了怎样惊天动地的变化，铁人精神都是而且必须是石油企业文化不败的理论指导。铁人精神是石油企业文化的灵魂和核心，一直引领着石油企业文化向着更好的方向迈进。铁人精神是石油企业文化的起点，是石油企业文化的灵魂，是石油企业文化的引擎。

基于石油企业文化力的角度，郑夏（2013 年）认为，大庆精神是石油企业的文化核心部分，它对石油企业的生存与发展起到十分重要的作用，表现为：凝聚理想信念，引导企业精神文明建设；弘扬人本理念，帮助企业资源整合；注重开发，拓展企业市场；使思想更理性科学，使企业战略能够更好地决策；开拓视野，让企业的组织应变力更加强大；激发创业激情，给企业扩张空间和市场。

（2）关于石油精神的起源

关于大庆精神铁人精神的源流，学术界的研究基本一致，认为大庆精神铁人精神、石油精神产生于 20 世纪 60 年代，是我国石油人在当时极其困难的条件下，继承和发扬我党、我军和工人阶级独立自主、自力更生、艰苦奋斗的优良传统，开发和建设大庆油田的思想产物。从形式上看，大庆精神铁人精神产生于大庆石油会战，实质上它的根源在中华优秀传统文化，它是在

继承中华优秀传统文化基础上产生的石油精神，中华优秀传统文化是大庆精神铁人精神的思想源泉。

李国俊、宋玉玲（2021 年）在论述大庆精神产生的思想渊源时，将其概括为，为国分忧的爱国主义精神、艰苦创业的优良传统和不甘落后勇于探索的进取意识。

徐克明、陈立勇（2021 年）在论述铁人精神的思想根基时认为，优秀的中华民族精神和文化底蕴，培育和滋养铁人精神；大庆石油会战初期，抓住了事物的根本，用理论掌握了群众，用理论指导实践，在创造物质财富的同时，创造了宝贵的精神财富——铁人精神；中国共产党革命精神的教育和弘扬；近代中国工人阶级优秀品质的浓缩和彰显。

胡铱（2015 年）更直接地指出石油精神的思想来源是中国的革命精神。中国石油人在开发建设各大油田的艰苦环境下，继承和弘扬了中国革命时期的井冈山精神、长征精神和延安精神，从而形成了以爱国、进取、求实、奉献为主要内容的石油精神，这些具有代表性的革命精神则是石油精神的思想来源。

（3）关于铁人精神、大庆精神的内涵

随着学术研究不断深化，学术界对铁人精神的理解具有一定的共性，普遍认为铁人精神是以“爱国、创业、求实、奉献”为基本内涵的大庆精神的人格化、具体化，主要是指“为国分忧、为民族争气”的爱国主义精神；“宁可少活 20 年，拼命也要拿下大油田”的忘我拼搏精神；“有条件要上，没有条件创造条件也要上”的艰苦奋斗精神；“干工作要经得起子孙万代检查”“为革命练一身硬功夫、真本事”的科学求实精神；“甘愿为党和人民当一辈子老黄牛”，埋头苦干的奉献精神。社会学家艾君（2012 年）在文章中写道：铁人精神的时代性主要表现在“旗帜性、朴素性、坚韧坚强性、民族精神性”几方面，也就是说，“铁人”不仅仅是一个先进人物的代表，体现着一种精神。这种“铁人精神”是一面旗帜，凝聚着工人阶级的朴素情感。“铁人精神”是一种力量，凸显了一种坚忍不拔创业的勇气。“铁人精神”是一种标志，凝缩着一个民族不畏困难的民族气概。

关于大庆精神的内涵，1964 年 4 月 20 日，《人民日报》刊发的长篇通

讯《大庆精神大庆人》中明确指出：大庆精神，就是无产阶级的革命精神。大庆人，是特种材料制成的人，是用无产阶级崇高精神武装起来的人。这种精神、这种人，正是我们学习的崇高榜样。长篇通讯《大庆精神大庆人》第一次提出大庆精神这一概念。

1981 年国家经委党组在《关于工业学大庆问题的报告》中，第一次完成对大庆精神“爱国、创业、求实、奉献”内涵的精准概括。伴随着社会的进步、油田生产实践的不断发展，大庆精神的内涵得到了不断的丰富和凝练。第二次对大庆精神基本内涵的科学总结是在 1990 年，江泽民同志将大庆精神的基本内涵进一步概括为，为国争光、为民族争气的爱国主义精神；独立自主、自力更生的艰苦创业精神；讲究科学、“三老四严”的求实精神；胸怀全局、为国分忧的奉献精神。

（4）关于石油精神的内涵

学术界在对石油精神概念理解的问题上，一方面具有一定的共性，比如都将其看作石油行业的精神代表，都肯定其具有重要的激励作用。另一方面，在一些具体问题上又存在着一定的差别：蒋宝德（2005 年）等将石油精神理解为我国石油行业精神的总和，这种观点多见于较早的研究中；张忠祥（1999 年）等认为石油精神是以大庆精神为代表的，我国行业精神的典范和我国石油工业发展的强大精神动力。在以“战严冬、转观念、勇担当、上台阶”为主题的石油精神论坛上发布的《新时代大力弘扬石油精神和大庆精神铁人精神研究报告》中提出：石油精神是石油行业全部优秀精神和优良作风的总和，以“苦干实干”“三老四严”为核心；以大庆精神铁人精神为突出代表；在新时代实践中不断丰富发展完善。

随着时代的进步和企业的不断发展，理论界和学术界也在不断丰富石油精神的新内涵。2016 年 6 月 13 日，习近平总书记指出，石油精神是攻坚克难、夺取胜利的宝贵财富，什么时候都不能丢。要大力弘扬以“苦干实干”“三老四严”为核心的石油精神，深挖其蕴含的时代内涵，凝聚新时期干事创业的精神力量。这一重要批示，既高度概括了石油精神的核心要义，又充分肯定了石油精神的地位和作用。

第四届石油精神论坛提出，要以系统的、全面的、联系的、发展的思维，建构石油精神理念体系和精神谱系，基于此，石油精神应具有实践性、政治性、历史性和文化性。实践性主要体现在石油人把“物质变精神，把精神变物质”的自觉性、能动性上。政治性主要体现在马克思主义对石油精神的指导上，体现在石油企业始终坚持党的领导、加强党的建设上，体现在石油企业坚持国家利益和人民利益的统一上，石油精神是石油人听党话跟党走，在党的领导下所创造的时代精神的精华，具有鲜明的中国特色社会主义企业特征。历史性主要体现在石油精神是石油人的一种历史精神，是石油战线的英雄群体在追求共同价值目标的“历史行动”中获得的结果，同时也是石油人为了追求新的理想目标、价值信仰所构建的思想前提，这种精神是石油企业对自身生命精神不断传承、不断超越的历史传统，是石油人在自身的历史创造活动中，对于国家意志、企业理想和石油人梦想这三个方面的历史性和价值性的统一。文化性主要体现在石油精神的人文规定性、价值自觉性和社会引领性上，这进一步体现了石油精神的先进性。石油精神在中国工业文明的发展历程中，始终是一面高扬的旗帜，发挥着文化的凝聚、引领和辐射作用。

郭岗彦（2020 年）探析了大庆精神、铁人精神与石油精神的关系，大庆精神、铁人精神以“苦干实干”的厚重底色作依托，使“三老四严”的基本特征更鲜亮。石油精神又以“苦干实干”“三老四严”为核心内容。因此，大庆精神、铁人精神是对石油精神的集中体现，也彰显了石油精神的核心要义，石油精神不仅凸显了大庆精神、铁人精神的基本特征，又赋予了大庆精神、铁人精神新的时代内涵。

（5）关于石油精神的作用与价值

在石油精神的作用与价值的问题上，现有研究已包含了诸多角度。学者从理论价值与实践价值等多个方面对石油精神的意义进行了论述。如学者喻滨、吴蓉（2018 年）提出的“石油精神是中国石油人的价值体现”“弘扬石油精神是提升石油人精神品格的需要”；又如温美荣（2019 年）提出“石油精神是中国精神的重要组成部分”“是开展‘不忘初心、牢记使命’主题教育的生动教材”。上述观点侧重于从理论价值的角度阐述石油精神的重要作用。学者王志刚（2017 年）提出“弘扬石油精神是习近平总书记治国理政新理念新思想新战略在石油工业的生动体现”“是践行社会主义核心价值观的重要载体”“是履行国有企业责任使命的必然要求”“是建设过得硬靠得住石油队伍的内在需要”，则是从实践角度分析了石油精神的重要价值。李国俊、宋玉玲（2021 年）认为，在改革开放和实现中华民族伟大复兴中国梦的伟大历史实践中，大庆精神依然具有重要的时代价值。大庆精神是中华民族永续传承的文化资源；是中华民族珍贵的政治资产，在提升党的执政能力、加强党的思想建设和作风建设等方面具有重要的理论意义和现实意义。胡铱（2015 年）认为，在新形势下石油企业的改革发展，体现了新时代的石油精神，其丰富而深刻的时代特征使石油精神能够具有凝聚向心、感召激励、规范导向、教育塑造的时代价值。

当前学术界有诸多关于大庆精神重要意义的研究，也能够从一定程度上体现石油精神的重要价值。如学者沈正翔、崔建东（2012 年）提出的大庆精神铁人精神是中国共产党的伟大精神，是中国共产党的政治资产；是推进企业发展的不竭动力，是百万石油人的精神支柱。学者张利利则从政治学视角讨论大庆精神的政治影响，提出大庆精神激发石油工人奉献精神，为国家作出巨大贡献；作为中国共产党伟大精神，激励全国各族人民奋斗意志；内蕴先进文化特质，推动社会主义核心价值体系的建设。学者刘清（2019）则提出大庆精神具有凝聚向心和感召鼓舞的时代价值。

（6）关于弘扬石油精神的主要途径

在新时代背景下石油精神的继承与发扬的问题上，不同学者基于时代背景，从不同角度对弘扬石油精神提出了建议。

理论层面。胡铱（2015 年）通过研究认为，在新形势下弘扬石油精神，使其实质内涵不断得到丰富、创新和升华，需要遵循一定的原则：一是继承性原则，在继承中创新、在创新中发展；二是发展性原则，保持与时俱进；三是时代性原则，顺应时代，适时而生，适时而变；四是民族性原则，使石油精神始终进入构建中华民族共同精神家园的主渠道。

教育层面。学者张建高、朱战威（2020 年）提出：石油类高等院校在构建大学生思想政治教育体系的同时，应把石油精神教育融入其中，以切实提高大学生思想政治水平，最终达到立德树人、提高人才培养质量的根本目的。学者李斌、李敬春（2017 年）提出用石油精神深化大学生社会主义核心价值观。学者朱锐、周学智、牟琪琪（2020 年）分析了石油院校加强新时代爱国主义教育的意蕴价值和存在的问题，以及深入挖掘石油精神在新时代爱国主义教育中的重要作用，探索了石油院校开展新时代爱国主义教育的实践途径，提出了“以鲜明的石油文化培育坚韧品质，加深石油院校学子对石油精神的理解，孕育爱国之心”的建议。

宣传层面。关于新形势下弘扬石油精神时代价值的有效途径，学者的观点比较一致，普遍认为弘扬石油精神要达到教育常态化、传播形象化、弘扬具体化、传承社会化的目的，更好地引领社会思潮，武装干部员工头脑，教育人民群众，凝聚力量、激发斗志。采取的方式方法主要是要加强思想政治引领，利用传统教育素材，开展多种群众活动，提高公众认知水平，推广各类先进典型，采取多样宣传方式等。学者喻滨、刘清（2018 年）等提出，在文化传播过程中，可以借助“互联网 +”等新兴媒体扩大知名度，肯定了新兴媒体在精神弘扬与传播的过程中能够起到的重要作用。

实践层面。第四届石油精神论坛上，从企业实践的角度提出弘扬石油精神的方法路径：构建融入体系，推进石油精神与企业中心工作相融相促；构建传播体系，推进石油精神在干部员工中入脑入心；构建保障体系，推进石油精神在战略执行中落地落实。

综上所述，目前关于石油精神的研究已涉及多个方面，取得了一定的成果，为新时代石油精神和石化传统的研究奠定了基础。综合国内著名学者的探讨与研究，不难看出，研究者所研究的对象主要是石油精神，对石化传统的研究较少，对石油精神和石化传统的关系研究几乎为零；以往文献对石油精神内涵的阐释虽各有侧重，但不够全面和深刻。学者的研究成果也表明，在各企业弘扬石油精神和石化传统的路径方法各有特色，这种差异性说明了精神的弘扬与传承不单单是一种方法论，更是一种管理哲学，只有通过理解它的精髓，并用于指导实际工作，才能取得成功。

石油精神和石化传统概论

2.1 石油精神和石化传统的形成基础

石油石化的发展史就是一部石油石化人听党话、跟党走，我为祖国献石油的产业报国史。从 1928 年中国共产党地方党组织在抚顺炭矿开展革命活动到 1935 年中国工农红军接管延长石油厂，石油战线早期的党组织和党员，团结带领劳苦大众，在夺油实践、抗日烽火、护矿斗争等多重考验中，积蓄革命力量，孕育石油精神，培养锻炼了产业工人队伍，这些在艰难困苦时期孕育的革命者的战斗精神，推动中国石油石化工业由弱到强、阔步前行，是石油精神和石化传统产生的源头和火种。

20 世纪 60 年代以来，石油精神和石化传统形成于石油会战和石化工业创立时期，丰富于创新发展的历程中，是一代又一代石油石化人在建设和发展石油石化工业的艰苦奋斗过程中铸就的精神财富，是中央领导集体精心培育的智慧结晶，是以铁人王进喜等一大批英雄人物的理想、信念、情感和意志在广大职工中扩展而形成的群体意识，是石油石化人取之不尽、用之不竭的精神富矿。追溯石油精神和石化传统的形成和积淀，有助于更好地认识和把握中国石化不断发展前行的力量之源。老一辈石油工人筚路蓝缕、以启山林的创业精神，甘于吃苦、不求回报的奉献精神，“我为祖国献石油”的豪迈气概，有着坚实的形成背景和积淀。

2.1.1 党和国家领导人的亲切关怀和科学理论为培育石油精神和石化传统提供了思想指引

（1）党和国家领导人的亲切关怀

石油石化工业发展始终得到党和国家领导人的亲切关怀和充分肯定，为石油精神和石化传统的培育形成提供了思想源泉，提升了历史地位。党和国家领导人十分关心石油石化的发展，早在“一五”计划开始时，毛主席就专门请来地质部部长李四光，询问我国石油资源问题，并语重心长地说：“要进行建设，石油是不可能少的，天上飞的、地下跑的，没有石油都转不动。”1955 年，当他得知一些世界先进的石油勘探开发技术还没有掌握，用于天然石油勘探的资金很紧张，在戈壁、荒滩、沙漠野外开展勘探开发工作十分辛苦时，很有感慨地说：“看来发展石油工业还得革命加拼命。”1958 年，当时主管石油工业的邓小平同志做出了石油勘探战略东移的伟大部署。1959 年，周总理在了解大庆石油会战的情况后指出，“要用毛泽东思想指导大会战，用辩证唯物主义的立场、观点、方法，分析解决大会战中遇到的各种问题”，成为大庆油田“两论”起家基本功的开端。1964 年 12 月，周恩来总理在第三届全国人民代表大会第一次会议上所作的《政府工作报告》中指出：大庆油田的建设，“是学习运用毛泽东思想的典范。用他们自己的话说，是‘两论起家’，就是通过大学《实践论》和《矛盾论》，用辩证唯物主义的观点，去分析、研究、解决建设工作中的一系列问题”。邓小平、江泽民、胡锦涛、习近平等党和国家领导人，也先后莅临石油石化企业视察工作，为建设好、发展好我国石油石化事业作出指示和部署。1983 年 7 月 12 日，中国石化总公司成立大会在人民大会堂举行，时任国务院副总理姚依林在成立大会上代表党中央、国务院致辞说：“为了实现党的十二大提出的到本世纪末全国工农业总产值翻两番的宏伟目标”“党中央、国务院经过充分论证，下了最大的决心，把分散在各部门、各地区的39个大中型石油化工企业高度地联合起来，组成全国最大的石油化工总公司”，并强调“国家对你们寄予很大的希望，希望你们在八十、九十年代，为整个国民经济的振兴，作出更大的贡献”。1989年12月，时任国务院总理李鹏与石化总公司部分经理（厂长）座谈时说：“现在来看，走集团化的道路，就石化总公司来讲，是成功的。”2016年，在庆祝中国共产党成立95周年前夕，习近平总书记作出重要批示，强调要大力弘扬以“苦干实干”“三老四严”为核心的石油精神。2019年9月26日，习近平总书记在致大庆油田发现60周年的贺信中指出：大庆精神铁人精神已经成为中华民族伟大精神的重要组成部分。2021年是中国共产党成立100周年，也是“十四五”开局起步之年。在这特殊而重要的年份，10月21日习近平总书记亲临胜利油田视察并作出重要指示，充分肯定石油石化行业的历史性贡献，深刻阐明事关石油石化行业长远发展的根本性、方向性、全局性问题，为更加全面准确地把握新发展阶段、贯彻新发展理念、融入新发展格局、推动高质量发展，全面打造世界领先洁净能源化工公司，注入了强大的政治动力和精神力量。

（2）“两论起家”的科学理论

《实践论》《矛盾论》是毛泽东哲学思想的代表作（一般称为“两论”），当年大庆石油大会战中用其唯物主义的观点去分析、研究、解决工作中的一系列问题，赢得会战的胜利，形成著名的大庆精神，“两论”集中系统地论述了辩证唯物主义的认识论与唯物辩证法的核心对立统一规律，是马克思主义中国化时代化的典范，其理论魅力在今天仍具有影响，是党的思想路线的主要哲学基础。20世纪60年代，大庆油田的大会战遇到重重困难，生活困难、工作困难接踵而至。在此前周恩来总理就预见到会战将会碰到的大仗、险仗、恶仗、硬仗，他当即对余秋里等人讲要用毛泽东思想指导大会战，用辩证唯物主义的立场、观点、方法，分析、解决会战中可能遇到的各种问题。会战开始后，面对种种矛盾和重重困难，余秋里等会战领导者想到周恩来总理的指示，他们认为面对困难和矛盾，不能被困难吓倒，也不能头痛医头、脚痛医脚，要有全局观点，抓主要矛盾，不怕困难敢于克服困难，把充分发挥人的主观能动性与尊重客观规律相结合，认真学习毛泽东的《实践论》和《矛盾论》，很快在上万名干部和职工中掀起了一股学习“两论”的热潮。在一定意义上讲，是对马克思列宁主义、毛泽东思想的大普及，也是一次思想大解放。1960 年 4 月 10 日，大庆石油会战一开始，大庆会战领导小组就以石油工业部机关党委（大庆会战初期党的临时办事机构）的名义，作出了《关于学习毛泽东同志所著〈实践论〉和〈矛盾论〉的决定》，旗帜鲜明地将“两论”作为指导油田开发建设的思想武器、理论指南，以马克思列宁主义、毛泽东思想指导石油大会战，用辩证唯物主义的立场、观点、方法，认识油田规律，分析和解决会战中遇到的各种问题。《关于学习毛泽东同志所著〈实践论〉和〈矛盾论〉的决定》中指出：“在会战中，把别人的经验都学到手，但又不迷信别人的经验，不迷信书本，我们要勇于实践，发扬敢想、敢说、敢干的风格，闯出自己的经验。同时，我们在实践中要不迷失方向，就要掌握马列主义的理论武器，把实践经验上升到理论，包括正确认识油田规律，使我们的实践具有更大的自觉性。”“部机关党委决定立即组织全体共产党员、共青团员和干部学习毛泽东同志的《实践论》和《矛盾论》，并号召非党职工都来学习这两个文件，用这两个文件的立场、观点、方法来组织我们大会战的全部工作。”“掌握武器，勇于实践，认识油田规律，这是我们学习的目的。”根据这一决定精神，广大会战职工认真学习“两论”，自觉把多找石油、多生产石油和国家的前途命运紧密相连，在极其困难的条件下，奋发图强，艰苦创业，掌握客观规律，科学地开发大油田，提出“有条件要上，没有条件创造条件也要上”。在学习“两论”中大庆人形成一种在理论指导下崇尚实践的行动方向，他们勇于实践，“干，才是马列主义，不干，半点马列主义也没有”。苦干、实干、巧干是大庆人的做派。在会战期间和后来几十年的工作中，大庆人一直是说实话、干实事、重实效的精神代表，而且还确立了多向性的辩证思维方式，从辩证观中的两分法、一分为二，引申到一分为三、一分为多，发挥主体作用与尊重规律相结合。尤其树立积极向上的价值观，广大干部、职工，有一颗为国分忧之心，高举理想信念大旗，强调集体主义精神，提升自身的文化水平和精神追求，面对困难积极想办法克服，体现一种革命的英雄主义、乐观主义精神，“头顶青天，脚踏荒原”。“任凭零下四十度，地冻九尺雪成山，石油工人无冬天。”1974 年、1975 年、1978 年，大庆党委多次总结了“两论”起家的实践。主要包括：调查研究是一切工作的第一步，没有调查就没有发言权；认识只有回到实践中去，才能得到检验，才能纠正其错误或片面性；矛盾贯穿于事物发展过程的始终，正是矛盾推动着事物的运动和发展。油田的开发充满着矛盾；正确处理主要矛盾和非主要矛盾的关系；主观和客观，理论和实践的统一，不是一次完成的。要在新的历史条件下，达到新的主观和客观的统一，就必须坚持靠“两分法”前进。

2019 年 9 月 26 日，习近平总书记致信祝贺大庆油田发现 60 周年时指出，“60 年前，党中央作出石油勘探战略东移的重大决策，广大石油、地质工作者历尽艰辛发现大庆油田，翻开了中国石油开发史上具有历史转折意义的一页。60 年来，几代大庆人艰苦创业、接力奋斗，在亘古荒原上建成我国最大的石油生产基地。大庆油田的卓越贡献已经镌刻在伟大祖国的历史丰碑上，大庆精神铁人精神已经成为中华民族伟大精神的重要组成部分”。

2021 年 10 月 21 日，习近平总书记在视察胜利油田时指出，“石油战线始终是共和国改革发展的一面旗帜，这面旗帜也是国家的栋梁，还要在新时代继续飘扬，希望大家再立新功、再创佳绩”。这是从党和国家全局出发，对石油石化行业提出的总方向、总目标、总要求。“旗帜”“栋梁”的定位，“再立新功、再创佳绩”的期许，把历史、现实和未来贯通起来，将石油石化行业的发展层次、工作要求提升到前所未有的高度，为我们精准标定了石油石化行业在新发展阶段的前进方向和使命担当。

正是由于党和国家的坚强领导和亲切关怀，石油石化传统从根基和源头上就继承了党的优良传统和作风，能够坚持遵循以国为重、自力更生、艰苦奋斗、实事求是的价值追求，从而引领广大石油石化产业工人始终听党话、跟党走。

2.1.2 中华优秀传统文化、中国共产党伟大精神和人民军队优良传统为培育石油精神和石化传统提供了源泉动力

一是中华优秀传统文化为石油精神和石化传统提供了深厚营养。在五千多年的历史长河中，中华民族积淀了“自强不息”“厚德载物”“天下兴亡、匹夫有责”等优秀文化基因，形成了以爱国主义为核心的团结统一、爱好和平、勤劳勇敢、自强不息的伟大民族精神。石油精神和石化传统从民族精神的土壤中汲取了丰厚的养分，从而得以产生和发展壮大，同时又以自身新的实践传承展示着民族精神的精华。

二是中国共产党伟大精神铸就了石油精神和石化传统的内在灵魂。中国共产党将马克思主义基本原理与中国实际相结合，创造了革命时期的红船精神、井冈山精神、长征精神、延安精神、西柏坡精神，建设时期的大庆精神铁人精神、雷锋精神、“两弹一星”精神，改革开放时期的拓荒牛精神、抗洪精神、载人航天精神等，形成了中国共产党宝贵的精神谱系。在石油石化事业发展历程中，无数优秀共产党员在中国共产党伟大精神的激励下，发挥先锋模范作用，以崇高革命风范和坚强党性修养，铸就石油精神和石化传统中具有顽强生命力的鲜活基因。在庆祝中国共产党成立 100 周年大会上，习近平总书记首次提出了“坚持真理、坚守理想，践行初心、担当使命，不怕牺牲、英勇斗争，对党忠诚、不负人民”的伟大建党精神，这是中国共产党的精神之源。作为中国共产党精神谱系和中华民族伟大精神的重要组成部分，石油精神和石化传统是石油石化战线的传家宝，不仅构成了中国石油石化行业的灵魂和精神支柱，也成为盛开在中国共产党和中华民族精神世界中伟岸而鲜活的“石油花”。

三是人民军队优良传统是石油精神和石化传统的重要基石。1952 年 8 月 1 日，石油师和大批官兵转业加入石油石化战线，将人民军队的优良传统注入新中国石油石化工业的躯体。解放军第十九军第五十七师近 8000 名指战员改编为“中国石油师”，一团钻，二团炼，三团开车转，政治觉悟高，组织纪律性强，能打硬仗，敢打硬仗，执行力强。“三大纪律八项注意”“支

部建在连上”等优良传统，强烈地影响着石油石化工业发展的方方面面，影响着石油石化员工队伍的思想作风建设。其中一团二团分别主要搞石油工程和炼油工程建设，对于中国石化建设队伍“铁军”的建设和形象塑造具有重大影响。结合石油石化工业实际，逐渐形成了“三老四严”“四个一样”等严细作风，实现了中国人民解放军优良传统在石油石化行业的升华。

2.1.3 新中国石油石化工业的伟大实践为培育石油精神和石化传统提供了深厚土壤

“一部艰难创业史，百万覆地翻天人”。我国石油石化的创业发展史，是一部波澜壮阔的奋斗史，是由石油石化产业工人的伟大实践所书写的。1960年大庆石油会战率先展开，松辽盆地草原覆盖、沼泽遍地、人烟稀少，数万名石油人一下子涌进了荒凉的萨尔图草原。面对极度恶劣的自然环境和严重匮乏的财力物力，以王进喜为代表的广大石油工人响亮地喊出了“有条件要上，没有条件创造条件也要上”的口号。1961 年 4 月 16 日以华 8 井喜获工业油流为标志，发现了胜利油田，揭开了华北地区大规模石油勘探开发会战的序幕，老一辈石油人发扬艰苦奋斗、自力更生的精神，没有水喝就自己打水井，粮食不够就挖野菜、找菜籽，边生产边生活、边发展边建设，逐步形成了以“坚定不移的政治信念，以国为重的主人翁意识，以苦为荣的奉献精神，求实创新的科学态度”为主要内容的“胜利精神”，推动胜利油田建设“从创业走向创新，从胜利走向胜利”。

新中国的石油化工行业是 20 世纪 50 年代兴起的一门新兴工业。中国的石化工业是围绕解决人民吃饭穿衣这个头等大事发展起来的。新中国成立之初，炼油工业基础极其薄弱。当时，我国只有一个炼制国产原油的玉门炼油厂和两个加工进口原油的大连炼油厂、上海高桥炼油厂。1949 年，全国年原油加工能力只有区区 12 万吨。新中国成立后至 20 世纪 60 年代初，我国的炼油技术要比世界先进水平落后三四十年，当时国内生产汽油的辛烷值一般不超过 63 个单位，中国人还没有摆脱使用“洋油”的历史。时任石油工业部部长余秋里、副部长康世恩，决心要依靠我国自己的力量发展炼油技术。侯祥麟、闵恩泽、陈俊武等科学家成为新中国发展炼油技术的开拓者。作为我国炼油催化裂化工程技术的奠基人，中国科学院院士、"时代楷模"、年近百岁的陈俊武亲历了我国炼油工业从无到有、从弱到强的全过程。据陈俊武院士回忆：1961 年，石油工业部在北京香山召开炼油科研会议，决定将催化裂化、铂重整、延迟焦化、尿素脱蜡、催化剂和添加剂等 5 项新技术列为石油工业部科技发展长远规划的重点攻关项目。当时有部国产电影叫《五朵金花》，剧中有 5 位勤劳、美丽的少数民族姑娘，名字都叫金花，很受人们的喜爱，大家就将这 5 项炼油工业新技术形象地称为"五朵金花"。那时大庆油田已经发现，国家急需以汽油、柴油为代表的轻质油品。看到北京天安门前长安街上的公共汽车还背着大煤气包，我们作为石油炼制领域的科技工作者，感到十分压抑，有强烈的紧迫感，下决心要建设我国的流化催化裂化装置，把以王进喜为代表的石油工人开发出来的"金灿灿稻谷"（比喻石油），做成"香喷喷的米饭"（比喻汽油和柴油）。经过科研、工程技术人员和广大施工人员的团结奋战，到 1965 年，流化催化裂化、延迟焦化、铂重整三项新技术相继在抚顺最早实现了工业化。其他两项新技术也分别在大庆、锦西实现了工业化。"五朵金花"的迎风绽放，使我国当时石油产品品种达 494 种，汽油、煤油、柴油、润滑油 4 大类产品产量达 617 万吨，实现了石油产品全部自给。当时的石油工业部部长余秋里说，这是炼油行业放了个"原子弹"。

兰化公司是新中国第一个石化工业基地。1962 年从苏联引进的以炼厂气为原料的乙烯装置在兰化公司建成投产，揭开了中国石油化工生产的帷幕。1968 年从联邦德国引进的砂子炉重油裂解装置，以及从英国引进的低密度聚乙烯、聚丙烯、丙纶、丙烯腈、腈纶等装置也在兰化公司建成投产。同时，中国石油化工科研工作在顺丁橡胶、聚丁橡胶、聚苯乙烯、聚丙烯、丙烯腈等技术上有了较大突破，建设了 20 多套以炼厂气等副产品为原料的石化装置。1967 年，北京大房山下还是一片荒山秃岭，可谓"乱石滚滚满山坡，吃喝都用毛驴驮"。为满足人们衣、食、住、行的需要，以及首都和华北地区对燃料油的需求，从祖国各地汇集到这里的广大工人、农民、工程技术人员、解放军指战员和大专院校的师生们，在这个沟壑纵横、杂草丛生的山沟里，展开了一场战天斗地的大会战，建起了我国自行设计、自行制造的一座大型的东方红炼油厂（燕山石化的前身）。我国第一套 30 万吨乙烯工程于 1972 年 12 月与日本东洋工程公司签订合同，1973 年 8 月在北京石油化工总厂正式开工，1976 年 6 月全面投产，使我国石化工业向世界先进行列跃进了一大步。随着原油产量增长和炼油工业发展，中国的石化工业快速崛起，极大促进了国民经济的发展和人民生活的提升。

我国石油石化波澜壮阔的发展史，还铭刻着一个知名的“四三方案”。陈锦华在《国事忆述》分别谈到新中国三次大规模引进成套技术设备，第一次是 20 世纪 50 年代的“156 项目”，技术和装备主要来源于苏联，东欧也有些；第二次是 20 世纪 70 年代的“四三方案”，技术和装备主要来源于西方国家；第三次是在 20 世纪 80 年代初，也是主要从西方引进。对于第二次大规模引进成套技术设备，陈锦华写道：“中国第二次大规模引进成套技术设备项目的落实情况，是相当理想的。到 1979 年，这 26 个项目的合同履行完毕。26 个项目总共花了 39.6 亿美元，比‘四三方案’的计划用汇少了 3 亿多美元，实现的程度差不多是 92%。我觉得在当时的实际情况下，能够实现到这样的程度，是一个了不起的成功。”“四三方案”实施后，大规模的技术设备引进夯实了我国技术设备实力、加速了工业化进程，并因此推进了生产力的快速提升和人民生活水平的极大提高。同时，大规模引进也促进了中国与发达国家之间的经济技术交流，突破了以往过于强调“独立自主、自力更生”的思想禁锢，为随后的改革开放奠定了物质、技术和思想基础。

经过半个多世纪的努力，我国石油化工行业从一片荒芜到锦绣满园，如今已经成为世界炼油工业强国。伟大的实践孕育伟大的精神，伟大的精神推动伟大的实践。经过艰苦会战和创业洗礼的实践锤炼，培养了石油石化人过硬的作风、过硬的技术、严密的组织、严明的纪律，孕育形成了石油精神和石化传统，引领和激励着一代代石油石化人奋斗奉献、一路向前。

2.1.4 行业板块的特色文化为培育石油精神和石化传统注入了丰富内涵

在石油石化发展过程中，每个业务板块都结合实际，将石油精神和石化传统融入管理，形成了各具特色的文化特征。同时，各板块形成的特色企业文化，不断拓展了石油精神和石化传统的丰富内涵。

油田板块，生产点多线长面广且需长期野外作业，工作环境多在沙漠、戈壁、山区，工作对象在地下，未知因素多、情况复杂，投资大、风险高，企业文化集中体现为大庆石油会战时期形成的大庆精神铁人精神，“我为祖国献石油”的报国情怀，以及“三老四严”“四个一样”“宁要一个过得硬，不要九十九个过得去”，严格遵守岗位责任制，扎实开展三基工作，强化标准化操作的“严细准狠”作风。

炼化板块，作业流程复杂、设备密集、生产规模大，具有易燃、易爆、高温、高压、真空、腐蚀、有毒等特点，生产过程中时刻需要精益求精、严细认真，坚持总结和发展有效的传统管理经验，借鉴吸收国际先进企业管理方法，形成了以“精细严谨”为特征的管理精髓，企业文化集中体现为艰苦创业精神、开拓进取意识、认真办事的严细实作风、亲密团结的集体荣誉观，以及积极向上的队伍风貌等。

销售板块，经历了从计划经济体制下强调保障供应、稳定市场秩序到市场经济条件下注重竞争和效益意识的转变，成品油经营也由严格的计划管理逐步实行开放经营、配置管理。中国石化销售公司在加快市场化进程中，为有效调动员工积极性和提升企业市场竞争力，更加强调市场意识、效益意识、竞争意识和灵活机动的战略战术，不断强化人本意识、质量意识，认真践行“每一滴油都是承诺”“易捷万店无假货”的要求，保障了市场供应，取得了良好经济效益。

石油工程板块和炼化工程板块干部员工在长期的施工作业中，形成了“召之即来、来之能战、战之能胜”的“铁军”作风，在推动石油石化工业发展中发挥了重要保障作用。

科研板块干部员工在长期的科研工作中，形成了“崇尚科学，求实创新”的精神，推动了创新驱动、科技兴企战略的实施。

机关部门在长期的指导协调、服务保障工作中，坚持“三个面向五到现场”“领导干部五同、七跟班”“四个公开”“约法三章”等，形成了“讲政治、讲大局、讲责任、讲奉献，精细严谨、务实创新”的优良作风，为公司整体高效运行提供了坚强保证。

2.1.5 干部员工的行动自觉为培育石油精神和石化传统增添了巨大活力

石油石化企业从小到大、从大到强、从强到优，其背后是一代代石油石化人以固化于心、外化于行的行动自觉，传承以“苦干实干”“三老四严”为核心的石油精神，弘扬以“家国情怀、求真务实、精细严谨”为主要内涵的石化传统，并不断赋予其新的时代内涵，为培育和发展石油精神和石化传统增添了巨大活力。

从铁人王进喜喊出“石油工人一声吼，地球也要抖三抖”那一刻起，“三老四严”“四个一样”的大庆精神、铁人精神根植中华大地，镌刻在每一个石油石化人的脑海里，流淌在每一个石油石化人的血液里，成为代代相传的精神坐标。改革开放以来，“石油精神和石化传统”经受住风云变幻的考验，在新时代凝结成艰苦奋斗、奉献担当、进取创新的永恒色彩。

特别能吃苦，特别能战斗，是石油石化人不变的底色。石油工人常年奋战在野外，条件异常艰苦。但始终高扬“我为祖国献石油”的旗帜，迎着风雪找油，朝着梦想奋进。在中国首个实现商业开发的页岩气田——涪陵页岩气田，以刘尧文为代表的找油找气先锋驻扎荒山野岭，举着手电蜡烛，伏案乒乓球桌，仅用 5 年时间就走完了美国 30 年的技术攻关之路，建成了年产能 100 亿立方米、相当于千万吨级的大油田，传承和发扬了“宁可少活二十年、拼命也要拿下大油田”的拼搏精神。

石油工人四海为家、以企为业、以苦为荣，住着野营房、歇在草棚帐，吃饭只能在荒山野外搭灶、稻田河沟取水。就是在这样的条件下，他们建成了华中地区最大的润滑油、特种油、石蜡油生产基地。成千上万的管道巡线工，驻扎在荒郊野岭，行走在白天黑地，忍受着严寒酷暑，守护着仪长、魏荆、洪荆、川气东送管道等沿江能源大动脉以及近 3000 公里的成品油管道，风雨无阻确保能源供应万无一失……

特别能奉献，特别能担当，是石油石化人闪亮的本色。选择了石油，意味着选择了奉献。在石油石化企业，子承父业延续着一代又一代的薪火传承，“献了青春献子孙”是他们精忠报国的真实写照。抗洪抢险英雄陈鹏龙、王占成关键时刻奋不顾身，把灾难现场当考场，把责任当信仰，用行动诠释了“大事面前有担当，小事跟前有情怀”。矢志创新的技能大师田明、野外驻岗 20 年薛梅、优秀基层党支部书记王友忠，展现了新时期石油石化产业工人的执着和追求。还有扶助残疾人就业的全国劳模邵均克、道德模范宋丽萍、孝老爱亲的杨克红、老有所为的刘本志等许许多多的模范、典型，他们为企业发展、社区和谐发光发热，展示了石油石化人担当奉献的闪亮本色。

特别能进取，特别能创新，是石油石化人骄傲的成色。石油石化人弘扬“严从细中来，实在严中求”的钻研精神，始终做到严细求实、精益求精。全国技术能手张义铁，湖北工匠龙景庆、郭振恩，压裂专家吴汉川等一大批革新能手，凭着“宁要一个过得硬，不要九十九个过得去”的执着精神，创造了令业界赞赏、国人骄傲的核心技术和大国重器。中国石化湖北销售团队“敢为人先、锐意进取”，率先创建国内成品油流通领域质量提升示范项目，捍卫“每一滴油都是承诺”。石油战线模范思想政治工作者熊元启自信、自强、自尊的“三自”精神，全国首创的“党员责任区”，奠定了石油石化党建工作优良传统，引领点燃石化红色发展引擎。90 多岁的“时代楷模”陈俊武同志，心有大我、至诚报国，把个人理想融入党和国家事业，为党工作 70 多年，取得了非凡的技术成就，为我国炼油工业进步做出了开创性的贡献，是石油精神和石化传统的模范践行者，激励带动干部员工涵养家国情怀、砥砺奋斗精神、塑造人格品行。

2020 年，面对新冠疫情突然暴发，中国石化干部员工坚定听党指挥、闻令而动，发扬“有条件要上，没有条件创造条件也要上”的精神，12天建成一条熔喷布生产线，76天建成全球最大的熔喷布生产基地；始终坚持生产不间断、油气不断供、商品不涨价、服务不打烊，保证了国民经济的正常运行。面对脱贫攻坚艰巨任务，石油石化人坚决贯彻落实习近平总书记关于扶贫工作的重要论述，发挥集团优势，实施产业帮扶项目127个，惠及18.48万人，带动5.2万名群众脱贫。2020年11月21日，甘肃东乡县正式脱贫，至此中国石化对口支援和定点帮扶的8个县、企业帮扶的750个村全部脱贫。

这些重大成果的取得，是石油石化人传承石油精神、弘扬石化传统，为党分忧、为国尽责、为民奉献的生动体现。

2.2 石油精神和石化传统的发展脉络

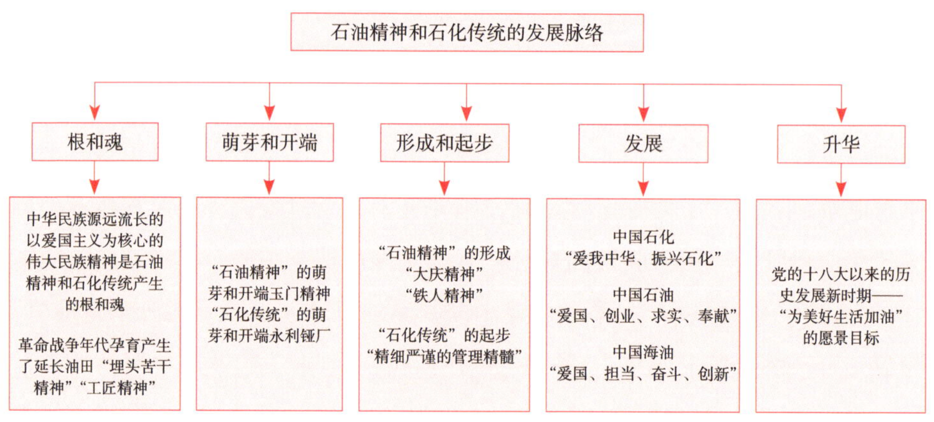

石油精神和石化传统的发展脉络

“石油精神和石化传统”来源于中华民族伟大的民族精神，孕育于延长油田，萌芽于玉门油田，形成于大庆油田大会战和石化工业创立时期，发展于改革开放时期，升华于中国特色社会主义新时代。“石油精神和石化传统”的孕育、形成、生发与升华，伴随着石油石化工业的发展史，是一部荡气回肠、砥砺奋进的历史画卷。可以说，以“苦干实干”“三老四严”为核心的石油精神、以“家国情怀、求真务实、精细严谨”为内涵的石化传统，熔铸于火热的建设年代，淬炼于改革开放时期，勃兴于中国特色社会主义新时代，是我国石油石化战线的立身之本、创业之魂、传家之宝，在当前社会发展中发挥着巨大作用。

2.2.1 “石油精神和石化传统”的根和魂

“石油精神和石化传统”薪火相传的根和魂：中华民族源远流长的以爱国主义为核心的团结统一、爱好和平、勤劳勇敢、自强不息的伟大民族精神是“石油精神和石化传统”的根和魂，在革命战争年代，孕育产生了“延长油田”矢志不渝的“埋头苦干精神”和“工匠精神”。

中国大陆第一口油井——“延一井”，是中国石油工业的“母亲井”。1935 年 5 月 30 日，刘志丹率领的陕北工农红军解放了延长县，延长石油厂回到了党和人民的怀抱。同年 5 月，中国石油工业史上第一个党支部在延长石油厂成立。10 月，特派员高登榜任该党支部书记，工人郝巨才、高维新、李长青、郭宝仁等相继入党，党支部成为延长石油厂的领导核心。从此，延长石油厂在党的领导下不断发展壮大。抗日战争全面爆发后，在党中央直接领导下，延长石油厂扩大生产，打成了“起家井”延 19 井，发现了七里村油田。1938 年，为了抗日民族统一大业，经周恩来总理批准，延长石油人将仅有的两套钻机和 18 名技术工人派往玉门，支援玉门打成老君庙一号井，开启了玉门油田大开发。在艰苦岁月里，延长石油人因陋就简、自力更生，通过自主勘测井位、试制木质钻机等措施，努力打好每一口井，以矢志不渝的忠诚和工匠精神，为中国革命奉献着自己的智慧和力量。在党的领导和培养下，延长石油厂不仅生产出了大量油品，也涌现出以陈振夏为代表的一大批优秀共产党员、劳动模范。1944 年 5 月 22 日，毛泽东主席在一方白色粗布上亲笔为延长石油厂厂长陈振夏题书：“埋头苦干”，并号召边区的厂长、工程师、技师及全体职工向他学习。这既是毛泽东主席对石油行业的第一次题词，也是对延长石油的最高褒奖。从此，“埋头苦干”成为延长石油人薪火相传的精神财富，成为延长石油成长的根、发展的魂，也是石油精神的奠基之石。

2.2.2 “石油精神和石化传统”的萌芽和开端

“石油精神”的萌芽和开端：具有石油摇篮特征和优良传统的“玉门精神”。玉门油田开发于1939年，是我国第一个采用现代技术开发石油的油田，是中国第一个天然石油工业基地。抗战爆发，“洋油”断绝，老君庙一号井出油，揭开了玉门油田工业开发的序幕，生产的石油有力地支援了抗日战争。解放初期，中国人民解放军第十九军第五十七师改编为石油工程第一师，近8000名指战员投身于玉门油田建设，把长征精神、延安精神等优良传统带到石油队伍，融入石油工人的血脉，成为石油精神的重要源头。20世纪50年代后期，玉门油田形成了具有石油摇篮特征和优良传统的“玉门精神”。包括自力更生，艰苦奋斗的“一厘钱”精神；设备缺乏，自己修造的“穷鼓捣”精神；原材料不足，改制代用的“找米下锅”精神；人员不足，多做贡献的“小厂办大事”精神；修旧利废，挖潜增效的“再生产”精神。从此，玉门精神揭开了中国石油文化发展的序幕。

“石化传统”的萌芽和开端：具有石化摇篮特征和优良传统的“永利铔厂”。1934年，近代著名爱国实业家范旭东先生创办的永利化学工业公司铔厂，是中国最早的化工基地，中国第一袋化肥、第一包催化剂、第一台高压容器以及第一套合成氨、硫酸、硝酸等装置都在这里诞生，先后创造了30多项“中国化工之最”。永利铔厂是中国现代化工的起源和典范。南京永利铔厂的建成，是中国民族化学工业由近代化工走向现代化工的里程碑，毛泽东主席高度评价范旭东：“讲到中国的民族工业，有四个人不能忘记：……化学工业不能忘了范旭东……”永利铔厂是中国近代敢于与世界先进企业论伯仲的“一流企业”。永利铔厂不仅是中国第一座化肥厂，更是当时亚洲最大的化工厂，并且是当时具有世界先进水平的联合化工企业，被称为“远东第一大厂”。永利铔厂是中国化工先驱，践行实业报国精神和探索实践，以“四大信条”凝聚人心发展事业的缩影。范旭东先生亲自起草的“四大信条”：“我们在原则上绝对地相信科学，我们在事业上积极地发展实业，我们在行动上宁愿牺牲个人顾全团体，我们在精神上以能服务社会为最大光荣”，成为石化传统宝贵的精神资产得到传承和弘扬。1949 年，南京永利铔厂获得解放。南京市军管会主任刘伯承命令南下的第一列火车为永利铔厂送来了焦炭 1 万吨，帮助铔厂恢复生产。由永利铔厂厂长侯德榜于 1943 年发明的“侯氏联合制碱法”，至今仍然是制碱领域的先进技术，获得“新中国第一号发明证书”，成为中国化学工业崛起的基石。

2.2.3 “石油精神”的形成和“石化传统”的起步

“石油精神”的形成：困难时期石油工业发展的精神支柱“大庆精神”“铁人精神”。大庆油田于 1959 年被发现，1960 年投入开发，是我国目前最大的油田，也是世界上为数不多的特大型砂岩油田之一。20 世纪 60 年代初，新中国面临严峻的考验，国际敌对势力妄图用石油卡住我们的脖子，三年困难时期使国民经济受到严重影响，物质条件极端困难。一方面大庆油田地质情况复杂，另一方面我国石油工业基础薄弱，技术力量不足，在这种情况下，外国人预言，我们根本没有能力开采出这个大油田。但以铁人王进喜为代表的几万名会战职工，经过三年半艰苦卓绝的夺油大战，一举改变了我国石油工业落后的面貌，实现石油产品基本自给，结束了中国人使用“洋油”的时代，促进了我国石油工业的全面发展。三年大会战，不仅建成年产几百万吨的原油生产规模和大型炼厂，而且以大庆会战为模式，在全国相继开展了十大会战，奠定了中国石油工业的完备体系。在大庆油田会战的过程中，面对极端艰苦的生产生活条件，以铁人王进喜为代表的老一辈石油工人，发扬“宁肯少活二十年，拼命也要拿下大油田”的顽强拼搏精神，锻造了“严”和“实”的作风，逐渐孕育并形成了体现中华民族精神的“大庆精神”“铁人精神”，主要包括：为国争光、为民族争气的爱国主义精神；独立自主、自力更生的艰苦创业精神；讲求科学、“三老四严”的科学求实精神；胸怀全局、为国分忧的奉献精神，概括地说就是“爱国、创业、求实、奉献”。“大庆精神”为石油企业文化注入了新的活力，也正是这种精神激励着一代又一代石油人不断地奋发进取，为我国石油工业的发展默默地奉献着。

“石化传统”的起步：与石化企业发展同步形成的“精细严谨”的管理精髓。大庆油田的开发，原油产量的急剧增长，需要炼油工业同步发展。1963 年，全国原油产量达 648 万吨，同年 12 月，周恩来总理在第二次全国人民代表大会第四次会议上庄严宣布，中国需要的石油，现在已经可以基本自给，中国人民使用“洋油”的时代，即将一去不复返了。在此期间，扩建了上海炼油厂、石油七厂，将石油一、二、五厂和茂名石油公司由生产人造油改为主要加工天然原油，并大力开发新工艺、新技术、新产品。1963—1965 年，先后攻下了被喻为“五朵金花”的流化催化裂化、铂重整、延迟焦化、尿素脱蜡以及配套所需的催化剂、添加剂等 5 个攻关项目。此外，还研究、设计、建设了加氢裂化等装置。到 1965 年止，共新建以上装置 13 套，全部实现了工程质量、试车、投产、出合格产品四个一次成功，大大缩小了同当时国外炼油技术水平的差距。1965 年生产汽、煤、柴、润四大类油品 617 万吨，石油产品品种达 494 种，提前实现了我国油品自给。

1976 年，大庆油田年产量突破 5000 万吨，为全国原油年产上 1 亿吨打下了基础。石油三厂、六厂经过扩建，改造成为加工天然原油的炼油厂。为发挥中央和两个积极性，以石油部为主，陆续兴建了茂名、大庆、南京、胜利、东方红、荆门、长岭等 7 个大型炼油厂。以地方为主先后建设了天津、武汉、安庆、浙江、广州、九江、乌鲁木齐、吉林、鞍山、石家庄、洛阳等 11 个大中型炼油厂。到 1978 年，全国原油年加工能力已达 9291 万吨，基本上与我国原油生产规模相适应，当年实际加工原油 7069 万吨，生产四大类油品 3352 万吨，品种达 656 种。从 1966—1978 年的 13 年中，原油产量以每年递增 18.6% 的速度增长，年产量突破 1 亿吨，原油加工能力增长 5 倍多，保证了国家的需要，缓和了能源供应的紧张局面。从 1973 年起，我国还开始对日本等国出口原油，为国家换取了大量外汇。在此期间，由于炼化企业作业流程复杂、设备密集、生产规模大，以及易燃、易爆、高温、高压、真空、腐蚀、有毒等特点，生产过程中时刻需要精益求精、严细认真，逐步形成了以“精细严谨”为特征的管理精髓，为中国石化形成“家国情怀、求真务实、精细严谨”为主要内涵的石化传统，奠定了坚实的基础。

2.2.4 “石油精神和石化传统”的发展

“石油精神和石化传统”的发展：中国石化“爱我中华、振兴石化”的家国情怀；中国海油“爱国、担当、奋斗、创新”的精神；中国石油“爱国、创业、求实、奉献”的企业精神。

党的十一届三中全会后，中国石油和化学工业步入新的历史发展期，中国原油产量突破 1 亿吨，跨入了世界石油大国的行列。1982 年党中央在研究国民经济生产总值翻两番的目标时，通过借鉴发达国家的发展经验，决定提高石油化工在国民经济中的地位，通过振兴石油化工支撑实现国民经济翻两番的目标。但由于受当时地区和部门分割的管理体制制约，38 个重点炼油、石化企业分别由 3 个部门、20 多个省市自治区多头领导、分散管理、分散决策，建设不能全面规划、生产不能统筹安排、经济效益提高受到限制，导致我国 1 亿吨原油所创价值与发达国家相差甚远，无法为国民经济提供应有的支撑和拉动，不能满足人民群众在衣食住行等方面对石油化工产品日益增长的需求。党中央、国务院“经过充分论证，下了最大决心”，决定实施石油石化战略大重组，成立跨部门、跨行业、跨地区的大型经济实体，国务院原石油天然气总公司和石化总公司改组为两个大型石油石化集团公司，实现上下游、产供销、内外贸一体化经营，三大石油公司基本实现了从政府部门向企业的转变。中国石油工业逐步融入世界石油工业体系。1982 年、1983 年、1988 年，中国海洋石油总公司、中国石油化工总公司、中国石油天然气总公司相继成立，中国石油和化学工业基本形成以三大公司为基础、分工较为明确、各自独立经营的总体格局。中国石化所属 19 家石化企业划转给中国石油，原属中国石油的 12 家石油企业划转给中国石化。中国石油转变成为一家业务覆盖上中下游的一体化公司。随后，中国先后实施振兴石化“三大战役”，启动建成一批乙烯、化纤、化肥工程，推动完成一批炼油技术改造，奠定了石化大国的根基。2000年，中国石化股票在美国纽约、英国伦敦、香港三地同时成功上市。中国石油、中国海油紧随其后。至此，我国以大型企业为主体的石油工业体系形成。

中国海油成立于1982年，但海油精神可以追溯到20世纪五六十年代，老一辈石油人秉承着“三老四严”“苦干实干”等在祖国300万平方公里海洋上对石油精神作出的全新阐释。石油精神是海油精神的根与魂，海油精神就是石油精神在海洋石油工业领域的实践、发展和传承。发源于“石油精神”的“海油精神”是建立在当年艰苦创业基础上的“一次认识”，伴随着改革开放开展海上油气对外合作开发所孕育的“双赢、包容、合作”等理念是“二次认识”。新时代，中国海油提出“爱国、担当、奋斗、创新”的新时代海油精神，是在传承中不断发展，在实践中不断升华的“三次认识”。

1983年7月，中国石油化工总公司成立，原来分属石油部、化工部、纺织部管理的39个石油化工企业被划归总公司领导。1986年12月，公司第一届领导班子，在总结石化总公司成立3年来的经验时，旗帜鲜明地提出了“爱我中华、振兴石化”的理想和目标，以及“改革、发展、振兴”的方针，首次提出石化精神、石化意识，并将“爱我中华、振兴石化”作为全行业追求的理想和目标。1989年，总公司党组进一步号召全系统职工，树立“为国分忧、为国争光的奉献意识，正视困难、艰苦创业的忧患意识，信守合同、保持信誉的还贷意识，不怕困难、勇于攀登的赶超意识，忘我劳动、奋发图强的拼搏意识”，深入开展“比、学、赶、帮”劳动竞赛，“学先进，找差距，献计策，比实绩”，人人为治理整顿建功，人人为发展石化事业创业。这一时期的企业文化突出强调了国家利益、人民利益、企业利益和无私奉献意识。1990年起，总公司领导班子继续坚持“爱我中华、振兴石化”，致力于内涵式发展，提出与国外大公司“论伯仲、比高低、共经纬”的目标，并决心采取“不铺新摊子、依托老企业、采用新技术、消除装置瓶颈制约”的内涵式发展道路，实现振兴石油化工支柱产业的战略目标，其间提出了“精雕细刻抓管理，精耕细作搞生产，精打细算创效益”的要求。1997年底，为实现中央将石油化工建成支柱产业的战略目标和公司的发展目标，这一时期党组还研究确立了“大型、先进、系列、集约”的发展方针、“集团化、国际化、股份化、多元化”的经营战略和“有红旗就扛，见第一就争”的企业作风。1997 年起，中国石化领导班子适应于重组上市，确立了“公司利润最大化、股东回报最大化”经营宗旨等公司发展理念。这一时期的企业文化着眼于建立现代企业管理制度的要求，体现了强烈参与国际市场竞争意识和国际资本市场对上市公司的监管要求，比较强调经济价值和股东利益。2003 年起，集团公司领导班子积极响应国家要求，确立了“竞争开放，创新共赢”和“加强国内，开拓国外”等发展思想，坚持“改革、调整、创新、发展”方针，特别重视加大上游勘探力度和国际合作力度，统筹两种资源、两个市场，确立了“竞争开放，创新共赢”和“加强国内，开拓国外”等发展思想。这一时期的企业文化比较侧重于开拓发展和国际化。2007 年起，中国石化领导班子开始关注公司各利益相关方，在 2009 年颁布第一个集团公司《企业文化建设纲要》，首次从企业战略的角度，从企业宗旨、愿景、精神、作风及经营理念等 5 个方面构建了中国石化核心价值理念体系。《企业文化建设纲要》提出“发展企业、贡献国家、回报股东、服务社会、造福员工”的企业宗旨，“建设具有较强国际竞争力的跨国能源化工公司”的企业愿景，“爱我中华、振兴石化”的企业精神，“精细严谨、务实创新”的企业作风和“诚信规范、合作共赢”的经营理念，系统规划了集团公司的企业文化建设，成为指导当时集团公司企业文化建设的纲领性文件。这一时期的企业文化在传承石油精神和石化传统的基础上，更加关注利益相关方，更加强调以人为本、创新发展、和谐共赢。2011 年起，中国石化领导班子更加强调国际化发展和中央企业的人民性，提出“为美好生活加油”“人民满意”等理念，颁布了 2014 年版《企业文化建设纲要》，提出了“为美好生活加油”的企业使命、“建设成为人民满意、世界一流能源化工公司”的企业愿景和“人本、责任、诚信、精细、创新、共赢”的企业价值观。这一时期的企业文化更加强调人民性、社会责任和国际化，不仅符合社会主义核心价值观的要求，也适应公司国际化和时代发展的要求。

在这一发展时期，中国石油天然气总公司也于 1988 年 8 月由原石油部改组成立。重组后的中国石油天然气总公司，始终把弘扬“石油精神”，作为石油工业发展安身之本、方向之舵、力量之源，坚持用重要批示加强党员干部作风建设、打造过硬员工队伍，带领百万石油人不断攻坚克难、夺取胜利。油田开发建设时期，面临高含水的挑战，“新时期铁人”王启民纵身一跃，跳向充满挑战的“科技泥浆池”，和新时期石油人一道用智慧和勇气开辟了石油工业的新天地。通过开展形式多样的教育实践活动，吃透精神实质，把握核心要义，切实增强学习宣传贯彻重要批示精神的政治自觉、使命自觉和行动自觉，继承优良传统，挖掘时代内涵，使“石油精神”成为全体干部员工的思想主脉和行为方式，始终做到政治本色不变、优良传统不丢、奋斗精神不减，凝聚新时期干事创业、敢打硬仗、勇创一流的精神力量，不断夯实百万石油人共同奋斗的思想基础。通过大力选树先进典型，开展弘扬“石油精神”巡回报告，突出一个“干”字、体现一个“实”字、落实一个“严”字，锻造对党忠诚、对事业负责的铁人式干部员工队伍。

正是在这样一代代铁人式的梯队中，中国石油化工企业高举石油精神火炬，用“坚决听党话、一心跟党走”的绝对忠诚，肩负起国有重要骨干企业的历史使命。

2.2.5 “石油精神和石化传统”的升华

“石油精神和石化传统”的升华：党的十八大以来的历史发展新时期——“为美好生活加油”的愿景目标。

善弈者谋势，善谋者致远。党的十八大以来，习近平总书记站在统筹中华民族伟大复兴战略全局和世界百年未有之大变局的高度，统筹国际国内两个大局、发展安全两件大事，提出了“四个革命、一个合作”能源安全新战略，围绕推动能源消费革命、能源供给革命、能源技术革命、能源体制革命，全方位加强国际合作，实现开放条件下能源安全，提出了一系列新理念新观点新要求：

——能源安全是关系国家经济社会发展的全局性、战略性问题，对国家繁荣发展、人民生活改善、社会长治久安至关重要。

——能源低碳发展关乎人类未来。中国高度重视能源低碳发展，积极推进能源消费、供给、技术、体制革命。

——面对能源供需格局新变化、国际能源发展新趋势，保障国家能源安全，必须推动能源生产和消费革命。推动能源生产和消费革命是长期战略，必须从当前做起，加快实施重点任务和重大举措。

——坚决控制能源消费总量，有效落实节能优先方针，把节能贯穿于经济社会发展全过程和各领域，坚定调整产业结构，高度重视城镇化节能，树立勤俭节约的消费观，加快形成能源节约型社会。

——立足国内多元供应保安全，大力推进煤炭清洁高效利用，着力发展非煤能源，形成煤、油、气、核、新能源、可再生能源多轮驱动的能源供应体系，同步加强能源输配网络和储备设施建设。

——对于我们石油能源产业来说，下一步就是要把技术搞上去，不断提高生产能力、降低成本，同时按照绿色低碳转型的方向，实现节能降碳的目标。

——立足我国国情，紧跟国际能源技术革命新趋势，以绿色低碳为方向，分类推动技术创新、产业创新、商业模式创新，并同其他领域高新技术紧密结合，把能源技术及其关联产业培育成带动我国产业升级的新增长点。

——要把现代能源经济这篇文章做好，紧跟世界能源技术革命新趋势，延长产业链条，提高能源资源综合利用效率。

——要集中资源攻克关键核心技术，加快清洁高效开发利用，提升能源供给质量、利用效率和减碳水平。

——坚定不移推进改革，还原能源商品属性，构建有效竞争的市场结构和市场体系，形成主要由市场决定能源价格的机制，转变政府对能源的监管方式，建立健全能源法治体系。

——在主要立足国内的前提条件下，在能源生产和消费革命所涉及的各个方面加强国际合作，有效利用国际资源。

——能源合作是共建“一带一路”的重点领域。我们愿同各国在共建

“一带一路”框架内加强能源领域合作，为推动共同发展创造有利条件，共同促进全球能源可持续发展，维护全球能源安全。

——坚持战略协作，推动全球能源治理体系协调发展。要推动建设更加公平公正、均衡普惠、开放共享的全球能源治理体系，为全球能源治理贡献更多方案。

……

这些新理念新观点新要求，彰显了以习近平同志为核心的党中央驾驭社会主义市场经济的卓越能力，体现了对新的时代条件下保障我国能源安全的深邃思考，展现了维护国家安全发展的坚定意志，为新时代中国能源高质量发展指明了方向。在以习近平同志为核心的党中央坚强领导下，我们坚定不移推进能源革命，全面推进能源消费方式变革、建设多元清洁的能源供应体系、发挥科技创新第一动力作用、全面深化能源体制改革释放市场活力、全方位加强能源国际合作、以更大力度深入推进能源低碳转型，能源生产和利用方式发生重大变革，能源发展取得历史性成就，能源事业在高质量发展道路上迈出了新步伐。

与此同时，以习近平同志为核心的党中央多次对保障国家能源安全作出部署安排。党的十九届五中全会强调要“保障能源和战略性矿产资源安全”。“十四五”规划和2035年远景目标纲要围绕“构建现代能源体系”“提升重要功能性区域的保障能力”“实施能源资源安全战略”等作出了一系列重要部署。《2030年前碳达峰行动方案》明确提出，以保障国家能源安全和经济发展为底线，推动能源低碳转型平稳过渡，稳妥有序、循序渐进推进碳达峰行动，确保安全降碳。党的十九届六中全会审议通过的《中共中央关于党的百年奋斗重大成就和历史经验的决议》，在总结新时代经济建设的伟大成就时指出“保障粮食安全、能源资源安全、产业链供应链安全”，在总结新时代维护国家安全的伟大成就时强调“统筹发展和安全”，指出“把安全发展贯穿国家发展各领域和全过程”。

中国石化坚定不移落实习近平总书记指示精神，自2015年以来，历届党组领导班子就特别强调传承和弘扬石油精神和石化传统，强调坚持“严、细、实”的工作要求。为此，时任党组颁布了2016年版《企业文化建设纲要》，在理念中新增了“严、细、实”的企业作风。鉴于部分领导提出“人民满意”政治色彩较强，不利于国际化传播，故在这一版的企业愿景中去掉了这一词。调整后的中国石化核心价值理念包括4项内容，即“为美好生活加油”的企业使命、“建设世界一流能源化工公司”的企业愿景、“人本、责任、诚信、精细、创新、共赢”的企业价值观和“严、细、实”的企业作风。这一时期的企业文化在继承“三老四严”“严细实”等优良传统的基础上创新发展，兼顾了市场化、国际化与继承优良传统的关系。近年来，中国石化党组十分重视石油精神和石化传统的传承与弘扬，健全工作机制，加强学习宣传，注重典型示范，创新实践载体，教育引导干部员工传承以“苦干实干”“三老四严”为核心的石油精神，弘扬以“家国情怀、求真务实、精细严谨”为主要内涵的石化传统，为打造世界领先洁净能源化工公司提供了坚强思想保证和强大精神动力。2021年，习近平总书记在党史学习教育动员大会上强调，要大力发扬红色传统、传承红色基因，赓续共产党人的精神血脉，始终保持革命者的大无畏奋斗精神，鼓起迈进新征程、奋进新时代的精气神。中国石化党组深入贯彻落实习近平总书记重要讲话精神，把传承石油精神、弘扬石化传统作为党史学习教育的重要内容，在《中国石化开展党史学习教育实施方案》中明确提出要“深刻认识石油精神、石化传统是党的伟大精神在石油石化行业的传承与弘扬，自觉继承革命传统、传承红色基因、发扬过硬作风、补足精神之钙”“大力弘扬以爱国主义为核心的民族精神和以改革创新为核心的时代精神，大力传承石油精神、弘扬石化传统，立政德、明大德、守公德、严私德，永葆对党的忠诚之心、对人民的赤子之心，永葆党的先进性和纯洁性，站排头、争第一，树立中国石化‘党和人民好企业’‘负责任国际化大公司’的良好形象”，在进一步发扬革命精神中激发昂扬斗志，大踏步推动中国石化各项事业迈向世界领先。

2021年10月21日，习近平总书记考察调研胜利油田时强调：“石油能源建设对我们国家意义重大，中国作为制造业大国，要发展实体经济，能源的饭碗必须端在自己手里。”在2022年1月13日召开的中国石化集团公司工作会议上，集团公司董事长、党组书记马永生要求深入学习贯彻习近平总书记视察胜利油田重要指示精神，无愧使命担当、不负伟大时代，深入实施世界领先发展方略，着力推动“由大到强到优”的深刻转变，坚定不移走出一条高质量发展之路，为全面建设社会主义现代化国家、实现中华民族伟大复兴的中国梦作出更大贡献。在 2022 年 7 月 27 日召开的集团公司年中工作会议上，中国石化党组书记、董事长马永生就传承石油精神、弘扬石化传统做出新要求，他指出，厚重历史铸就红色基因。公司七十多年的石油石化工业发展史、近四十年的中国石化奋斗史，无时无刻不在教育提醒我们不能忘记初心使命，不能丢了文化传承。各级领导干部要悟透习近平总书记关于“石油战线这面旗帜还要在新时代继续飘扬”的重要指示精神，自觉传承石油精神、弘扬石化传统，力戒骄娇二气，带头苦干实干，锻造新时代产业大军。要坚持工作下沉、重心下移，下决心把优良作风大大发扬起来，教育广大干部员工在一切工作上不马虎、不凑合、不迁就，最讲认真；在一切工作上肯下功夫、深入研究、细之又细，反对粗枝大叶、大而化之；在一切工作上坚决顽强，不干则已、干就干好，一定搞出结果；在一切工作上实事求是，按规律办事，以实招创实绩，不以虚功图虚名，创造经得起检验的过硬业绩。2023 年 1 月 12 日在集团公司年度工作会上，再次提出：“必须注重精神传承，始终不忘石油石化人的本源、本质、本色，善于从石油精神、石化传统中汲取深厚养分，永葆红色底蕴和战斗情怀，任何时候都挺起精神脊梁，保持团结奋斗、开拓创新的昂扬斗志。”“新征程上，我们要强化文化价值属性，大力弘扬伟大建党精神，发扬光大石油精神、石化传统，在共同涵养和发展伟大精神中实现自身的高质量发展。”

立足新发展阶段，贯彻新发展理念，服务构建新发展格局，中国石化党组提出世界领先发展方略：以打造世界领先洁净能源化工公司为愿景目标；坚决扛起保障国家能源安全、引领我国石化工业高质量发展、担当国家战略科技力量三大核心职责；加快构建以能源资源为基础、以洁净油品和现代化工为两翼、以新能源新材料新经济为重要增长极的“一基两翼三新”产业格局；大力实施价值引领、市场导向、创新驱动、绿色洁净、开放合作、人才强企发展战略，全面开启打造世界领先洁净能源化工公司新征程，坚决扛起“建设具有强大战略支撑力、强大民生保障力、强大精神感召力的中国石化”新使命，开启“由大到强到优”的新征程。同时，赋予以“爱我中华、振兴石化”为核心的企业文化新内涵。

新时代，新征程，新伟业。2022 年 10 月 16 日至 22 日，党的二十大胜利召开，这是在全党全国各族人民迈上全面建设社会主义现代化国家新征程、向第二个百年奋斗目标进军的关键时刻召开的一次十分重要的大会，是一次高举旗帜、凝聚力量、团结奋进的大会。习近平总书记在大会上，着眼千秋伟业、前瞻世纪中叶，站在更高历史起点上，把全面建设社会主义现代化强国作为我们党的中心任务，描绘了以中国式现代化全面推进中华民族伟大复兴的宏伟蓝图，体现了百年大党强烈的历史主动精神和高度的使命担当。国有企业作为中国特色社会主义的重要物质基础和政治基础，是党执政兴国的重要支柱和依靠力量，在以中国式现代化推进中华民族伟大复兴中肩负着重大责任。中国石化牢牢把准在党和国家工作全局中的功能定位，聚焦新时代新征程党的中心任务，加快打造具有强大战略支撑力、强大民生保障力、强大精神感召力的中国石化，紧紧围绕党的二十大报告提出的“加快建设世界一流企业”“提升企业核心竞争力”的战略部署，围绕贯彻落实习近平总书记视察胜利油田重要指示精神，统筹发展与安全、夯实行稳致远的基础，对标世界一流企业、跨越高质量发展门槛，不断研究新情况、解决新问题，坚定不移扛稳央企责任担当，坚定不移地发挥经济增长的顶梁柱作用、科技创新的国家队作用、安全发展的压舱石作用、市场失灵的稳定器作用、共同富裕的支撑者作用，在推进中国式现代化、全面建设社会主义现代化国家中彰显大国重器的责任担当。

一部石油石化工业发展史，就是一部艰苦创业史、报国为民史。从“有条件要上，没有条件创造条件也要上”，到“把贫油国的帽子甩到太平洋里”；从“用好一亿吨原油”，到成为世界主要石化大国，“我为祖国献石油”“爱我中华、振兴石化”“为美好生活加油”始终是石油石化人不变的追求、永恒的坚守。

2.3 石油精神和石化传统的基本内涵

石油精神和石化传统是宝贵精神财富。2016年6月，习近平总书记作出重要批示，强调石油精神是攻坚克难、夺取胜利的宝贵财富，什么时候都不能丢。要大力弘扬以“苦干实干”“三老四严”为核心的石油精神，深挖其蕴含的时代内涵，凝聚新时期干事创业的精神力量。以“苦干实干”“三老四严”为核心的石油精神，是中国共产党人在推动伟大社会革命中创造的宝贵精神财富，是石油石化战线的立身之本、创业之魂；以“家国情怀、求真务实、精细严谨”为主要内涵的石化传统，是对石油精神的传承与弘扬，无论过去、现在还是将来，我们都要传承石油精神、弘扬石化传统，凝聚干事创业、打造世界一流的强大精神力量。

2.3.1 以“苦干实干”“三老四严”为核心内涵的石油精神

以“苦干实干”“三老四严”为核心的石油精神形成于石油工业艰难的创业初期，是坚持党的领导、发挥党的政治优势的实践成果，是石油石化战线的立身之本、创业之魂，是激励石油石化人永远奋斗的强大精神动力。

——苦干：就是“有条件要上，没有条件创造条件也要上”，就是“困难面前有我们，我们手下无困难”，就是“宁肯少活20年，拼命也要拿下大油田”。

——实干：就是“把高度的革命精神和严格的科学态度相结合”，就是“取全取准第一性资料”，就是“一切经过试验”。石油埋藏在千米之下的岩石孔隙里，孔隙度不到头发丝的三十分之一，有的甚至更细，科学地采出石油来不得半点马虎。

新时代传承“苦干实干”优良传统，就是要树立正确的利益观、苦乐观，始终把国家利益、企业利益放在第一位，不怕苦、敢吃苦、能吃苦，以顽强的意志正视困难、战胜困难，为石化振兴、国家富强不断作出新贡献；就是要树立正确的发展观、政绩观，始终保持实事求是的作风，不图虚名，不尚空谈，不摆花架子，脚踏实地，勤奋工作，努力创造经得起实践、人民、历史检验的工作实绩；就是要树立正确的奋斗观、奉献观，永葆“我为祖国献石油”的豪情壮志，敢于担当、迎难而上、甘于奉献，勇于挑最重的担子，敢于啃最硬的骨头，善于接最烫手的山芋，打开改革发展新局面，为打造世界一流企业奉献奋进。

——三老四严：是大庆石油会战中形成的优良作风，具体内容是对待事业，要当老实人，说老实话，办老实事；对待工作，要有严格的要求，严密的组织，严肃的态度，严明的纪律。就是“干工作要经得子孙万代检查”、就是“宁要一个过得硬，不要九十九个过得去”，就是“为油田负责一辈子”。邓小平曾说，“在延安中央党校，毛泽东同志亲笔题的四个大字，叫‘实事求是’，我看大庆讲‘三老’，做老实人，说老实话，干老实事，就是实事求是”。

新时代传承“三老四严”优良传统，就是要大力倡导精细严谨、求真务实的工作作风，引导干部员工始终保持高度的主人翁责任感和科学求实精神，不断增强队伍建设的组织性和纪律性，不断增强创新发展的主动性和科学性，不断增强执行制度的自觉性和严肃性，努力提升企业管理水平和核心竞争力。

2.3.2 以“家国情怀、求真务实、精细严谨”为主要内涵的石化传统

中国石化始终传承和弘扬以“苦干实干”“三老四严”为核心的石油精神，在“振兴石化”的生动实践中，贴近企业实际，体现行业特点，逐渐形成了以“家国情怀、求真务实、精细严谨”为主要内涵的石化传统。石油精神和石化传统都是党领导人民进行伟大社会革命所凝结的宝贵精神财富，二者不是割裂的，而是相互联系、相互印证的。石化传统是对石油精神的传承与弘扬，是党的思想路线在中国石化的具体实践，广大干部员工要融会贯通、一体贯彻，凝聚起“爱我中华、振兴石化”“为美好生活加油”的正能量。

中国石化成立之初，就肩负着振兴石油化工、振兴中国经济的使命，在传承石油精神的基础上，经过艰苦会战和创业洗礼的实践锤炼，逐步形成了

以“家国情怀、求真务实、精细严谨”为主要内涵的石化传统，是石油精神在中国石化的传承和发展。“家国情怀”，就是坚守“爱我中华、振兴石化”“为美好生活加油”的企业精神，扛稳对党忠诚、为国尽责的政治担当，不断发展和振兴中国石化的能源之业、石化之业、国际化之业，成为党和人民信赖依靠的“大国重器”，在坚守报国为民的同时，矢志造福全人类。“求真务实”，就是坚持实事求是、与时俱进，思想唯实、工作求实、作风务实，追求梦想、勇攀高峰、创新进取，提升公司核心竞争力，打造世界领先洁净能源化工公司。“精细严谨”，就是以严格的要求和一丝不苟的态度，追求生产上精耕细作、经营上精打细算、管理上精雕细刻、技术上精益求精，提升生产经营管理水平，保障企业安稳运行，创造最佳效益。

以“家国情怀、求真务实、精细严谨”为主要内涵的石化传统，是中国石化几十年来接续奋斗的文化积淀，重要内涵包括“我为祖国献石油”的奉献精神，“宁可少活二十年、拼命也要拿下大油田”的拼搏精神，“严从细中来，实在严中求”“宁要一个过得硬，不要九十九个过得去”的钻研精神，“敢为人先、锐意开拓”的创新精神，“站排头、争第一”的进取精神，“老老实实做人、干干净净做事”的自律精神，是对革命传统、石油精神的传承与发展，是指引和推动石油石化企业未来发展的宝贵精神财富。中国石化通过大力传承石油精神、弘扬石化传统，从“一穷二白”发展成为世界第一大炼油公司和第二大化工公司，我国最大的成品油和石化产品供应商，近年来，始终位列《财富》世界500强前五。

精细管理、精益管理的要求，是新时代石化人精细严谨优秀品格的具体体现。石油化工行业高温高压、易燃易爆，公司坚持“安全第一、预防为主、综合治理”工作方针，建立“全员、全过程、全方位、全天候”的安全生产监督管理体系，明确各级安全生产责任制；狠抓重点装置要害部位的安全管理和安全隐患治理，强化生产施工现场的安全监督管理；认真贯彻落实安全检查“严之又严、吹毛求疵、铁面无私、六亲不认”工作要求，持续组织开展年度设备大检查和安全大检查，确保了安全生产总体平稳。

2.3.3 石化传统与石油精神一脉相承，是石油精神在中国石化的生动实践

人无精神不立，国无精神不强。习近平总书记强调，“光荣传统不能丢，丢了就丢了魂；红色基因不能变，变了就变了质”“没有精神，没有领导力，没有队伍，任何国有企业都是办不好的”。“苦干实干”“三老四严”是石油精神最本质最有机的思想内核和精神力量，是石油石化战线的创业之魂。中国石化在“爱我中华、振兴石化”的奋勇征程中，逐步形成以“家国情怀、求真务实、精细严谨”为主要内容的石化传统。石化传统与石油精神一脉相承，是石油精神在中国石化的生动实践。

在中国石化发展史上，总体上公司体制经历了几次大的调整，一是从计划经济转向市场经济，从兼有政府职能到迈向经济实体，从行业性总公司到综合性大型产业集团，这是第一次跨越；二是通过股份制改造、改制分流、专业化重组等，大踏步从传统国企向现代企业迈进，这可以看作第二次跨越；目前正在进行新一轮国企改革，积极完善中国特色现代企业制度，推动制度优势转化为治理效能，可以算是第三次跨越。每一次跨越都是由大量的改革举措协力促成的，都伴随着思想观念的解放和利益格局的调整，都彰显了准确识变、科学应变、主动求变的精神。中国石化的成长历程，是我国石油石化工业发展的缩影，既是一部艰苦创业的奋斗史，也是一部优良传统的传承史。在石油石化发展的每个阶段，都凝练出符合时代要求的石油石化精神，涌现出王进喜、王占成、陈鹏龙等一批先进典型，他们都有一个共同特点，就是始终把自己的命运同企业的兴衰联系在一起，知难而进、奋发拼搏，用自己的汗水和聪明才智，乃至热血和生命，生动诠释了“爱我中华、振兴石化”的家国情怀。

站在新的历史起点上，面对百年未有之大变局，中国石化将传承中国共产党在长期奋斗中铸就的伟大精神，传承石油精神、弘扬石化传统，牢记“中国石化生来为党为国家为人民”的初衷，服从服务于国家战略，把个人的奋斗梦想、公司的发展愿景融入“为中国人民谋幸福、为中华民族谋复

兴”的初心和使命中，坚定不移在党的领导下走中国特色现代国有企业发展壮大之路，真正成为党和国家最可信赖的依靠力量。

一个时期有一个时期的历史使命和任务，一代人有一代人的历史担当和责任。我们要准确把握时与势，在历史前进的逻辑中前进，在时代发展的潮流中发展，始终站在历史正确的一边，走在时代发展的前列。

2.4 传承弘扬石油精神和石化传统的重要意义

2.4.1 大力传承石油精神、弘扬石化传统，是坚持党的领导、牢记初心使命的迫切需要

习近平总书记在庆祝改革开放40周年大会上说，信仰、信念、信心，任何时候都至关重要。小到一个人、一个集体，大到一个政党、一个民族、一个国家，只要有信仰、信念、信心，就会愈挫愈奋、愈战愈勇，否则就会不战自败、不打自垮。石油精神和石化传统是石油石化人信仰、信念、信心的集中体现，是我们攻坚克难、夺取胜利的强大精神力量。各级党组织要提高政治站位，深刻理解习近平总书记一系列重要指示批示精神的内涵与实质，做到融会贯通、系统把握，增强传承石油精神、弘扬石化传统的思想自觉和行动自觉。特别是要从关系企业长远发展、实现基业长青的高度，充分认识传承石油精神、弘扬石化传统的重要意义，用石油精神激发奉献之志，用石化传统凝聚奋进之力，服从服务于国家发展战略，坚定不移走中国特色现代国有企业发展壮大之路。

回顾发展历程，我们就会发现，新中国石油石化工业的发展与党和国家的命运紧紧联系在一起。中国石化成立之初，就是为了综合利用1亿吨石油资源，肩负起壮大国有经济、振兴石化工业、改善人民生活的历史重任。

在石油工业方面，1949年底，全国只有8台浅井钻机，40多名石油技术人员，原油产量（不包括台湾）只有12万吨，其中天然油7万吨，人造

油 5 万吨。国内石油供应尚不足国家建设需求量的 10%，国际上又遭到帝国主义“石油禁运”的封锁，石油工业被称为最薄弱的环节。“一五”计划结束时，用于进口油品的外汇花费占了第一位。在这种情况下，老一辈石油人听从党的召唤，始终怀着一颗为国分忧的赤子之心，战天斗地、人拉肩扛，艰苦奋斗、为国找油，走出了一条独立自主的中国特色石油工业发展之路。

在石油炼制方面，1949 年全国原油加工能力仅为 17 万吨，当年实际加工原油 11.6 万吨，石油产品只有 12 种，汽油、煤油、柴油、润滑油等 4 大类产品的产量仅为 3.5 万吨，当时国内消费的石油产品 90% 以上依赖进口，远远不能满足国民经济发展的需要。在基础薄弱、技术落后、人才紧缺等艰苦条件下，引进苏联的炼油技术和设备，以 1958 年在兰州建成年加工 100 万吨原油的兰州炼油厂为标志，我国初步拥有现代化的炼油工业。20 世纪 60 年代初，随着大庆油田开发和胜利油田等新油田的陆续发现，为石油炼制工业奠定了物质基础，原油年产量跨上了千万吨级台阶。这时候，面临苏联停止援助和美国的技术封锁，国家果断决策要在自力更生的前提下发展炼油工业，掀开了我国炼油技术发展全新的一页，到 1978 年原油年加工能力超过 1 亿吨，轻质油品基本满足当时国民经济的需求。

在石油化工方面，为迅速改变旧中国遗留下来的一穷二白的落后面貌，党和国家立足我国人口多、耕地少的实际，从解决几亿人民吃饭穿衣这个头等大事出发，在积极发展化肥工业的基础上，适当发展酸、碱、橡胶、染料等工业。第一个五年计划建设期间，化工产品产量成倍增长，产品品种从 1952 年的 460 多种增加到 1957 年的 1400 多种。但由于基础薄弱、原料缺乏，石油化工仍处于落后状态，远远不能满足工业、农业、国防和人民生活的需要。从 20 世纪 60 年代石油化工工业开始起步，提出以自力更生为主、争取外援为辅的方针，我国石化工业艰难地向前推进。1978 年，我国原油产量达到 1 亿吨，如何用好这笔财富、提高经济效益、增加国家财政收入，成为关系国民经济发展的重大战略问题。1981 年，国务院领导几次提到充分利用石油资源、发展石油化工综合利用、提高经济效益的问题。1983 年 2 月，党中央印发中发〔1983〕7 号文件，决定正式组建中国石化总公司，对国内原来分属石油部、化工部、纺织部等部门管理的炼油、石油化工和化纤企业，实行产供销、人财物、内外贸集中领导、统筹规划、统一管理。为成立一个公司由党中央直接发文，这是前所未有的。1983 年 7 月 12 日，中国石化总公司在北京正式成立。因此，中国石化从成立之时起就肩负着国家的希望和民族的重托，把祖国的需要和发展当成自己义不容辞的责任。正是老一辈石油石化人在最困难的年代、在国家最需要的时期，肩负为国分忧的责任，依靠“革命加拼命”的实际行动，通过长期的艰苦奋斗和拼搏奉献，在实践中孕育形成了石油精神和石化传统，激励着一代代石油石化人自力更生、奋发图强，相继开发了一个又一个大油田，建设了一个又一个炼化企业，建立了完整的现代石油石化工业体系，为国家提供了大量的石油、天然气和石化产品，为国民经济和社会发展、国防建设以及人民生活改善作出了重要贡献。

自 1983 年成立以来，中国石油石化工业从无到有、从小到大、从弱到强，连续多年位列《财富》世界 500 强前五，我国从一个依赖“洋油”“洋布”的国家发展成为位居世界前列的石油石化大国。今后，中国石化要继续成为党和人民可以信赖和依靠的“大国重器”，就要大力传承石油精神、弘扬石化传统，牢记“中国石化生来为党为国家为人民”的初衷，服从服务于国家战略，把忠诚、担当、奉献、奋进作为座右铭，保持“朝受命、夕饮冰，昼无为、夜难寐”的斗志，把个人的奋斗梦想、公司的发展愿景融入“为中国人民谋幸福、为中华民族谋复兴”的初心和使命中，坚定不移在党的领导下走中国特色现代国有企业发展壮大之路。

2.4.2 大力传承石油精神、弘扬石化传统，是传承和弘扬中华优秀传统文化、中国特色社会主义文化的迫切需要

不忘本来才能开辟未来，善于继承才能更好创新。溯源石油精神和石化传统的根本，它从中华优秀传统文化中汲取了宝贵的精神营养。独立自主、厚德载物的拼搏精神涵养了石油石化行业自强不息、坚忍不拔的创业精神；仁民爱物、平等正义的待人之道孕育了石油石化行业情礼兼到、诚信有节的

经营之道；海纳百川、兼容并蓄的博大情怀厚植了石油石化行业融入全球、共建人类命运共同体的责任意识；克勤克俭、以和为贵的生活理念铸造了石油石化行业降本增效、构建和谐企业的人文关怀。石油精神和石化传统植根于中华民族优秀传统，形成于艰苦创业年代，是百万中国石化员工共同的价值追求和精神信仰。

党的十八大以来，习近平总书记就弘扬中华优秀传统文化提出创造性转化、创新性发展，指出要加强对中华优秀传统文化的挖掘和阐发，使中华民族最基本的文化基因与当代文化相适应、与现代社会相协调，强调让收藏在禁宫里的文物、陈列在广阔大地上的遗产、书写在古籍里的文字都活起来。

当年，正是有了王铁人那股劲，“有条件要上，没有条件创造条件也要上”，才创造了“石油工人一声吼，地球也要抖三抖”的人间奇迹，形成了以苦干实干、“三老四严”为核心的石油精神。石化总公司成立后，正是在“爱我中华、振兴石化”的感召下，一代代石化人坚持改革创新、艰苦创业，取得了一系列世人瞩目的历史性成就，培育了以“家国情怀、求真务实、精细严谨”为主要内涵的石化传统。

习近平总书记指出：“新时代中国特色社会主义是我们党领导人民进行伟大社会革命的成果，也是我们党领导人民进行伟大社会革命的继续，必须一以贯之进行下去。”新时代中国特色社会主义文化之所以先进，就在于它体现了生产力发展新要求，符合历史潮流和趋势，符合人类社会发展方向，代表人民群众根本利益。新时代传承石油精神，弘扬石化传统，弘扬红色底蕴和战斗情怀，就是在文明发展大潮和能源发展大势中，契合时代要求，富含时代气息，彰显时代价值，让中华优秀传统文化在石油石化光辉发展历程中鲜活起来的生动诠释。

从文化发展的脉络看，石油精神和石化传统产生于过去、践行于现在、延续于未来，根植于中华传统文化源远流长的实践土壤，是中国特色社会主义文化的组成部分；从诞生发源看，它创始于石油化工企业，延展于全社会全民族，可以说是诞生在石油石化企业，但生发在祖国坚实的大地上，丰富了民族精神，体现了时代特色，相信未来还将继续激励着新时代的石油石化人砥砺奋进；从精神内涵来看，它是大庆精神铁人精神与时俱进的新成果，是新时代石油人践行产业报国、实干兴邦一系列理念在石油石化企业落地生根的体现。此外，从具体内容上看，石油精神和石化传统饱含着石油石化人忠诚于党、产业报国的赤子情怀，传承着不畏艰险、战天斗地的红色基因，体现着实事求是、求真务实的思想作风，代表着爱岗敬业、甘于奉献的崇高品格。

习近平总书记在党的二十大报告中强调，必须增强文化自信，围绕举旗帜、聚民心、育新人、兴文化、展形象，发展面向现代化、面向世界、面向未来的，民族的科学的大众的社会主义文化，激发全民族文化创新创造活力，增强实现中华民族伟大复兴的精神力量。

大力传承石油精神、弘扬石化传统，就是要在创新发展中华优秀传统文化的过程中，把不忘本来、面向未来和吸收外来结合起来，以马克思主义基本原理和中国特色社会主义实践要求为标准，用石油精神和石化传统在传承中华优秀传统文化的基础上、在新时代的伟大社会主义实践中发扬光大。

2.4.3 大力传承石油精神、弘扬石化传统，是打造世界领先企业的迫切需要

我国经济已由高速增长阶段转向高质量发展阶段，正处在转变发展方式、优化经济结构、转换增长动力的攻关期。中国石化既面对着发展的机遇期，也面临多方面的困难和风险。

从国内改革开放来看，我国将深化市场化改革、扩大高水平开放，加快建设现代化经济体系，公司所处的能源化工行业将进入优胜劣汰的新阶段。特别是，国家正在酝酿改革成品油定价机制，可能显著压缩炼油毛利空间，部分炼油企业将由盈转亏，一些企业甚至出现边际贡献为负；《外商投资法》及其配套政策正式实施，一些跨国公司纷纷入场，将进一步推动国内化工产能增长，部分高附加值产品也将面临过剩风险。

党的十九届五中全会提出，“要加快构建以国内大循环为主体、国内国

际双循环相互促进的新发展格局。要坚定不移建设制造强国、质量强国、网络强国、数字中国，推进产业基础高级化、产业链现代化”，为我国下一步经济发展指明了方向，也为中国石化“十四五”改革发展指明了方向。中国石化将紧紧抓住“双循环”的战略转变，通过产业链的优化来“稳链”，通过各行业协调发展来“补链”，通过自主创新提升核心竞争力来“强链”，通过上下游产业的对接和协同来“延链”，加快强长板、补短板，提高石化产业内循环的能力和国际竞争力，重塑石化产业“双循环”新的发展格局，努力推动石化产业体系和市场体系的现代化、高级化，加快形成中国石化产业高质量发展的新局面。

2022 年 4 月，《中共中央 国务院关于加快建设全国统一大市场的意见》印发，明确提出要建设高效规范、公平竞争、充分开放的全国统一大市场。中国石化将主动参与全国统一大市场构建，进一步加强统一指挥调度，坚持一盘棋统筹，坚决拆除内部隔离墙，发挥市场在资源配置中的决定性作用，在构建全国统一大市场中体现石化担当。积极适应监管环境变化，加强自我管理、自我约束，把依法合规经营理念贯彻到生产经营、改革发展各方面、各环节，及时防范化解各类风险隐患；关注新兴领域监管要求，促进新业务健康发展；主动配合政府部门开展监管，在规范成品油市场秩序等方面建言献策，营造公平竞争环境。坚持开放创新，打造高水平校企合作典范，开掘、引入产业发展的源头活水。严格遵守科技伦理规范，坚持科技向善，更好为社会造福。助力养老保险体系构建，严格履行法定责任，切实增强员工的获得感、幸福感、安全感。

从炼化产业竞争态势来看，近年来，各类资本纷纷涌入炼化产业，加上国内成品油需求增速放缓、化工行业景气周期下行、中美经贸摩擦等因素叠加影响，产能过剩问题更加突出，行业格局面临深刻调整，全方位、全产业链竞争态势加速升级明显。比如，一批大型炼化一体化项目规划建设或建成投产，这些项目在规模、技术、装备等方面具有比较优势，将深度重构现有的供需平衡、市场流向，进一步挤压小规模高成本企业的生存发展空间。

从科技创新发展趋势来看，当前，全球科技创新进入空前密集活跃的时期，新一轮科技革命和产业变革正在重构全球创新版图、重塑全球经济结构，一些颠覆性技术可能引发能源化工行业变革。当前公司资产主要分布于传统产业，亟须在新能源、新材料、新业态等新兴领域加快布局，亟待运用融合机器人、数字化、新材料的先进制造技术推进传统产业向智能化、绿色化转型。如果我们与前沿性技术失之交臂，就会严重影响转型升级、新动能接续，甚至可能在未来市场竞争中提前掉队。

从发展后劲看，油气资源接替不足，原油硬稳定、天然气上产压力较大；产业结构调整任务艰巨，转型升级面临不少挑战；人工成本持续攀升，劳动生产率仍然偏低。

当前，中国石化要实现决胜全面可持续发展、迈向高质量发展、打造世界领先企业，就要大力传承石油精神、弘扬石化传统，发扬“有条件要上，没有条件创造条件也要上”的实干精神，抢抓机遇，攻坚克难，敢于竞争，推动公司发生根本性变革、实现历史性跨越，早日实现更高水平的“振兴石化”。

2.4.4 大力传承石油精神、弘扬石化传统，是加强队伍建设的迫切需要

石油精神和石化传统激励着一代代石化员工砥砺奋进、不懈奋斗。但目前在一些单位和干部员工中，还存在石油精神和石化传统有所淡化弱化的现象。光辉的事业需要思想统一、步调一致、行动有力的干部员工队伍。解决当前队伍思想和作风建设中存在的问题，就要坚定不移将石油精神和石化传统发扬光大，善于从优良传统中吸收养分、汲取力量，强根魂、壮筋骨、扬正气，始终保持政治本色不变、优良传统不丢、奋斗精神不减，锻造政治坚强、本领高强、意志顽强的高素质专业化干部队伍，培育一支敢打硬仗、勇创一流、敬业奉献的员工队伍，敢于担当、勇于作为，破解前进道路上的一道道难题，不断开创改革发展的新局面。

石油石化因精神而矗立，靠精神而恒久。我们只有大力传承石油精神、弘扬石化传统，植入优秀基因，培育先进文化，提升精神风貌，坚持高标

准、严要求，从细处入手，向实处着力，一环扣一环地抓工作，一步一个脚印地干事业，才能增强凝聚力、向心力和战斗力，才能过得硬、打得赢，才能做出经得起实践和历史检验的实绩。

今天的石油石化人不用再住“干打垒”，不用再跳泥浆池，不需要流血牺牲，但当前石油石化工业面临的困难和挑战丝毫不亚于艰苦创业时期，中华民族对工业血液、能源安全的需求和呼唤一如既往。在中国特色社会主义进入新时代的背景下，我们只有传承石油精神、弘扬石化传统，改革再出发、奋进不止步，才能永葆奋斗本色、勇立时代潮头。

石油精神和石化传统作为石油石化人最宝贵的精神财富，有着辉煌的过去、巨大的影响，在现在和未来也是“中国精神”的响亮音符。

同创业年代相比，现在的条件已经有很大不同，但要战胜新的挑战、完成艰巨繁重的使命任务，更加需要弘扬以“苦干实干”“三老四严”为核心的石油精神，更加需要不怕困难、敢于胜利的英雄气概。

2.5 石油精神和石化传统的哲学分析

习近平总书记在 2016 年 6 月作出重要批示，“石油精神”是攻坚克难、夺取胜利的宝贵财富，什么时候都不能丢；要大力弘扬以“苦干实干”“三老四严”为核心的“石油精神”；要深挖其蕴含的时代内涵，凝聚新时期干事创业的精神力量。石油精神和石化传统具有深厚的哲学底蕴。

2.5.1 石油精神和石化传统的哲学基础

石油精神和石化传统是以马克思主义哲学作为理论基础，对我国石油石化工业创业发展历史的高度凝练和高度概括，其内在的思想逻辑必然生发出强大的理论内生力量。石油精神和石化传统的提出，是习近平总书记对石油石化工业的充分肯定和殷切期望，是对石油石化系统广大干部员工的巨大鼓舞和有力鞭策，是石油石化人应对各种困难挑战的强大动力和行动指南。

石油精神和石化传统生成于我国石油石化工业的创业实践。马克思在《关于费尔巴哈的提纲》中写道："哲学家们只是用不同的方式解释世界，而问题在于改变世界。"由此形成了马克思哲学实践的思维方式的起点。马克思指出，"对实践的唯物主义者即共产主义者来说，全部问题都在于使现存世界革命化，实际地反对并改变现存的事物。""实际地反对并改变现存事物"是马克思哲学规定的哲学的"总世界观"，是一切实践的最终目的。我国石油石化行业的实践，就是一个"实际地反对并改变现存事物"的过程，几十年来，石油石化人艰苦创业，苦干实干，以"有条件要上，没有条件创造条件也要上""宁肯少活二十年，拼命也要拿下大油田"的豪迈气概，实现了"把石油落后的帽子甩到太平洋"的根本改变，这种改变体现了石油石化人通过自己的实践活动去占有自身本质的哲学精神。

石油精神和石化传统是对石油石化人在社会主义建设和改革开放伟大实践中取得经验的总结。石油石化人从实践中得出的"干，才是马列主义；不干，半点马列主义也没有"的感悟，内在地包含了实践唯物主义的哲学理性，"苦干实干""三老四严"以高度的哲学理性彰显了石油精神和石化传统所特有的求真务实精神、开拓创新精神和哲学批判精神。江汉石油大会战，是在河湖密布，地势低洼的芦苇荡、沼泽地展开的。环境极其艰苦，施工极其艰难，任务极其艰巨。"有条件要上，没有条件创造条件也要上，坚决完成党中央、国务院交给的光荣任务"，这在当时，成为会战战场上最铿锵的誓言。就是这种深厚的爱国激情，就是这种以油报国的使命担当，十几万石油人，在会战战场，从干部到工人，没有身份之分，没有工种之分，没有性别之分，所有人心里都想着石油，一切服从会战需要，叫干啥就干啥，干啥就干好啥。许多"老石油"回想那段激情燃烧的会战岁月时，深情地说："那个年代，一切为油而战，所有参战的石油人，工作没有贵贱之分，干啥都自豪，干啥都光荣，越艰苦越光荣"。石油人就是靠着"自力更生、艰苦奋斗"的精神，在艰苦的石油会战中，把千难万苦踩在脚下，把为国家找油找气顶在头上，在芦苇荡沼泽地，开发出了大油田，同时锤炼了一支石油铁军。许多“老石油”，至今都保持着石油人艰苦奋斗、艰苦朴素的本色和石油精神与石化传统。马克思认为，为“人类的幸福和我们自身的完美”而奋斗，而且认识到“人们只有为同时代人的完美、为他们的幸福而工作，才能使自己也达到完美”。他认为，如果“选择了最能为人类而工作的职业，那么，重担就不能把我们压倒，因为这是为大家作出的牺牲；那时我们所享受的就不是可怜的、有限的、自私的乐趣，我们的幸福将属于千百万人”。为人类的幸福而工作乃至作出牺牲，并在工作中实现自己的幸福和完美，这是马克思领悟到的初心和使命。尽管后来的经历、思想发生了许多重大变化，但马克思终其一生初心不改，始终为如何科学地实现初心、完成使命而上下求索。

马克思主义哲学认为“精神”是具有属性的，是人之为人的本质。人在固有的自然生命基础上，通过自己的活动又创造和赋予自己的精神生命，是追寻和创造生活意义的生命，是人创造和占有自身本质的生命。习近平总书记鲜明指出：“精神是一个民族赖以长久生存的灵魂，唯有精神上达到一定的高度，这个民族才能在历史的洪流中屹立不倒、奋勇向前。”“石油精神和石化传统”是我国石油石化战线全体干部员工创造的生命精神。源自石油石化人的现实实践活动，是石油石化人在现实实践中对生命意义的理解，是石油石化人对自己精神生命的把握和超越。这些精神内核既是对石油石化人历史实践的概括，也为石油石化人提供了精神关怀和人格动力，成为石油石化人不断自我反思、自我扬弃、自我超越的精神力量。

2.5.2　传承石油精神、弘扬石化传统的哲学辩证关系

（1）自有性与他适性的关系

解放初期，石油工程第一师近 8000 名指战员投身共和国的石油工业建设事业，将部队的传统和作风深深融入石油工人的血脉，成为石油精神和石化传统的重要源头。大庆石油会战期间，面对极端艰苦的生产生活条件，以铁人王进喜为代表的老一辈石油工人，发扬“宁肯少活二十年，拼命也要拿下大油田”的顽强拼搏精神，锻造了“严”和“实”的作风，孕育了体现中

华民族精神的大庆精神、铁人精神。中国石化成立以来，在传承石油精神的基础上，逐步形成了以“家国情怀、求真务实、精细严谨”为主要内涵的石化传统，“爱我中华、振兴石化”“为美好生活加油”成为石化人的共同价值追求。以大庆精神、铁人精神为代表的石油精神和石化传统，是在特定时间、特定地点、特定人群中形成的，具有自身属性，这种属性可能是在这个特定团体中激发创造的，一旦石油精神和石化传统的文化形成之后便成了石油石化人的行动自觉。

但同时，石油精神和石化传统又不是孤立的，它充分汲取中国共产党理论结晶，以毛泽东同志的《矛盾论》和《实践论》指导油田开发，继承发扬中国共产党、中国工人阶级和中国人民解放军优良传统，同时吸收中华民族传统文化的精华。可以说，石油精神和石化传统包含于我们民族精神之中，是我们伟大民族的精神瑰宝，具有他适性特点。所以，进一步大力传承弘扬石油精神和石化传统，必须处理好石油精神和石化传统这种自有性与他适性的关系，保持石油精神和石化传统特有内涵、特有属性，同时还要不断从民族文化中汲取更多营养。

（2）历史与现实的关系

就是把握和处理好当前与长远的关系，以功在当代、利在千秋的长远眼光，以“功成不必在我”的博大胸怀，来传承实践石油精神和石化传统。习近平总书记指出“只要精神不滑坡，办法总比困难多”。就当前而言，各种思想文化交流、交融、交锋日趋频繁，这种情况下传承弘扬石油精神和石化传统，就要追溯精神之源，砥砺奋斗之志，用好思想武器，筑牢理想信念，团结激励石油石化人为石油石化工业发展矢志奋斗。凡是过去，皆为序章。无论历史如何演进、形势如何变化、任务如何转换，石油石化人仍然需要不断从石油精神和石化传统中汲取营养力量，追忆传统、传承精神，攻坚克难、砥砺前行，推动党的石油事业不断向前发展。就长远来看，要以前瞻性战略思维，把传承弘扬石油精神和石化传统上升到弘扬中华民族精神和中国共产党伟大精神的高度来认识，让石油精神和石化传统继续在海内外石油战线开花结果，在祖国大地枝繁叶茂遍地生花。改变历史的只能是坚定者、奋进者、搏击者。我们要以习近平新时代中国特色社会主义思想为指导，将石油精神和石化传统在新时代不断发扬光大，继续在新的赶考路上艰苦奋斗、奉献奋进，开拓进取、攻坚克难，打造世界一流，为实现“两个一百年”奋斗目标、实现中华民族伟大复兴的中国梦作出积极贡献。

（3）继承与发展的关系

任何一种精神的传承弘扬，既是继承和积累的结果，又是不断融汇和发展的产物。石油精神和石化传统生成于我国石油石化工业的创业实践，并不断赋予其新的时代内涵，让企业在代代传承中永葆本色，充满生机和活力。传承，是最好的致敬。通过传承，我们才能深刻认识“石油精神和石化传统”的孕育、形成、发展与升华。从铁人王进喜喊出“石油工人一声吼，地球也要抖三抖”那一刻起，“三老四严”“四个一样”的大庆精神、铁人精神根植中华大地，镌刻在每一个石油石化人的脑海里，流淌在每一个石油石化人的血液里，成为代代相传的精神坐标。改革开放以来，石油精神和石化传统经受住风云变幻的考验，在新时代凝结成艰苦奋斗、奉献担当、进取创新的永恒色彩。传承弘扬石油精神和石化传统，必须牢牢把握“苦干实干”“三老四严”这一主线，紧紧围绕“爱国、创业、求实、奉献”着力点进行。如果抛开这些内在优秀品质和丰富内涵，割断历史联系谈发展，就会使石油精神和石化传统失去特色，失去鲜活生命力，还可能出现变异危险。另外，石油精神和石化传统作为石油石化人的灵魂，又要随着时代变化不断创新，与时俱进才能跟上时代步伐。如果只有继承，没有创新发展，精神就会变得呆板、僵硬、教条。因此，在继承石油精神和石化传统的同时更要与时俱进，不断吸收新思想、新观念，结合新形势、新任务，在历史交汇的关键节点增强石油精神和石化传统的时代价值和生命活力。

（4）认同与践行的关系

辩证唯物主义认识论认为，实践对认识具有决定作用，实践是认识的来源、目的和发展动力，是检验认识正确与否的唯一标准。认识从实践中来，最终还要回到实践中去指导实践。认识本身不是目的，改造世界是认识的目的和归宿。石油精神和石化传统来源于大庆油田一次创业实践，反过来又指导其他油田会战和大庆二次创业实践，为石油石化工业改革发展提供精神动力和内在支撑，在实践中得到检验和发展又指导实践。因此，传承弘扬石油精神和石化传统，必须把握石油精神和石化传统与具体实践的关系，通过“实践—认识—再实践—再认识”多次循环往复的螺旋上升过程，使石油精神和石化传统更加与时代合拍共振。虽然长期以来我们大力倡导，石油精神和石化传统得到广泛认同并积极付诸实践，但面对新的形势任务，还应继续加深员工对石油精神和石化传统的认识理解，内化于心，外化于行，作为一名石油石化人，在任何艰巨的任务面前都能顶住压力，经受住考验，敢于担当，不辱使命。这是石油石化人的天然属性，无比可贵与高尚。有此基本素养，新一代石油石化人才能在瞬息万变的时局中搏击风浪，把石油精神和石化传统真正融入推进石油事业发展的新实践。

2.5.3 石油精神和石化传统的哲学意义

国无精神不立，人无精神不强。习近平总书记在党史学习教育动员大会上指出，在一百年的非凡奋斗历程中，我们党形成了红船精神、井冈山精神、长征精神等伟大精神，构筑起了中国共产党人的精神谱系。在我国石油石化工业波澜壮阔的改革发展进程中，不但创造了巨大的物质财富，也创造了以“苦干实干”“三老四严”为核心的石油精神。中国石化在继承石油精神的基础上，经过艰苦会战和创业洗礼的实践锤炼，逐步形成了以“家国情怀、求真务实、精细严谨”为主要内涵的石化传统。两者同宗同源、一脉相承，石油精神和石化传统是党的伟大精神在石油石化行业的体现，具有红色的基因、优良的作风、奋斗的底色、奉献的品格。石油精神和石化传统是中华民族传统文化和中国共产党人精神谱系的时代传承，也是石油石化企业文化的精髓和灵魂，更是擦亮石油石化品牌的金字招牌。

（1）石油精神和石化传统是中华民族传统文化的时代传承

中华民族传统文化既是石油精神和石化传统的精神源头，也是石油精神和石化传统的主根脉。中华民族传统文化源远流长的生命力在于其中所蕴含的最根本的精神基因，即“自强不息”的向上精神、“厚德载物”的向善精神和凝聚力量的爱国主义精神。中华民族自古以来就是求真、向上、向善的，尽管这种认识角度的求真、道德角度的向善都是以道德实践为蓝本的，但却表现出了整个中华民族的境界与追求。

爱国主义是中华民族的优良传统文化，是历经千百年陶冶的对祖国最深厚的感情，爱国情怀和民族意识是中华民族数千年历经磨难而历久弥坚的核心凝聚力之一，千百年来，无数仁人志士、英雄儿女为了祖国的安危奔走呼号、抛洒热血，为着祖国的强大辛勤劳作、无私奉献。当国家和民族的利益同个体的自然生存发生冲突无法两全时，就要舍弃生命来维护道德原则，正所谓“志士仁人，无求生以害仁，有杀身以成仁”（《论语·卫灵公》），“生，亦我所欲也；义，亦我所欲也。二者不可得兼，舍生而取义者也”（《孟子·告子上》）。而“穷则独善其身，达则兼济天下”是中国古代读书人现实人格所在，它为历代众多士大夫所信奉，与整个封建社会相始终，是儒家学者的人生理想。历经28年艰苦卓绝的新民主主义革命，饱受苦难的中华民族真正登上了世界历史的舞台，正如毛泽东同志满怀激情地指出：“中国人民将会看见，中国的命运一经操纵在人民自己的手里，中国就将如太阳升起在东方那样，以自己的辉煌的光焰普照大地，迅速地荡涤反动政府留下来的污泥浊水，治好战争的创伤，建设起一个崭新的、强盛的、名副其实的人民共和国”。而20世纪60年代的石油会战，正是在社会主义经济建设关键节点上而开展的，它关系着民族的兴衰和国家的命运，没有哪一个企业的诞生和发展，能与中华民族的精神和命运联系得如此紧密。因此，“为国分忧，为民族争气”是石油精神和石化传统在社会主义建设时期对中华民族传统文化的接续和传承。

石油精神和石化传统充分体现了中华民族最基本的价值取向，是中华民族高尚道德情操和精神气节在社会主义新时代的重要体现，其蕴含的崇德重义的浩然正气、修己博爱的人格修养、自强不息的进取精神、经世致用的实践品格为人民提供了信仰的力量、思想的力量和精神的力量，也为中华民族精神注入了新的时代内容。

（2）石油精神和石化传统是中国共产党人精神谱系的时代传承

2021 年是中国共产党建党一百周年，一百年来，一代又一代中国共产党人顽强拼搏、不懈奋斗，形成了井冈山精神、长征精神、遵义会议精神、延安精神、西柏坡精神、红岩精神、抗美援朝精神、“两弹一星”精神、特区精神、抗洪精神、抗震救灾精神、抗疫精神等伟大的精神，构筑起了中国共产党人的精神谱系，带领中国人民实现从站起来到富起来、逐步强起来。这些精神不仅体现民族精神的传承，也体现了时代精神的发展创新。中国共产党始终站在时代的潮头，在时代主题的转换中不断实现时代精神的转化，以先进的时代精神引领着中国社会向前发展。

党的领导是我国石油石化行业发展壮大的根本保证。在党的坚强领导下，我国石油石化行业淬炼出了爱国、创新、实干、奉献的红色基因和光荣传统，成为全行业接续传承、大力弘扬的传家宝，鼓舞和激励着一代又一代石油石化人矢志报国、勇挑重担，前赴后继、开拓创新，创造出一个又一个发展奇迹，交出了一份又一份合格答卷，为建设世界化学工业强国的宏伟事业作出了巨大贡献。历史雄辩地证明，没有中国共产党的领导，中国的石油石化工业就不能够实现自立自强，就不能够在一穷二白的薄弱基础上快速发展成为世界石油和化学工业大国，进而向世界石油和化学工业强国进军。

一百年来，我国石油石化行业在中国共产党的正确带领下，在中国共产党伟大精神谱系的指引下，在不断探索和实践过程中，逐渐形成了“实业报国精神”“石油精神和石化传统”“敢为人先精神”“自立自强精神”和“抗疫精神”。这些产业精神和独特的产业气质，在中国革命、建设、改革开放和社会主义现代化建设新时期都发挥了重大作用。行业精神是我国石油石化行业发展壮大的精神指引。纵观行业发展历史，在中国共产党领导下，石油石化行业既有在战火中打出第一口油井，建成亚洲第一座碱厂，自力更生创办一大批硫酸厂、化工厂、炸药厂、皮革厂、造纸厂等在革命战争年代提供保障物资为代表形成的“埋头苦干、实业报国”精神；也有在社会主义建设时期和改革开放时期形成的以“我为祖国献石油”为代表的“大庆精神”“铁人精神”“爱我中华、振兴石化”的石化精神。还有在面对百年来全球发生的最严重的新冠疫情期间，石油石化行业不忘初心、牢记使命，形成了具有新时代鲜明特点的“迎难而上、勇于拼搏、主动作为、甘于奉献”的行业抗疫精神，为全社会树立了榜样，展现了石油石化行业风采。这些精神和传承，既是“实业报国”初心的继承，也是推动我们加快实现由石油石化工业大国向强国跨越的精神源泉，也必将激励我们从红色基因中汲取砥砺奋进的力量，锚定奋斗目标、把握历史主动，推动行业企业走上高质量发展的快车道。

石油精神和石化传统形成和发展过程，是中国共产党人精神谱系的传承，在石油石化人“生成自身本质的对象性活动”的过程中，通过人与人的本质交换，造就形成了石油石化人最具时代特点的生命特征，从而使向上的精神、向善的精神得以传承并内化于心，成为改变世界、创造世界的精神力量。石油精神和石化传统是当代石油石化人的精神家园。人是拥有自然生命和精神生命双重生命的存在，因此，人就拥有了自然家园和精神家园这样的双重家园。自然家园是有形的，精神家园是无形的。人的精神家园作为生命活动的创造物，源于人的精神生命，并承载和生成人的生命精神。石油精神和石化传统作为石油石化人的生命精神，需要石油石化人的精神家园来承载和滋养。当代的中国石油石化行业，作为中国经济社会发展的重要骨干力量和中国共产党的坚强执政基础，面对市场化、全球化的复杂多变环境，肩负着实现中华民族伟大复兴“中国梦”的能源保障重任。石油精神和石化传统彰显着石油石化人的理想信念、价值追求和道德信仰，它是石油石化人共同的精神家园，呼唤着石油石化人在这一生命家园中不断创新创造，使石油精神和石化传统的生命之光焕发出更加夺目的光彩。

（3）石油精神和石化传统是企业文化的精髓和灵魂

石油精神和石化传统是石油石化行业的文化精髓。需要做好核心价值体系的总结提炼、挖掘诠释、宣传贯彻等工作，融入文化理念、制度规范。将优良传统作风的精髓固化下来，融入企业总体战略规划，逐步制度化、规范化，实现与企业发展同频共振，这是使抽象的石油精神具体化，将精神力量转化成企业发展内驱力的前提条件。成为指导企业生产经营管理和员工日常行为的文化指引。

石油精神和石化传统是企业文化的精髓要义，是构成企业核心竞争力的关键所在，是企业发展的原动力。以“爱我中华、振兴石化”的企业精神和“三老四严”“苦干实干”“精细严谨”等优良传统为重要内涵的企业文化在石化行业的改革发展中起到了有力的引领与支撑作用，是激励石化行业攻坚克难、不断前进的制胜法宝。为扎实培育和践行社会主义核心价值观，有效落实中央“创新、协调、绿色、开放、共享”的新发展理念，积极适应市场化和国际化发展要求，企业文化需要在继承优良传统的基础上不断创新与发展，以进一步凝聚广大员工干事创业的精神力量，引领与推动公司持续健康发展。

石油精神和石化传统是石油石化企业精神文化优势的集中体现，在石油石化工业发展的不同阶段都发挥了重要作用。传承石油精神、弘扬石化传统，是石油石化行业必须要答好的政治答卷，是牢记使命、持续奉献奋进的强大动力，是保障能源安全、建设一流企业的现实需要。要通过大力传承石油精神、弘扬石化传统，使员工认同企业文化，激励员工干事创业，不断攻克资源瓶颈，开创油田改革发展新局面。面对新时代要求和可持续高质量发展需要，石油石化行业迫切需要从石油精神和石化传统中寻找智慧、汲取力量，通过持续深入开展专项教育，将传承石油精神和石化传统植入企业文化，激发培育员工对党忠诚的坚定信念、产业报国的家国情怀、改革创新的开拓精神、精细严谨的优秀品格、求真务实的科学态度，推动石油石化行业全面可持续高质量发展。

（4）石油精神和石化传统是擦亮品牌的金字招牌

石油石化品牌的树立，靠的就是石油精神和石化传统的继承发扬，需要典型带头和引领。一是传颂行业典型。用好石油石化系统先进典型资源，采取多种形式深入学习宣传王进喜、侯祥麟、闵恩泽等先进事迹，在回顾艰苦创业历程中深入学习老一辈石油石化人的品质作风，让历史典型穿越时空，在当代继续发出价值之光，激励带动干部员工涵养家国情怀，砥砺奋斗精神。二是选树重大典型。着力选树一批模范践行石油精神，立得住、叫得响、推得开的先进典型，大力选树那些忠于职守、爱岗敬业的优秀员工，选树那些勇于担当、甘于奉献、清正廉洁的党员干部，选树那些团结协作、改革创新、业绩优良的先进集体，持续培育壮大石油英模群体。三是学习身边典型。让石油精神和石化传统具体化、形象化、品牌化，推动“感动”转为“心动”、“心动”化为“行动”，用身边典型影响人、带动人，形成人人都是石油精神和石化传统代言人的良好氛围，汇聚干事创业、勇往直前的磅礴力量。把苦干实干、“三老四严”、求真务实、精细严谨等核心价值理念植入业务流程，融入岗位责任、安全生产、技术管理、经营管理等制度规范，以刚性的制度约束，促进价值理念转化为干部员工的思想认同和行为自觉。以文化建设为传播载体，石油石化行业深耕细作培育企业文化体系，在企业文化建设方面取得卓越成效。

新时代弘扬和践行石油精神和石化传统，就是要进一步用具有高度主体性、主动性且体现着鲜明中国特色、中国风格、中国气派的石油精神和石化传统，打造石油精神和石化传统品牌，将石油石化行业的企业文化入脑入心，全面激发我们的石油自信、壮阔我们的石油格局、强健我们的石油意志，在自立自强中努力建设高质量现代化，在自信自觉中切实保障国家能源安全和安全发展获得更加坚实的战略根基，始终以石油精神和石化传统主动者的姿态，为进一步推进中国石油石化行业的发展，进一步擦亮石油石化品牌的金字招牌，为实现中华民族伟大复兴中国梦而不懈奋斗。

石油精神和石化传统是习近平总书记治国理政新思维、新思想、新战略的重要精神内涵。传承弘扬石油精神和石化传统既有重要的历史意义，又有创新的现实意义，从哲学层面深入思考，科学总结石油精神和石化传统，不仅是石油石化人应该思考的哲学命题，更应该引起社会理论界的重视和研究。在后疫情时代，我国处于百年未有之大变局的伟大实践中，面对社会上出现的一些不良社会风气，习近平总书记特别强调中国共产党艰苦奋斗、勤俭节约的优良作风，指出必须“撸起袖子加油干”“能源的饭碗必须端在自己手里”。实践已经充分证明石油精神和石化传统是创业兴业的强大动力，当下，对激励石油石化人持续深化改革、提升管理水平，对适应经济发展新常态、推进供给侧结构性改革大有裨益。这也正是石油精神和石化传统的时代价值所在。

石油精神和石化传统在典型业务板块中的表现

3.1 勘探开发板块

3.1.1 勘探开发板块新时代石油精神和石化传统的主要特征

油气勘探开发板块处于石油石化企业上游，主要包括石油天然气勘探开发、石油工程技术服务、地面工程建设等业务。我国油气田多分布在沙漠、戈壁、深山、盐碱荒滩等恶劣环境，且点多、线长、面广，绝大多数油气田的野外作业环境十分艰苦。面对艰苦恶劣的环境，广大石油石化人以找油找气的报国情怀、战天斗地的拼搏精神、敢打敢拼的过硬作风、高度自觉的自律精神等，艰苦奋斗、苦干实干，攻坚克难、开拓创新，战胜了一个又一个困难，创造了一个又一个勘探开发奇迹，有力推动国民经济健康平稳发展，书写了“我为祖国献石油”“保障国家能源安全”的丰功伟绩。

（1）厚植了为祖国找油、为民族争气的家国情怀

“我为祖国献石油”是勘探开发板块最赤诚的精神底色。石油是国民经济发展的“血脉”，关系着国计民生的方方面面，更是关乎国家安全的战略物资。在艰苦创业年代，一代又一代石油石化人以“我为祖国献石油”为己任，东征西战，为国奔波，相继打响大庆石油会战、胜利石油会战、江汉石油会战等，摘掉了我国“贫油”的帽子，完成了党中央、国务院交给的光荣任务。进入新时代，随着工业化发展程度的不断提升，对石油资源的需求也逐渐增大，石油的战略地位越来越重要。比如，海湾战争、伊拉克战争就是一场欧美国家为获取石油资源而爆发的战争。现实告诉我们，新形势下石油安全问题已经上升到国家经济、社会、政治的范畴。我国目前是世界最大的石油进口和消费国，原油对外依存度达到 70% 以上、天然气对外依存度达到 40% 以上，保障国家能源安全的任务愈发艰巨。在服从服务国家战略中把握企业发展定位，为“把能源的饭碗牢牢端在自己手中”，广大石油石化人心怀“国之大者”，时刻牢记“第一职责是在经济领域为党工作”，始终坚定“听党话、跟党走、为党干”的理想信念，弘扬“为国争光、为民族争气”的爱国情怀，主动扛起“保障国家能源安全”的责任担当，以实际行动

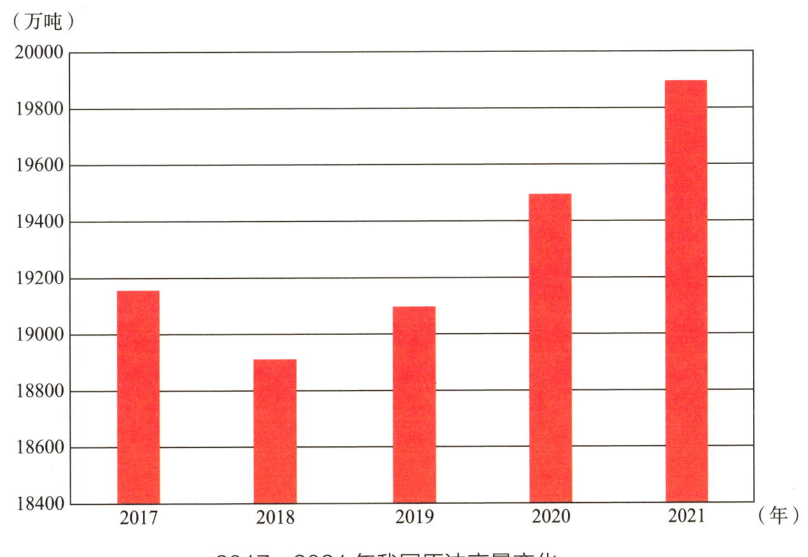

2017—2021 年我国原油产量变化

对党忠诚、报效祖国、造福社会。深入学习贯彻习近平总书记关于加大勘探开发力度的重要批示精神，坚定不移推进勘探高质量发展，全力突破油气勘探开发系列关键技术，切实把能源的饭碗牢牢地端在自己手里，为保障国家能源安全、全面建设社会主义现代化国家作出更大贡献。

（2）培育了艰苦奋斗、敢为人先的创业精神

“创业维艰、奋斗以成”是勘探开发板块最坚韧的精神特质。石油会战初期，面对物资缺乏、交通不便等艰苦条件，一代又一代石油石化人，闻油而动、闻气而起，住干打垒、喝盐碱水、吃野菜糠，人拉肩扛、战天斗地，以苦为荣、以苦为乐，找出了一个又一个油气田。当前，伴随着中国特色社会主义进入新时代，虽然生产生活环境发生了翻天覆地的变化，但是石油石化人继续保持奋发有为的勇气、锐气和志气，保持艰苦奋斗、拼搏奉献的昂扬士气，勇于挑最重的担子、敢于啃最硬的骨头、善于接最烫手的山芋，逐渐形成了“从创业走向创新、从胜利走向胜利”的胜利精神、“立足中原、走出中原、发展中原”的中原精神、“苦干快上、自立自强”的江汉精神、“敢为人先、敢于创新、敢打硬仗、敢于取胜”的大牛地精神、“召之即来、来之能战、战之能胜”的铁军精神等具有石油勘探开发特质的精神谱系，是新时代指引和推动勘探开发板块高质量发展的宝贵精神财富。特别是面对国外自然条件恶劣、安保形势复杂、商务环境多变的工作环境，广大石油石化人秉承“艰苦奋斗”精神，克服身在异乡的各种困难，战高温、斗风暴、战沙漠、斗疟疾，攻坚克难、永不言败，阐释了新时代石油精神。如果勘探开发初期的“艰苦奋斗”更多体现的是克服生活上的条件艰苦，则新时代“艰苦奋斗”更需要精神上的攻坚克难。随着勘探对象日益复杂、剩余资源劣质化等严峻挑战，高质量勘探开发要求广大石油石化人保持敢于挑战、敢为人先的精气神，大力弘扬科学家精神，主动探索未知领域，积极开展可再生能源制氢、页岩油、可燃冰、干热岩等前沿领域研究，扎实推进地质勘探仪器设备、超高温井下工具、高性能智能导钻技术等技术装备攻关，努力寻找战略突破和新发现，积极落实规模效益储量。

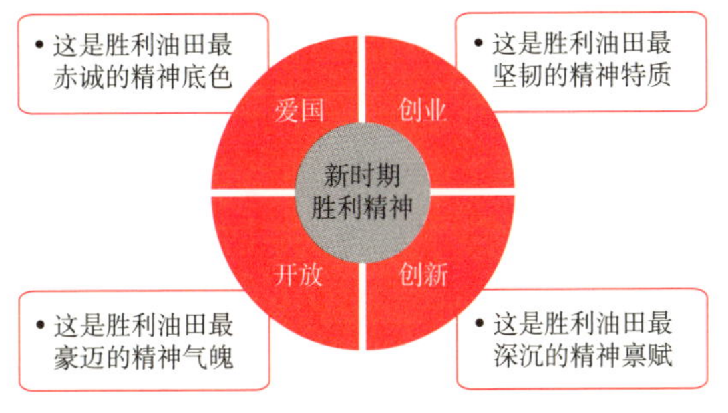

新时期胜利精神

（3）塑造了敢打敢拼、无私奉献的员工队伍

“特别能吃苦、特别能战斗、特别能奉献”是勘探开发板块最生动的队伍写照。石油精神和石化传统激励着勘探开发板块员工砥砺奋进，不懈奋斗。勘探开发板块特别是各油田企业、石油工程企业仍然传承“支部建在连上”的优良传统，延续了部队的“军事化”管理制度，实行集中统一管理，严格执行各种规章制度、工艺纪律和劳动纪律，队伍的凝聚力、战斗力、执行力特别强。面对新形势下保障国家能源安全的重要使命，广大石油石化人发扬老一辈“敢打敢拼、无私奉献”的精气神，以坚定的理想信念、深厚的爱国热情、浓厚的石油情结，把火热人生、美好青春、价值实现、理想追求融入石油，在芦苇沼泽地艰苦拼搏为油而战，在巴蜀大地翻山越岭克难找气，在黄土高坡风餐露宿打井找油，在戈壁沙滩顶风斗沙优质施工，在国外战场攻坚啃硬拓展市场，战胜了一个又一个困难，也孕育形成了一支政治过硬、执行力强、能征善战、甘于吃苦的石油“铁军”。这支“铁军”最典型的特点就是“敢打硬仗、不讲条件”，无论是生产工作还是野外生活，无论是井喷抢险还是服务社会，石油石化人都能够严格遵守纪律、听从指挥，克服一切困难，不讲条件、不打折扣，任劳任怨、无私奉献，坚决完成各项工作任务。按照党组提出的“站排头、争第一”的要求，广大干部员工更加主动、更加自觉地传承石油精神、弘扬石化传统，焕发出了高昂的工作热情，接连打赢了防疫抗疫、攻坚创效等几场硬仗，展现出了“攻坚用我、用我必胜”的雄心壮志，这是中国石化打造世界领先企业的强大动力。2020 年，

全球新冠疫情肆虐，科威特疫情也相当严重，人均感染率居高不下，中国石化国际石油工程有限公司科威特分公司王振平无惧疫情、身先士卒、冲锋在前，一手抓疫情防控、一手抓生产经营，实现全公司无一人感染病毒，员工队伍保持稳定。同时，在疫情严重的情况下实现逆势破局，2020 年完成合同额及经济效益均创历史最高水平。2021 年，在全国“两优一先”表彰中，王振平获评“全国优秀共产党员”，并出席全国表彰大会。

（4）营造了遵规守纪、干事创业的廉洁风气

“纪律严明、执行力强”是勘探开发板块最鲜明的品行品格。毛泽东同志曾在中国人民解放军石油工程第一师组建时发出的命令中指出：“你们过去曾是久经锻炼的有高度组织性纪律性的战斗队，我相信你们将在生产战线上，成为有熟练技术的建设突击队”。正是这支英雄部队，将中国共产党和人民解放军的优良传统和革命精神带进了石油石化工业队伍，为建设一支具有严格组织纪律性、高度献身精神、艰苦创业的石油产业大军打下了良好基础。时代在变化，但是石油石化人的革命精神和纪律意识没有变。在新时代新征程上，广大石油石化人继续发扬部队纪律严明、能征善战的优良传统，将吃苦耐劳、敢于拼搏的作风深深融入石油石化人的血脉，切实做到有令则行、有禁则止，不讲条件、不计报酬，以忠诚担当践行初心使命。面对复杂多变的外部环境和多元多样的价值观念，为了培育广大石油石化人清正廉洁的品德操守，勘探开发板块坚决贯彻党中央反腐倡廉的决策部署，大力弘扬清廉自守的浩然正气，提升廉洁从业的思想意识，增强组织纪律性和制度执行力，营造风清气正的政治生态，筑牢拒腐防变的坚固防线。比如，在油田企业、工程专业公司进行重组改制时期，各企业本着尊重历史、面对现实、企业能容纳、政策能允许的原则，大力推进廉政亲民行动，对各利益群体反映出的现实问题认真梳理和集中研究，多方协调，加强沟通，最大限度地维护了职工群众根本利益，最大限度地化解了各类矛盾问题，从总体上保持了大局稳定。

（5）形成了开拓市场、开放共享的管理理念

“外闯市场，开放共享”是勘探开发板块最豪迈的精神气魄。油气开发具有周期性，早期是“吃肥肉”，中期是“肥瘦通吃”，后期是“啃骨头”。

当前，大部分油田企业经过高速开发，面临着后备储量不足、产量大幅递减、债务负担沉重、油少人多矛盾突出等困难，外闯市场成为拓展生存空间的“必由之路”，深化改革成为破解发展难题的“关键一招”。各企业为了破解油气开发后期面临的各种难题，特别是为了应对新形势下低油价“新常态”，大力推进专业化改革，组织富余人员成建制地走出“家园”，抓住机遇、抢占市场，有效拓展了新的效益增长点。在开拓市场的过程中，针对甲乙双方在企业文化、行业文化、地域文化上的不同，推进思想共融、文化共融、管理共融、制度共融，逐渐培育了具有勘探开发板块典型特征的开放式文化，比如员工能够更加客观、更加包容地看待甲方文化，学会分享甲方文化中那些具有共享性、继承性、融合性的先进文明成果，对其中的不同理念和方式能够理性分析、分别对待。特别是在参与“一带一路”建设、外闯国际市场的过程中，广大石油石化人能够自觉树立利益共同体和命运共同体意识，秉持交流沟通、理解包容、合作共赢的精神，坚守尊重知识产权、保护环境、履行商业责任等原则，与沿线国家开展国际合作，合规经营、自觉履责，做真诚合作的好伙伴、良性竞争的好同行，树立了中国石化良好品牌形象。

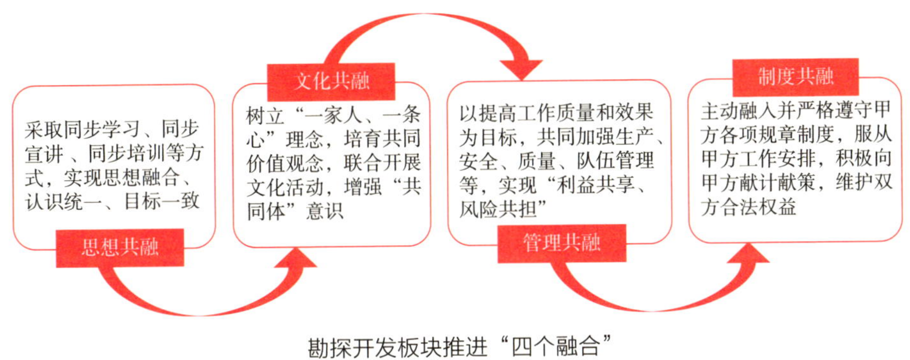

勘探开发板块推进“四个融合”

3.1.2　勘探开发板块传承弘扬新时代石油精神和石化传统的主要做法及典型案例

勘探开发板块历来十分重视石油精神和石化传统的传承与弘扬，坚持组织牵引、学习牵引、宣传牵引、典型牵引、实践牵引、机制牵引“六个牵引”，教育和引导干部员工传承以“苦干实干”“三老四严”为核心的石油精神，弘扬以“家国情怀、求真务实、精细严谨”为主要内涵的石化传统，为打造世界领先洁净能源化工公司、保障国家能源安全提供了坚强思想保证和强大精神动力。

（1）坚持组织牵引，推动石油精神和石化传统责任落实

油田企业、石油工程企业等油气生产单位，有着“支部建在连上”的光荣传统，“人在哪里，党组织就建在哪里”“市场发展到哪里，党组织就拓展到哪里”，因而党组织相对健全且充满凝聚力、号召力和战斗力，是开展传承石油精神、弘扬石化传统教育的责任主体，也是推动石油精神和石化传统落实落地的重要支撑。勘探开发板块坚持把传承石油精神、弘扬石化传统纳入企业发展总体战略，加强顶层设计，强化组织领导，推动责任落实，确保传承石油精神、弘扬石化传统高起点谋划、高标准推进、高质量落实。

一是科学安排“统”起来。加强顶层设计是确保各项工作取得成功的前提和基础。勘探开发板块根据集团公司《大力传承石油精神、弘扬石化传统教育提纲》总体部署，把传承弘扬石油精神和优良传统作为落实中央巡视问题整改、推动企业高质量发展的一项重要任务，纳入党建工作一体统筹、一体部署、一体运行、一体督导、一体考核，确保传承石油精神、弘扬石化传统教育有序开展。加强顶层设计和科学谋划，制定开展传承石油精神、弘扬石化传统教育实施方案，阐明传承石油精神、弘扬石化传统的重要意义，细化传承石油精神、弘扬石化传统的方法路径，明确传承石油精神、弘扬石化传统的保障措施，引导广大干部员工大力传承红色基因，永葆干事创业、真抓实干的激情，永葆艰苦奋斗的作风，唱响“我为祖国献石油”主旋律，积极投身打造世界领先企业的宏大实践。强化工作组织领导，建立党委统一领导，党政齐抓共管，宣传思想部门牵头组织，相关部门密切配合，广大干部员工积极参与的工作机制，形成了上下联动、齐抓共管的工作格局。各基层党组织紧密结合单位实际和员工队伍特点，因地制宜细化载体措施、创新方

式方法，打造形成员工喜闻乐见的特色教育品牌，进一步推动了传承石油精神、弘扬石化传统落细、落地、落实。中原油田将开展传承石油精神、弘扬石化传统教育作为传承红色基因、赓续红色血脉的重要内容，列入党委议事日程，纳入党建工作责任制，制定《中原油田关于开展传承石油精神、弘扬石化传统教育的实施方案》，明确 7 项主要任务，细化 35 条工作措施，以明确的“路线图”“任务表”保障了传承石油精神、弘扬石化传统有力有序开展。西南石油局认真贯彻落实集团公司党组《关于大力开展传承石油精神、弘扬石化传统教育的安排意见》的要求，结合中心工作，制定具体实施方案，从 5 个方面、11 项重点工作和 24 条相关要求，明确了油田—直属单位—党支部“三级”层面的实践路径，进一步提振广大干部职工精气神，凝聚精神力量奋力建设双百亿气田。

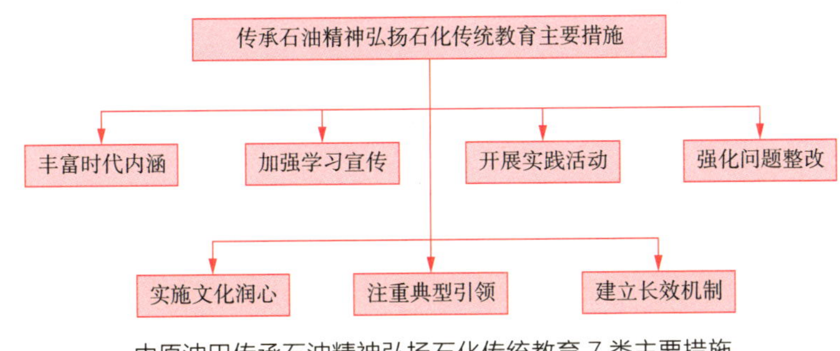

中原油田传承石油精神弘扬石化传统教育 7 类主要措施

二是目标激励“动”起来。实践证明，只有实现目标上的统一，才能有思想上的团结和行动上的一致。每一次石油大会战的成功，都是无数参战者朝着共同的奋斗目标前进，战天斗地、艰苦奋斗，取得的一个又一个勘探开发的奇迹。各企业坚持用美好的愿景、明确的目标、清晰的路径统一思想、激发斗志、鼓舞干劲，引导干部员工始终把思想和行动统一到“我为祖国献石油”的使命任务上来，统一到打造世界领先洁净能源化工公司的愿景目标上来，统一到完成全年生产经营任务的岗位工作上来，大力传承石油精神、弘扬石化传统，全力以赴践行“我为祖国献石油”，努力把中国石化建设成为党和国家最可信赖的骨干力量。系统把握“四个革命、一个合作”能源安全新战略，聚焦集团公司实施世界领先发展方略和构建“一基两翼三新”产业格局，扛稳保障国家能源安全、引领我国石化工业高质量发展、担当国家战略科技力量三大核心职责，制定本企业“十四五”发展规划，明确分三步走的目标和路径，全力在集团公司打造世界领先企业中建设成一流油气公司和专业化公司，激励广大干部员工统一思想、凝聚共识，以“咬定目标不放松”“不达目的不罢休”的精气神，苦干实干、勇毅前行，为推动公司高质量发展作贡献。中国石化提出了新愿景：“打造世界领先洁净能源化工公司”，重新提炼各企业核心价值理念，明确企业使命、企业愿景、企业价值观，用先进的文化理念、美好的发展蓝图和鲜明的价值观念，引领员工、凝聚员工、激励员工朝着共同的目标奋进。

胜利油田总结发现60周年经验，提出“建设领先企业、打造百年胜利”的愿景目标，持续降低盈亏平衡点，提升科技创新和安全绿色水平；创建科学规范、运行高效的现代管理体系，增强发展活力；聚焦政治优势发挥，巩固形成党建引领、人才支撑、文化聚力、品牌增值的企业政治生态。中原油田聚焦发展定位，提出“四个一”发展目标，建设“一百亿立方米天然气生产商、一百亿立方米储气库运营商、一千万吨级油气田、中国石化一流油气公司”，全力推进油田高质量发展迈上新台阶。石油工程公司自觉在“一基两翼三新”产业格局中找准坐标定位，提出“建设成为世界级的综合型国际石油工程技术服务提供商”的愿景目标，激励广大干部员工进一步淬炼“铁的意志、铁的素质、铁的纪律、铁的作风”，全力打造新时代石油工程铁军。

三是统筹推进“实”起来。开展传承石油精神、弘扬石化传统教育，是在人的脑子里“搞建设”，如何化“虚”为“实”，找准切入点、创新结合点、抓住落脚点是关键。勘探开发板块各企业坚持把传承石油精神、弘扬石化传统融入油气生产、转型升级、管理提升等日常重点工作中，发扬“有条件要上，没有条件创造条件也要上”的敢打敢拼精神，推动改革不断深化实施。坚持把传承石油精神、弘扬石化传统作为领导班子建设的重要内容，建立完善《全面从严治党责任制实施办法》《党委班子成员落实“一岗

胜利油田：建设一流企业，打造百年胜利

江汉油田：万亿立方米储量、千万吨油田、百亿立方米产量

中原油田：建设千万吨级一流油气公司

河南油田：建设结构优、活力强、可持续、质量高、效益好的“小而优”新型油田

西南石油局：建设“百亿、双百亿”大气田

华北石油局：建设千万吨级油气田

七家企业的愿景目标

双责”明白纸》等制度，强化班子成员抓党建和思想政治工作的政治担当，定期开展所属单位党组织书记抓党建工作述职，推动传承石油精神、弘扬石化传统责任压紧压实。坚持把传承石油精神、弘扬石化传统作为党员干部作风建设的重要抓手，严格落实中央八项规定精神，制定党员领导干部和机关工作人员作风建设规定，推动“马上就办、办就办好”，锲而不舍狠抓作风建设，引导干部员工保持真抓实干的精神状态。江汉油田把传承石油精神、弘扬石化传统与开展党史学习教育有机结合起来，把油田发展历程与党的百年历史联系贯通起来，精心打造现场宣讲线路，精选江汉油田第一口油井、五七油田会战指挥部旧址、江汉油田开发实训基地、江汉油田岩心库、江汉采油厂广华采油管理区、江汉油田发展历程展作为参观路线，精心组织开展学习体验活动，有力提升了党史学习教育和石油精神石化传统教育的针对性与实效性。天然气分公司把深化“传承石油精神、弘扬石化传统”教育和强化思想理论武装、形势任务教育等有机结合，通过强化广大干部员工对石油精神和石化传统的认识与理解，坚定“我为祖国献石油”“为美好生活加油”的信念，在国家油气体制改革和公司销售体制改革实施落地的关键一年，确保了改革期间队伍不乱、人心不散、工作不断。

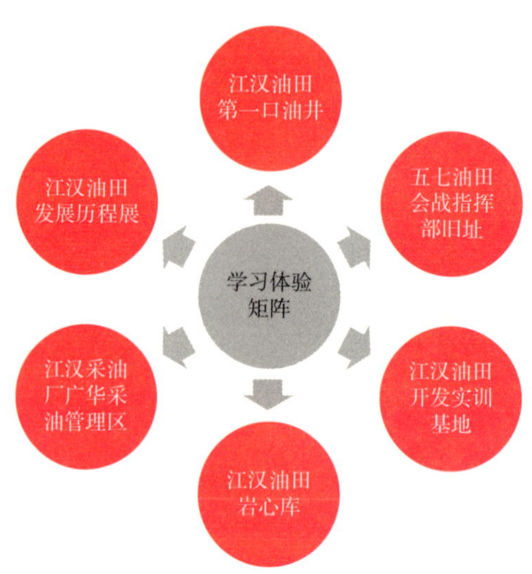

江汉油田学习体验石油精神和石化传统“六大坐标”参观场点

（2）坚持学习牵引，推动石油精神和石化传统入脑入心

注重学习是我们党的光荣传统。大庆石油会战的成功，靠的就是“两论”起家，用党的创新理论武装头脑，在深学细悟中解放思想，找到解决问题和矛盾的方向与方法。勘探开发板块十分注重用好“学习”这一法宝，切实将石油精神和石化传统教育作为思想教育的“领航工程”，坚持日常教育与重点教育相结合、老办法与新办法相结合，全方位加强石油精神和石化传统学习、教育、培训，不断地让干部员工认知、理解、消化，使石油精神和石化传统刻到骨头里。

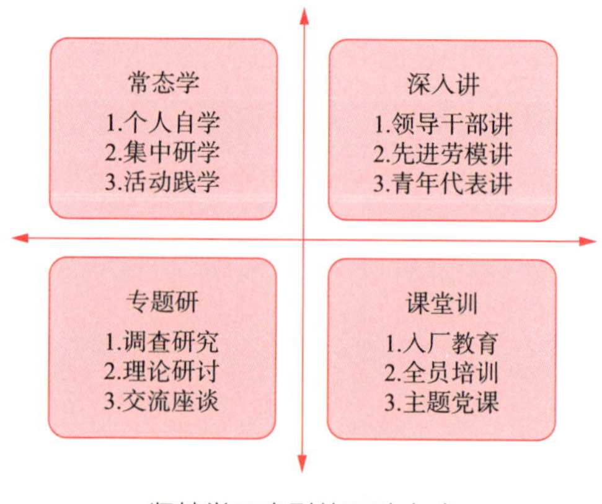

坚持学习牵引的四种方式

一是坚持“常态学”统一思想。“常态学”讲究的是久久为功、循环往复，让石油精神和石化传统入脑入心。勘探开发板块各企业坚持把深入学、反复学、长期学作为开展传承石油精神、弘扬石化传统教育的基础工程，充分利用党委中心组、党支部“三会一课”、主题党日等载体，组织广大党员干部和员工群众认真学习领会习近平总书记关于石油精神的重要指示批示精神，学习习近平总书记视察胜利油田时的重要指示精神，学习石油石化工作发展史、中国石化 30 多年的创业史、各企业改革发展历程等，学习各个时期涌现出的先进典型，引导广大干部员工理解和把握石油精神和石化传统的深刻内涵以及传承弘扬石油精神和石化传统的时代意义。胜利石油工程公司每年组织员工群众前往胜利油田优良传统展厅、华八井、营二井等 11 个优良传统教育基地，回忆奋斗征程、追寻榜样足迹、汲取奋进力量，进一步激发全员争当石油精神和石化传统传承者、践行者的浓厚热情，有效汇聚干事创业、担当作为的强大动能。东北油气分公司组织新员工专门参观大庆铁人纪念馆、“三老四严”基地、星火一次变等教育基地，让大家深深地体会到现如今公司发展规模的来之不易和老一辈石油石化人不怕苦不怕累的精神。

二是坚持“深入讲”凝聚共识。接地气、冒热气的宣讲活动是开展传承石油精神、弘扬石化传统教育的重要载体。勘探开发板块各企业建立“公司、厂、队、站”四级教育网络，举办“传承石油精神、弘扬石化传统”报告会，邀请老领导、老劳模、老同志以“传承石油情”“我的石油情缘”“我与油田的故事”等为主题，讲述石油精神、优良传统，教育和引导干部员工不忘初心、牢记使命，立足岗位、进取奉献，投身新实践、创造新业绩。主动邀请大庆油田大庆精神铁人精神报告团到企业开展事迹报告会，以平实的语言、饱满的真情、翔实的资料、丰富的内容，把在场的听众带进那段峥嵘岁月，感受艰苦卓绝、波澜壮阔的石油大会战，唤醒传统意识，回归严实作风。华东石油局从 2017 年开始，选调一批老干部、老战士、老专家、老教师、老劳模组成“五老”讲师团，每年分片区开展“传承红色基因”专题宣讲，回忆峥嵘岁月，讲述创业艰辛，对青年员工进行思想上的洗礼。河南油田组建企业文化宣讲员队伍，以情景剧形式展演石油石化创业创新创效故事，将“最美一线员工”“最美科研人员”的事迹编辑成《为美好生活加油——河南油田企业文化故事集》，通过豫油V视、油田抖音、官微等载体发布，供大家随时随地培训学习。

三是坚持“专题研”增进理解。交流研讨是加强学习教育的重要载体，是加强对石油精神和石化传统理解认同的重要手段。开展传承石油精神、弘扬石化传统教育，需要在思考中提升认识、在研讨中加深理解、在交流中形成共识。各企业发挥企业政研会、党校作用，采取专项课题研究、专题调研、座谈研讨等方式，加强石油精神和石化传统时代内涵和落地实践的研究探索，使石油精神和石化传统更具时代性。围绕“为什么要传承践行石油精神和石化传统”“对照石油精神和石化传统我们缺了什么”等议题，以党支部为单元，组织干部员工深入交流研讨，进一步提高思想认识，增强行动自觉。胜利油田坚持以深化“石油精神和石化传统”教育为抓手，连续4年开展“三转三创”主题讨论活动，梳理出55条需要摒弃的旧观念和105条需要升级的新理念，以及机关职能优化76条新要求，以老传统和新理念推动改革发展新实践。近年来，胜利油田密集推进改革，但队伍总体和谐稳定，做到了“动作大、动静小”，比如退休职工社会化管理服务移交过程中涉及人员15.6万，实现了平稳和谐搞改革、群众支持人心齐。

四是坚持“课堂训”走深走实。系统化培训是推动传承石油精神、弘扬石化传统往深里走、往实里走的重要举措。勘探开发板块各企业系统梳理本企业改革发展史，编印专题学习教育材料，纳入各级党员、干部、员工培训计划，作为党员干部学习培训的重要内容、作为新入厂员工的开学“第一课”，推动石油精神和石化传统教育培训走出课堂、融入平常、行于日常。将石油精神和石化传统教育培训融入班组会、生产会，搬到井场和外部市场，既明确“谁来培训”“培训什么”等重要内容，又结合基层实际丰富培训内涵，夯实培训载体，形成了培训常态化、长效化，保持了石油精神和石化传统教育“有力、有魂、有形、有用”的良好态势。河南油田发挥党校教师优势，组织政治素养高、理论功底深的教师为新入职员工培训班、全员思想政治培训班、党支部书记能力提升班等各类培训班授课，使石油精神和石化传统常讲常新。胜利石油工程公司修建成立胜利井下文化历史长廊、修井文化历史长廊、诚信文化历史展厅、馨海文化历史园四大现场教学点，定期更新内容，定期组织观摩。自 2020 年以来先后组织 1000 余人次到长廊聆听历史、感悟传统、接受洗礼。

（3）坚持宣传牵引，推动石油精神和石化传统教育升温

新闻宣传优势历来是我们党和国有企业重要的政治优势。无论是在石油大会战年代，还是在石油石化工业大发展时期，新闻宣传工作都发挥了激发斗志、鼓舞士气的重要作用，也对我们今天开展传承石油精神、弘扬石化传统教育有着很好的借鉴和启示意义。勘探开发各企业建立之初，就把新闻宣传事业作为企业发展的重要组成部分，配备有报纸、电视、网络等新闻宣传阵地。各企业坚持新闻宣传、网络宣传、文艺宣传、社会宣传“四位一体”，大力宣传石油精神和石化传统的历史意义和时代内涵，全方位讲好各企业传承石油精神、弘扬石化传统的生动故事，唱响了“我为祖国献石油”主旋律。

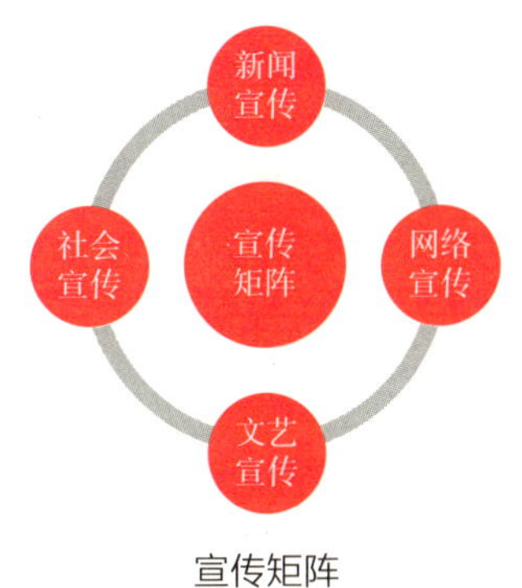

宣传矩阵

一是强化舆论引导。传统阵地是宣传石油精神和石化传统的“主体”。各企业在内部报纸、电视开设专栏专题，系统阐释、讲述石油精神和石化传统的丰富内涵，报道干部员工学习教育工作动态，反映干部员工传承石油精神、弘扬石化传统的生动实践和精神风貌。基层各支部发挥横幅、标牌、橱窗等传统阵地优势，实现石油精神和石化传统内容在办公场所应有尽有、电子屏全天候展示，持续营造浓厚氛围。组织开展网上有奖答题、集中观看公益电影等活动，加大宣传力度，扩大教育影响。工程建设公司抓住庆祝新中

国成立 70 周年、改革开放 40 周年、中国石化成立 35 周年、SEI 成立 65 周年等重大历史节点，广泛开展“传承石油精神，弘扬石化传统”等系列主题宣传，引导广大干部员工重温我国石油石化工业发展史、中国石化发展历程，促进深刻把握石油精神和石化传统的形成背景、深刻内涵和相互关系。

二是强化网络传播。随着时代的发展，网络阵地成为新闻宣传的主阵地。开展传承石油精神、弘扬石化传统教育必须主动拥抱“互联网”这个新平台。勘探开发板块各企业建立“互联网 + 思想政治工作”新模式，利用信息技术加强石油精神和石化传统的思想教育和宣传阐释，提高石油精神和石化传统教育针对性和实效性。加强网络传播能力建设，建立企业展览馆网上展厅，利用信息化技术将企业发展史采取 VR 全景 + 网上展馆的展示形式呈现给员工群众，员工群众通过电脑或手机就可置身虚拟展厅内，360° 全方位欣赏企业发展历程、了解企业文化和历史。胜利油田构建一个集 PC、手机、VR 三种参观方式于一体的虚拟网上平台，将油田展厅中的重要物件、事件、技术等以三维方式真实还原，实现多维度点击、多角度观看、场景任意拆装及组合，达到足不出户、掌上参观、真实感人的效果。

三是强化文化熏陶。文化文艺是塑造灵魂的工程，用艺术化的手段传承石油精神、弘扬石化传统，能够更加有效地启迪思维、熏陶情感、润物无声。勘探开发板块各企业以石油精神和石化传统为文化导向，发掘梳理干部员工适应新形势、应对新变化形成的新经验、新做法，总结提炼文化格言，推出一批传承石油精神、弘扬石化传统的优秀作品，丰富内涵外延，使石油精神和石化传统更具生命力和感召力。统筹推动安全绿色健康、质量诚信、廉洁、法制等专项文化建设，加强单位、队站、班组文化阵地建设，推动石油精神和石化传统天天可视、天天践行。在传承中涵养责任文化，剖析正反责任典型案例，履职尽责逐渐成为风尚。采取歌咏、展览、故事会等方式，通过道德讲堂、经典诵读、广场文化等形式和载体，展示石油石化人艰苦创业、奉献奋进的精神状态和良好风貌。胜利油田组织开展“石油记忆——寻找老物件”活动，先后征集相关老物件 800 余件、老照片 1 万余幅，唱响了传承石油精神、弘扬石化传统主旋律。中原油田在探索跨文化融合上下功夫，认真落实“一带一路”要求，深化“走出去”战略，建立境外市场文化融合发展机制，推动石油精神、石化优良传统与地域文化深度融合，实现了油田与利益相关方的共建、共享、共赢。

（4）坚持实践牵引，推动石油精神和石化传统融入日常

石油精神和石化传统是我们宝贵的精神财富，要传承好、弘扬好就必须落实到实践中去、体现到工作中来，把精神力量转化为实践力量，把学习成果转化为改革发展成果。勘探开发各企业聚焦改革发展大局和生产经营中心任务，把主题实践作为推动开展传承石油精神、弘扬石化传统教育见行见效的关键载体，融入生产经营、融入岗位职责、融入作风整改，教育和引导干部员工自觉践行、全面落地，实现油气勘探开发高质量，奋力在保障国家能源安全的新征程上再立新功、再创佳绩。

一是聚焦生产经营抓落实。生产经营是企业的主业主责，经济效益是企业的生命线。企业的一切工作必须向生产经营聚焦，围绕生产经营来展开。勘探开发板块各企业把石油精神和石化传统贯穿勘探开发、安全环保、绿色低碳、科技创新、拓市增效等重要业务，推动生产上精耕细作、经营上精打细算、管理上精雕细刻、技术上精益求精。直面资源短板这个最大挑战，紧紧抓住党中央提出“大力提升油气勘探开发力度”这个最大机遇，引导干部员工发扬奋勇拼搏的斗志，敢于担当、奋发有为，加大勘探开发力度，把资源潜力变成储量、把储量变成产能、把产能变成产量、把产量变成效益，确保实现原油硬稳定、天然气有效快速发展。紧盯科技引领发展能力不足问题，以学习陈俊武先进事迹为契机，引导干部员工特别是科研人员发扬潜心钻研的精神，秉持“板凳要坐十年冷”的专注，满怀“宁要一个过得硬，不要九十九个过得去”的钻劲，涵养定力、克服浮躁，甘于寂寞、潜心钻研，加快关键核心技术攻关，努力攻克阻碍企业高质量发展的难题。清醒认识“HSE 工作仍处于必须严管阶段”，引导干部员工发扬精细严谨的作风，严格落实安全生产责任制，高标准开展隐患排查治理，抓实安全环保各项措施，做到严细求实、精益求精，努力推动油田安全、低碳、绿色发展。坚持把市场开拓作为企业转型发展的战略举措，引导干部员工发扬积极进取的姿

态，摒弃固守宅田、看摊守业思想，始终保持战斗的姿态，积极寻找外部高端项目和长期合作项目，走出一条“轻资产、重技术、高端化”的创效之路。瞄准上游企业全员劳动生产率低等问题，引导各级领导干部发扬敢为人先、锐意进取的创新精神，解放思想、勇于探索，以实施人才强企工程为重点提升能力水平、推进管理创新，确保实现更有质量、更有效益、更可持续的发展。四建公司把新时代新铁军的新形象融入统筹推进公司“十年三步走”战略规划之中，在经历了石油公司重组带来的剧烈市场冲击之下，始终高擎铁军旗帜，敢打硬仗、能啃硬骨头，持续深化改革，提高发展质量，生产经营企稳回升，考核利润持续提升，百元收入营业成本从板块内落后到排名前列。

二是聚焦岗位实践抓落实。本职岗位是践行石油精神和石化传统的最好平台。勘探开发板块各企业针对青年员工、科技人员和基层员工特点，分层分类组织开展富有特色的岗位实践活动，引导广大干部员工脚踏实地、苦干实干，以实际行动践行石油精神和石化传统。在干部员工中开展“传承石油魂”实践活动，组织就近参观爱国主义教育基地、企业发现井、展览馆或重大工程现场等，接受革命传统和爱国爱企教育，开展生产一线义务奉献劳动，增强传承石油精神、弘扬石化传统行动自觉。在青年员工中开展“感恩石油情”实践活动，加强新分毕业生入厂教育，组织赴艰苦岗位实习锻炼，教育引导青年员工立足岗位、艰苦创业、勤勉敬业、建功立业。在基层一线员工中开展“追逐石油梦”实践活动，聚焦生产经营过程中的难点问题进行技术攻关、小改小革、挖潜增效等竞赛，引导员工群众把传承石油精神、弘扬石化传统教育的效果转化为推动企业发展的实际行动。管道公司传承“三个面向、五到现场”的好传统，在领导干部中开展到基层单位一个月驻点工作，带头巡检、带头值班、带头解决问题，赢得了基层员工的信赖。

三是聚焦问题整改抓落实。如何把石油精神传承好、把石化传统弘扬好，最好的方式就是坚持问题导向，通过对标对表查找不足、整改到位，实现自我的不断提升。勘探开发板块各企业对照“不忘初心、牢记使命”主题教育、党史学习教育以及每年组织生活会、民主生活会检视问题，开展传承石油精神、弘扬石化传统教育对标查摆活动，通过个人查、相互找、组织提等方式，检视出在“家国情怀”“三老四严”“四个一样”“精细严谨”等方面存在哪些问题，明确责任领导、责任部门、整改措施和整改时限，确保问题整改到位。坚持全程跟踪督办，汇总整改进展情况，拉紧责任链条，压实各级责任，使问题得到全面彻底整改，推动干部员工把好传统、好作风落实到岗位上、工作中，提升传承石油精神、弘扬石化传统教育效果。南京工程公司深入开展机关作风改进工作，实施“两减少两增强”具体措施，基本实现了“减少基层报表、减少工作流程，增强责任担当、增强服务基层”的目标。华北石油局紧密结合企业实际，对照行业先进企业找准自身不足，组织全体处级以上干部从转观念、夯基础、降成本、增效益、创一流等 5 个方面找差距、补短板，明确全面优化井型设计、大力推进小井眼钻完井等 7 个方面需要改进的重点工作。

（5）坚持典型牵引，推动石油精神和石化传统成风化人

典型的力量是无穷的。石油石化战线涌现出王进喜、闵恩泽、陈俊武等一批具有重要影响力的先进典型，是激励石油石化人踔厉奋发、砥砺奋进的精神标杆。勘探开发板块历来典型辈出、群星璀璨，在传承石油精神、弘扬石化传统方面发挥了重要作用。各企业坚持“一个典型就是一面旗帜”，把石油精神和石化传统具体化、形象化，大力培养典型、选树典型、宣传典型，激励和引导广大干部员工传承石油精神、弘扬石化传统，为企业高质量发展凝聚起了爱国、奋斗、奉献的强大精神力量。

一是传颂行业典型。崇尚典型才会产生典型，争做先进才能先进辈出。勘探开发板块各企业用好石油石化系统先进典型资源，采取多种形式深入学习宣传王进喜、闵恩泽、陈俊武等先进事迹，在回顾艰苦创业历程中深入学习老一辈石油石化人的品质作风，让历史典型穿越时空，在当代继续发出价值之光，激励带动干部员工涵养家国情怀、砥砺奋斗精神。中原油田定期举办石油精神报告会，组织干部员工学习以王进喜为代表的老一辈石油石化人的先进事迹，在回顾艰苦创业历程中锤炼顽强意志、激发高昂斗志、培育高尚品质。洛阳工程公司在庆祝中国共产党成立 100 周年之际，建设了“时代楷模”陈俊武陈列室，通过实物、影像、多媒体互动等形式充分展示陈俊

武先进事迹，为深入学习以陈俊武精神为代表的石油精神和石化传统赋予了有形载体。天然气分公司把石油精神和石化传统作为新员工入职教育的“灯塔”，邀请石油石化行业专家以“中国石化发展史”为主题，对113名应届毕业生集中宣讲，帮助他们上好职业生涯“第一课”。

二是选树重大典型。如何让干部员工充分感到典型就在身边、榜样就在眼前，需要持续不断地完善典型选树机制，常态化开展典型选树活动。勘探开发板块各企业坚持以身边事影响身边人，着力选树一批模范践行石油精神，立得住、叫得响、推得开的先进典型，大力选树那些忠于职守、爱岗敬业的优秀员工，选树那些勇于担当、甘于奉献、清正廉洁的党员干部，选树那些团结协作、改革创新、业绩优良的先进集体，持续培育壮大石油英模群体。持续开展劳动模范、两优一先、感动公司人物、十大杰出青年等评选工作，用鲜明价值导向培育干事创业良好风气。胜利油田薛梅是东辛采油厂营二管理区采油1站采油工，自1995年11月起和作为家属的丈夫孙宾来到营8更9井站，开始了驻岗生活。由于井站远离生活区，人烟稀少，道路难走，送水、买菜、出行等都不方便，有时还面临不法分子的威胁。尽管在这样艰苦的环境下，夫妻二人依然克服困难，精心管护油井，累计巡井巡线4万余次，安全生产原油10多万吨，打造了胜利油田的标杆井。江苏油田田明是一名充满励志和传奇的草根发明家。30多年来，他把生产难题当攻关课题，扎根一线，醉心发明，先后完成92项革新成果，登上过国家科技进步奖领奖台，获得过“全国最美职工”“全国劳动模范”、江苏省“时代楷模”等诸多称号。四建公司焊接高级专家李雪梅，巾帼不让须眉，坚持20年如一日耕耘在焊接工艺评定岗位，用扎实的功底连续突破进口9%镍钢焊接等技术壁垒，被评为“全国劳模”。

三是宣传身边典型。典型宣传的过程，就是一个学习推广的过程，推动形成典型的群体效益。石油大会战时期，勘探开发板块就十分注重典型的示范带动作用，想方设法大力宣传典型事迹，形成强大的舆论声势。各参战单位开展大会战前，坚持宣传鼓动到现场、培养典型树样板、劳动竞赛插红旗、敲锣打鼓送捷报，会战队伍士气高昂，会战战场到处可见“条件再差难不倒，担子再重压不垮，克难奋进闯新路”的拼搏奋战场景。近年来，勘探开发板块各企业紧密结合新形势，注重典型的日常化宣传、多样化推广、矩阵化传播，让典型事迹更具张力、更接地气，通过开展典型事迹报告会、经验交流会、演讲会等活动，实现由“感动”转为“心动”、“心动”化为“行动”，形成了人人都是石油精神和石化传统代言人的良好氛围，汇聚了干事创业、勇往直前的磅礴力量。四建公司长期坚持请老一辈退休职工讲石油石化光荣传统，党员领导干部进项目、进工地宣讲石油精神和石化传统，始终做到传承石油精神和石化传统氛围营造常态化、善用新媒体传播常态化、讲好四建故事常态化。上海海洋石油局在“五一”“五四”期间，开展海洋石油先进故事会、主题演讲比赛等活动，传播有形的正能量，树立鲜活的价值观；在“七一”“十一”期间，各平台、船舶在祖国各大海域，组织党员重温入党誓词、举行升旗仪式，增强仪式感、激发荣誉感、强化使命感。

（6）坚持制度牵引，推动石油精神和石化传统走深走实

任何一项工作要抓常抓长，最根本的是靠制度。勘探开发板块各企业坚持“常”与“长”相结合，把苦干实干、“三老四严”、求真务实、精细严谨、家国情怀等核心价值理念融入各项制度规范，以刚性的制度约束，促进价值理念转化为干部员工的思想认同和行为自觉。

一是建立健全党建工作制度。石油精神和石化传统形成于石油石化工业艰难的创业初期，是坚持党的领导、发挥党的政治优势的实践成果。大力传承弘扬石油精神和石化传统，归根结底是要通过加强和完善党对国有企业的领导、加强和改进国有企业党的建设，使国有企业成为党和国家最可信赖的依靠力量。勘探开发板块各企业以政治建设为统领，持续加强党的思想、组织、作风、反腐倡廉和制度建设，增强党的创造力、凝聚力、战斗力，打造铁人式党员干部队伍，造就一支敢打硬仗、勇创一流的铁人式石油产业大军。西北石油局把传承石油精神、弘扬石化传统作为重大政治任务和首要政治标准，贯穿党建考核始终，使其具体起来、落得下来。2020 年 8 月，中国石化出台《党建工作考核实施细则》，围绕“抓班子、带队伍、强管理、保稳定、促发展”五项任务，设置 5 大类 36 项考核项目，细化为 176 条考

核标准。其中，在政治引领、选人用人、干事创业、学习教育、宣传引导、意识形态、人才培养、“三基”工作等方面，均涵盖石油精神和石化传统等具体要求。中原油田建立常态化联系基层机制，强化“三个面向、五到现场”，将传承石油精神、弘扬石化传统情况，纳入党建考核、文明创建评比，推动“三老四严”“苦干实干”内化为工作标准，培养成队伍作风，将“对党忠诚”“家国情怀”融入队伍血脉里，将“三老四严”“苦干实干”落实到改革发展、攻坚创效的实际行动中。

二是建立健全考核评价机制。考核是推动传承石油精神、弘扬石化传统落实落地的重要保障。勘探开发板块各企业将开展传承石油精神、弘扬石化传统教育情况纳入党建工作考核，形成有标准、有检查、有落实、有奖惩的考核评价机制，以考核促进落实。探索形成“招聘有测评、入厂有教育、节点有仪式、培训有内容、使用有导向、身边有榜样、年度有考核”的常态化培育践行机制，加大评选表彰激励力度，推动石油精神和石化传统在企业落地生根。东北油气分公司切实发挥党建考核指挥棒作用，每年开展 2 次党建考核，把健全完善“七有机制”、传承石油精神、弘扬石化传统作为重要指标纳入年度党建考核，结果按照 20% 的比例纳入领导班子个人绩效。工程建设公司把石油精神和石化传统纳入人才引进面试过程，邀请专家团队结合实际，设置有关石油精神和石化传统的开放性题目，了解应聘人员对集团公司及公司企业使命、核心价值观等的认识和理解，准确了解他们的入职动机和成就取向。

三是建立健全督导检查机制。有效的督导检查，能够激发基层贯彻落实的内生动力。勘探开发板块各企业树立大抓基层导向，采取巡回指导、重点调研、座谈交流等多种形式，对传承石油精神、弘扬石化传统教育开展情况和实际效果进行督导，适时通报情况，推动工作开展。紧密联系企业改革发展和干部员工队伍建设实际，与“不忘初心、牢记使命”主题教育结合起来，把发现问题、解决问题作为出发点和落脚点，力戒形式主义、官僚主义，用开展传承石油精神、弘扬石化传统教育成果推动企业改革发展和生产经营工作。胜利石油工程公司坚持开展实地督导，每季度由纪检监督部牵头，其他四部门参与，组成联合督导组，深入13个直属单位进行督导，及时发现问题，提出改进意见，确保传承石油精神、弘扬石化传统“七有机制”落实不虚不偏不空。

3.2 炼油化工板块

3.2.1 炼油化工板块新时代石油精神和石化传统的主要特征

（1）“永远听党话、跟党走”的坚定政治信念

在我国石油石化工业波澜壮阔的发展史上，几代石油石化人始终坚持以党的旗帜为旗帜、以党的方向为方向、以党的意志为意志，把“我为祖国献石油”的理想信念牢牢熔铸于党和国家的前途命运中。中国石化成立以来，怀揣对党对国家对人民的赤诚之心，为建立发展我国现代石化工业体系、为解决人民吃饭穿衣问题和改善人民生活、为保障国家能源安全和促进国民经济发展作出了历史性贡献。新中国炼化产业从无到有、从有到强、从强到打造世界一流，炼化板块始终牢记“国之大者”，传承石油精神、弘扬石化传统，将石油精神和石化传统熔铸于脑海、融化于血液、落实于行动，彰显“听党话、跟党走”的坚定政治信念。

面对新冠疫情暴发和全球油价暴跌的双重压力，中国石化党组坚决听党指挥、闻令而动，举全集团之力，发扬“有条件要上，没有条件创造条件也要上”的铁人精神，12天建成一条熔喷布生产线，76天建成全球最大的熔喷布生产基地；始终坚持生产不间断、油气不断供、商品不涨价、服务不打烊，保证了国民经济的正常运行。在这场没有硝烟的战斗中，中国石化冲得上、顶得住、打得赢，以实际行动践行了“两个维护”，彰显了“大国重器”顶梁柱作用。

（2）“爱我中华、振兴石化”“为美好生活加油”的家国情怀

中国石化作为石化产业的领头羊，更是实现了从名不见经传到闻名世

界的巨变。今天的中国石化，已经成为世界第一大炼油公司和第二大化工公司，我国最大的成品油和石化产品供应商，连续11年位列《财富》世界500强前五。1983年，中国石化在“用好一亿吨原油”的殷切期望中应运而生。中央领导同志语重心长地指出，“你们振兴了，我们国家也就振兴了”。“振兴石化”自此成为中国石化的不懈追求和奋斗基因。中国石化以“爱我中华、振兴石化”“为美好生活加油”为己任，自觉肩负起壮大国有经济、振兴石化工业、保障能源安全、改善人民生活的历史使命，中国石化保障能源供应，炼油规模居国内首位、世界第一，形成环渤海、长三角和泛珠三角等3个具有集聚效应的大型炼化企业群和沿江炼油企业带，建成12个千万吨级炼油加工基地，炼厂平均规模884万吨/年。自2000年以来，中国石化累计向炼油板块投资3000多亿元，资金大部分用于油品质量升级，为社会贡献清洁能源。大力发展民品生产急需的化纤、塑料、橡胶等原料材料，大力发展粮食增产急需的化肥、农膜、农药等农用生产资料，有效解决“粮棉争地”矛盾，使我国使用几十年的粮票、布票一去不复返。在迈向小康社会的进程中，为了满足人民群众日益增长的物质需求，大力生产优质化工原料、合成材料，带动相关产业发展。如今，中国石化成为全球第一大芳烃生产商和全球第四大乙烯生产商，形成一批一体化、规模化、世界级的炼化基地，资产总额、年营业收入和年上缴利税增长100多倍，成为推进国家发展壮大、保障人民共同利益的重要力量。

（3）“苦干实干”“三老四严”的精神传承

炼化产业的发展，经历了一条坎坷不平、艰难曲折的拼搏道路。面对前进道路上的重重困难，炼化人代代传承着“苦干实干”“三老四严”等精神内核，以拼搏进取、攻坚克难的顽强作风，以“有条件要上、没有条件创造条件也要上”的大无畏勇气，打赢一场场硬仗恶仗，中国炼化行业挺起了共和国石油石化工业的脊梁。进入新时代，炼化板块处于转型升级、爬坡过坎的关键时期，在推动炼化板块高质量发展、奋力打造世界一流炼化基地的进程中，逐步形成了“精细严谨、责任在我”的优良作风，“直面矛盾、锐意改革”的大无畏精神，“开拓创新、事争第一”的雄心壮志，“以人为本、共享共赢”的为民情怀，这是石油精神和石化传统的生动实践，更是新时代战胜困难、迎接挑战的重要法宝。

（4）“精细严谨”“责任在我”的优良作风

与勘探开发企业的作业面广、野外作业多区、工作流动性大等特点不同，炼化企业的厂区固定、工作内容相对固定，而且炼化企业的连续性生产、安全风险大、产品的细分对操作精细度要求高，对“精细严谨”要求尤其严格。进入新时代，炼化板块继承发扬石油精神和石化传统，始终坚持高标准、严要求，形成了“生产上精耕细作、经营上精打细算、管理上精雕细刻、技术上精益求精”的精益管理理念，打造了精细严谨的管理典范，镇海炼化作为精益管理的代表入选国务院国资委国有重点企业管理创建行动标杆企业。同时，每一个人都精细耕耘着属于自己的“一亩三分地”，“我的地盘我作主”“我的岗位我负责”等责任意识极其强烈，“放心、精细、严谨”成为炼化板块文化的底蕴和印记。

（5）“直面矛盾”“锐意改革”的大无畏精神

石油精神和石化传统根植于炼化板块的艰辛实践，新时代在炼化板块体现为不畏困难、直面矛盾、锐意改革的积极探索，为炼化工业的发展注入了强大动力。中国石化因改革而生、因开放而兴、因融合而优。从诞生之日起，就以“爱我中华、振兴石化”为己任，坚持改革创新，从股份制改革、改制分流、剥离办社会职能，到混合所有制改革、处僵治困、“三项制度”改革，中国石化通过一次又一次的自我革新、一次又一次的肌体完善，不断适应市场经济的新变化与新要求，走内涵式发展道路，奠定了我国石化大国地位的根基，不断满足人民群众生产生活需求，企业活力和竞争力持续增强，成为国家经济名副其实的中流砥柱。进入新时代，炼化板块面对加速推进基地建设中的“邻避效应”，直面社会公众对石油石化行业的不信任、不理解、不支持，对原有“关门式”办企业的模式进行改革，打破围墙推行公众开放日活动，促使企业与设施周边居民形成利益共同体，推动石油石化行业铸造新的辉煌。

（6）“开拓创新”“事争第一”的雄心壮志

大庆石油会战中形成的“三老四严”“四个一样”（黑天和白天一个样、

坏天气和好天气一个样、领导不在场和领导在场一个样、没有人检查和有人检查一个样），既体现了精细严谨的良好作风，又体现了“追求卓越”“事争第一”的进取精神，它以一种昂扬向上的雄浑力量，锻造了一支支铁军队伍，推动了我国石油石化工业的快速发展。“站排头、争第一”是中国石化党组对所有企业的要求，“打造世界一流洁净能源化工公司”是中国石化的愿景，更是炼化板块的自觉追求。炼化板块不断以“世界一流”为目标，坚持以创新为手段，坚持管理创新、科技创新，进一步对标国际先进，坚持规模化、集约化、基地化发展，成为世界第一大炼油公司和第二大化工公司，成为我国最大的成品油和石化产品供应商。进入新时代，炼化板块始终把科技创新作为第一动力，坚持原始创新、集成创新和引进消化吸收再创新并重，坚持自力更生与开放合作相结合，不断加大科技投入、改革科技体制机制，逐步建立起较为完善的科技创新体系，探索形成“十条龙”“大循环”等创新机制，取得一批重大科学理论和工程科技成果，开发世界先进水平的炼油全流程技术和石油化工主体技术，能够依靠自主技术设计建设千万吨级炼厂、百万吨级乙烯和芳烃工程。同时，以智能工厂为代表的智能制造走在全国流程工业前列，战略性新技术攻关不断取得新进展。进一步增加有效供给，加快结构调整、质量升级，大力生产优质清洁燃料、化工原料、合成材料，带动相关产业发展，更加重视生态保护、环境友好，积极参与社会公益事业，增强了人民群众的获得感、安全感和幸福感。

（7）“以人为本”“共享共赢”的为民情怀

中国石化践行全心全意为人民服务的责任，将“人本、共赢”融入发展战略，成为公司企业文化的核心价值观，成为全体员工的行动指南。进入新时代，炼化板块坚持以人为本，发展企业，牢固树立可持续发展治理根基。从广大用户、公众、员工的需要出发，确定企业的发展方向，研发一流产品，提供一流服务，炼化板块“每一滴油都是承诺”成为矢志追求和行为准则。炼化板块把员工作为企业发展的主体力量，为员工全面发展创造条件，让员工生活得更加幸福，炼化板块“培训是最大的福利，使用是最好的培养，成长是最大的关爱”的理念得到普遍认同。炼化板块致力于共享共赢，注重和谐发展，与相关方共享企业发展的成果，炼化板块“A 角 B 角都是主角，一线二线都是前线，甲方乙方都是一方”的理念深入人心。

3.2.2 炼油化工板块传承弘扬新时代石油精神和石化传统的主要做法及典型案例

（1）以理念来铸魂

大庆精神铁人精神已经成为中国共产党百年奋斗精神谱系的组成部分。石油精神和石化传统，是炼化板块高质量发展的重要因素。用石油精神和石化传统的理念来铸就炼化板块高质量发展的魂，牢牢把握石油精神和石化传统的精神内涵，做好新时代石油精神和石化传统的延伸和拓展，确保石油精神和石化传统全方位、全过程、全要素融入，使石油精神和石化传统成为一贯到底、一脉相承、一如既往推动高质量发展、打造世界一流的精神密码。炼化板块主要通过“四个融入”为企业高质量发展注入精神动力。

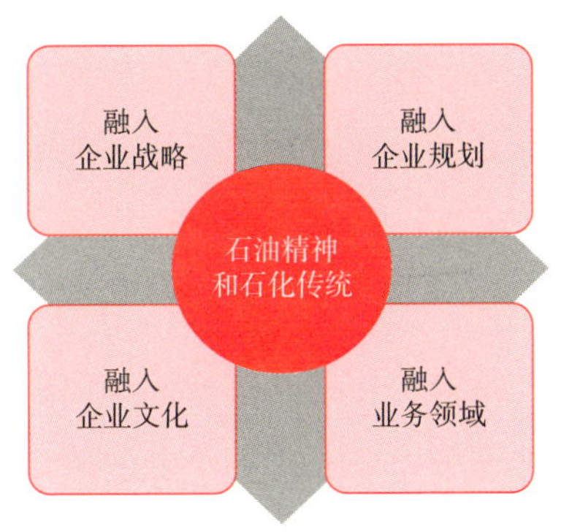

炼化板块通过“四个融入”用石油精神和石化传统的理念来铸魂

一是融入企业战略。企业战略具有长期性、系统性和综合性。企业战略只有建立在企业全体员工共同价值观的基础上，才能够最大化发挥企业员工的集体合力，有力推动企业战略目标实现。石油精神和石化传统作为石油石化人的特有“精神财富”，体现了所有石油石化人的共同价值观。制定企业战略的同时，要将石油精神和石化传统作为精神内核，成为全体员工执行战略规划的原生动力、推动企业高质量发展的内在动力。例如，镇海炼化持续把石油精神和石化传统作为牢记习近平总书记嘱托、推进高质量发展最深厚的力量之源，研究明确了推动高质量发展的“三大战略”，即打造全产业链的发展战略、深化数字化转型的改革战略、持续赋能赋智的人才战略，奋力打造“世界级、高科技、一体化”绿色石化基地。

二是融入企业规划。企业规划是企业战略的具体实施方案，传承石油精神弘扬石化传统既是企业规划的重要组成部分，也是推动企业规划落地落实的有力保障。要将传承石油精神弘扬石化传统融入企业规划一体谋划、一体部署、一体推进，并在实践中不断实现石油精神和石化传统的创新发展。例如，燕山石化将传承弘扬石油精神和石化传统融入企业“十四五”发展规划，确立了“绿色发展、创新引领、转型升级、打造标杆”的发展方针，“完善产品链，专注竞争力提升；延伸产业链，聚焦可持续发展”的发展路径，统筹推进“以炼油系统、锅炉系统清洁化改造为重点的‘新希望’工程”和“以突破关键核心技术为重点的‘卓越’工程”，致力打造“清洁高效油品生产基地、高性能合成材料研发和生产基地、高性能膜产业基地、氢能产业示范基地”的产业格局，全力实现“科技先导型氢能发展领军企业和新材料研发生产领军企业”的愿景目标，按照集团公司党建铸魂、管理筑基、文化润心、品牌增值“四位一体”软实力体系，保障广大员工与企业一体发展、共同成长、共享未来。

三是融入企业文化。石油精神和石化传统是炼化板块企业文化的基础和内核，企业文化是石油精神和石化传统的进一步拓展延伸和外在展现，是新时代石油精神和石化传统向世界展现的窗口。传承石油精神、弘扬石化传统，企业文化必须全面接受石油精神和石化传统的滋养。例如，镇海炼化在长期实践、积累和总结的基础上，形成了以石油精神和石化传统为核心，独具特色的“3863”企业文化建设模型，即坚持区分“三个层次”，突出抓好“八大路径”，着力打造“六大阵地”，重点形成“三大产品”，建设与世界级、高科技、一体化石化基地相匹配、与社会共同价值观相融合、被广大员工群众普遍认同的企业文化。从“踏遍千山万水、吃尽千辛万苦、说尽千言万语、历经千难万险”，扎根五湖四海勇当“卖油郎”，到“敢为人先、创新实干”，通过内涵式发展逐步跨入世界一流的行列，从“生产上精耕细作、技术上精益求精、管理上精雕细刻、经营上精打细算”，实现炼化一体化稳定转型，到“有条件要上，没有条件创造条件也要上”，加速打造“世界级、高科技、一体化”绿色石化基地，每一个发展阶段、每一个文化理念都是石油精神和石化传统的生动体现。

四是融入业务领域。传承石油精神、弘扬石化传统，关键在于真正落地落实，要把石油精神和石化传统嵌入各个业务领域，通过各具业务特色的工作理念、管理模式、工作制度和行为规范等内容，有效融入经营管理实践，扎实提高企业基础管理水平，指导企业生产经营和改革发展。炼化板块将石油精神和石化传统镌刻在奋力打造具有全球竞争力的世界一流企业的进程中，“十三五”期间，4+2 世界级炼化基地加快建设，炼油和 PX、聚烯烃等化工产品产能稳居世界第一，产销量持续扩大，原油、成品油全球资源统筹和配置能力大幅提升，中国石化稳居《财富》世界 500 强前列，有力支撑了国民经济发展。

（2）以制度来塑形

新时代传承石油精神、弘扬石化传统单靠无形的约束是远远不够的，需要有形的、完善的企业规章制度作为员工行为的标准。制度是保障石油精神和石化传统代代传承的基础性因素。镇海炼化始终坚持传承石油精神、弘扬石化传统融入制度建设，做到“进制度、进职责、进网络”，促进传承石油精神、弘扬石化传统有章可遵循、有法可约束。

一是进制度硬约束。以健全制度为保障，在以职责划分、业务流程和规章制度为主要内容的制度建设中，始终坚持将石油精神和石化传统融入制度，将传承石油精神、弘扬石化传统“七有机制”纳入宣传思想文化制度，各职能部门按照分工完善员工招聘、党员教育、干部考察、青年工作、职级管理、选拔任用等专业制度，以制度的刚性约束规范传承石油精神、弘扬石化传统的全过程。以石油精神和石化传统为重要内容的精神文明建设要求、道德规范面向全体员工，成为员工行动指南。

二是进职责强显现。在明确各岗位职责的同时，将以“苦干实干”“三老四严”为核心的石油精神，以“家国情怀、求真务实、精细严谨”为主要内涵的石化传统，纳入全岗位说明书，强化石油精神和石化传统显现，推动石油精神和石化传统融入岗位职责落实的全过程各环节。

三是进网格全覆盖。将网格化管理作为抓实传承石油精神、弘扬石化传统的重要抓手，通过定格、定人、定责的网格化体系，筑牢“公司—各单位（部门）—科室（班组）”三级防护网，通过一级抓一级、层层抓落实，推动由“条段”管理向“立体”管理转变，充分发挥全体干部员工作用，确保传承石油精神、弘扬石化传统的触角延伸至基层每一个“细胞”，确保落地生根、取得成效。例如，镇海炼化将传承石油精神、弘扬石化传统作为保障安全生产的精神动力和有效抓手，推行“管理网格化 + 技术专业化 + 现场规格化 + 行为规范化”大安全管理模式，确保安全生产职责分解横向到边、纵向到底。自 2021 年 1 月起探索实施“四化”管理以来，镇海基地共建立了 25 个一级网格、125 个二级网格、411 个三级网格，基层单位在思想上不断转变、在管理上不断提升、在技术上不断进步，属地网络隐患识别整改完成率超 95%。

（3）以机制来保障

传承石油精神、弘扬石化传统是持续性、系统性、长期性的一项工作，需要建立常态化的工作机制。炼化板块应严格落实集团公司传承石油精神、弘扬石化传统“七有机制”，通过招聘有测评、入厂有教育、节点有仪式、培训有内容、使用有导向、身边有榜样、年度有考核的工作机制，真正做到事事有人管、人人有专责、办事有标准、工作有检查、考核有依据，不断推进传承石油精神、弘扬石化传统全面落实。

一是招聘有测评。将石油精神和石化传统纳入员工招聘、人才引进的评价内容，重点把对“爱我中华、振兴石化”“为美好生活加油”的企业使命和“三老四严”“苦干实干”“精细严谨”等价值理念认同度评估作为面试“规定动作”，真正把与企业同心同向的优秀人才选进来。例如，安庆石化在校园招聘宣讲中，将是否认同石油精神和石化传统作为重要评价内容。

二是入厂有教育。对新入职员工开展公司创业史教育，关工委定期与基层单位专题座谈，铸牢青年员工“石油魂”，帮助扣好职业生涯“第一粒扣子”。组织认真学习公司规章制度，接受企业文化洗礼，增强干部员工对石油精神和石化传统的认同。采取观看石油石化会战影片、参观企业历史展览、听老一辈石油石化人讲创业故事、畅谈学习体会等方式，引导新入职员工及时转变身份，形成文化共识。

三是节点有仪式。抓住党和国家重要时间节点，组织干部员工就近参观瞻仰红色教育基地，开展特色主题党日活动，传承红色基因，厚植家国情怀。以发现日、建厂日等企业发展史上的重要时间节点为契机，开展石油精神和石化传统教育。例如，镇海炼化紧抓习近平总书记提出的“世界级、高科技、一体化”，在15周年重大节点推出《15年，行走的板房》微信公众号文章，引起热烈反响和强烈共鸣。茂名石化开展纪念建厂66年传统教育，邀请“五老”讲师团开办“家门口的红色课堂”，讲好石油精神和石化传统故事，到企业发源地现场进行第一课教育，组织重走“奋斗路”重温创业史活动，感悟老一辈茂名石化人在荒原上建厂的艰苦奋斗精神。

四是培训有内容。推动石油精神和石化传统进党校进课堂，纳入领导干部培训、新员工培训、基层党支部书记培训等干部员工日常培训，从领会石油精神和石化传统时代内涵中汲取智慧和力量。例如，燕山石化构建军训式、讲授式、现场式、体验式、对话式“五式法”教育模式，将“七有机制”融入员工培训体系，系统抓好思想淬炼、政治历练、实践锻炼、专业训练，切实将培训成果转化为“爱我中华、振兴石化”的行动自觉。

五是使用有导向。坚持以石油精神和石化传统引领干部人才队伍建设，大力培养使用自觉践行中国石化核心价值理念的干部人才队伍，形成鲜明的选人用人导向。旗帜鲜明地为敢于担当的干部担当，为敢于负责的干部负责，激励更多干部勇挑重担、奋发有为。坚决肃清腐败分子流毒，消除错误的发展观和政绩观，树立主流价值导向，推动石油精神和石化传统入脑入心、见行见效。例如，镇海炼化把基层一线作为石油精神和石化传统的“磨刀石”，安排梯队人员到项目建设、重要装置、扶贫前沿“上挂下派”，2016年以来新提拔的基层管理人员中有重点项目一线工作经历的超80%。

六是身边有榜样。强化典型示范，组织深入学习王进喜、闵恩泽、陈俊武等先进典型事迹，形成良好风气。大力选树先进典型，积极参与“感动石化”人物评选，开展最美炼化人、道德模范等先进典型评选，把石油精神和石化传统人格化、形象化、具体化。例如，长岭炼化邀请老劳模蔡可人、彭远志、谭秋媛讲述奋斗故事，将石油精神和石化传统嵌入员工教育培训。

七是年度有考核。在组织考核上，将“七有机制”作为党建 KPI 考核重要指标，明确考核内容和标准，实现机关、基层、合资合作企业全覆盖，以考核抓落实促整改。采取巡回指导、重点调研、座谈交流等多种形式，对各单位传承石油精神、弘扬石化传统进行督促指导，通报有关情况，交流经验做法。在个人考核上，通过绩效考核排名，显化传承石油精神、弘扬石化传统的“奋斗者”。

（4）以载体来推进

坚持把石油精神和石化传统有机融入当下的经营管理实践之中，就需要借助现在人们喜闻乐见的方式、活动和载体，使传承石油精神、弘扬石化传统与企业管理相适应、与企业发展相协调，推动石油精神和石化传统植根于干部员工内心，进而得到传承与弘扬。持续加强和创新平台载体建设，通过打造“讲”系列、“云”系列、“微”系列、“赛”系列，用活用好电子屏、宣传橱窗等宣传窗口，让无形的精神传承落实到有形的载体，不断增强生动性和实效性。

一是打造“讲”系列。邀请专家学者进行“石油精神”“石化传统”专题辅导，组织观看大庆精神铁人精神报告会；在重大活动中，邀请先进典型、身边榜样、基层员工讲述传承石油精神、弘扬石化传统的故事。例如，宁夏能化邀请石油石化发展历程见证者走进企业，开办三个场次“传承石油精神弘扬石化传统”专题讲座，举办石油精神和石化传统专题故事会，全年宣讲 16 场次，1000 余人次参加。沧州炼化组织“在优良传统上我们丢掉了什么”大讨论，引导全体员工深入研讨找差距、明确目标抓落实，推动石油精神和石化传统入脑入心。

二是打造“云”系列。运用“云对话”“云答疑”“云直播”“云培训”

等云端活动形式进行“云传播”，将个人价值与企业发展紧密结合起来，引导干部员工在石油精神和石化传统中汲取力量、实现价值。例如，镇海炼化组织开展“劳模·青年”“对话最强操作金牌团队”等活动，全国劳模王世东、中央企业劳模沈凯飚、中国石化劳模朱贤峰等8位劳模及历届最强操作金牌选手分别讲述成长经历。

三是打造“微”系列。用活用好学习强国、奋进石化、微信微博、网络学院等“微”平台，常态化开展石油精神和石化传统学习，组织全体员工手机端学习石油精神和石化传统明白纸、“石油魂——大庆精神铁人精神”宣讲报告会视频等内容，推动石油精神和石化传统教育融入日常、抓在经常。

四是打造“赛”系列。开展各项竞赛，将石油精神和石化传统转化为生产、经营、改革、发展的具体行动。镇海炼化开展“低头捡黄金”全员查隐患竞赛，实施隐患排查及时发现、及时奖励的“低头捡黄金”机制，并按照夜班和白班发现不一样、高处和低处发现不一样、非巡检点和巡检点发现不一样、危害程度高低不一样、恶劣天气与正常天气发现不一样等“五个不一样”进行奖励，近10年累计奖励近20万人次、金额2600余万元，其中单人次最高奖励1万元。连续五年举办“最强操作”竞赛，参赛对象逐步拓展到外操+内操+技术员+新员工+百人团全员覆盖，推动“最强操作”竞赛成为传承石油精神、弘扬石化传统、发扬“严细实”工作作风的重要平台。

（5）以行为来养成

石油精神和石化传统教育的成效最终要体现在员工的行为上来。积极引导广大员工立足本职岗位传承石油精神、弘扬石化传统，通过行为养成常态化、培训内容固定化、岗位行为规范化，推动石油精神和石化传统真正内化于心、固化于制、外化于形、实化于行。

一是行为养成常态化。将“传承石油精神、弘扬石化传统”写入《员工守则》，以中国石化企业文化核心价值理念为统领，明确道德规范、工作礼仪两方面要求的行为规范，让石油精神和石化传统时时处处在干部员工实际行动中得到彰显。

二是培训内容固定化。践行“严细实”工作作风，将石油精神和石化传统嵌入培训。例如，洛阳石化积极搭建“四个平台”，通过青年突击队平台炼作风、“青年技术加油站”培训平台提技能、“导师带徒”平台促争先、“青年创新创效”平台育精英，营造创先争优的浓厚氛围，加快成长成才步伐，教育和引导青工勇立潮头、勇挑重担、锤炼作风，为企业高质量发展作贡献。

三是岗位行为规范化。大力推进“管理标准化、行为规范化”工作，编发《外操工作行为规范》《内操工作行为规范》和《班长工作行为规范》等系列口袋书，规范从业行为，养成良好习惯，指导工作实践。

（6）以典型来引领

牢牢把握“一个先进典型就是一面旗帜”的理念，在传承石油精神、弘扬石化传统先进典型选树宣传过程中，做到“庙堂之高”和“江湖之远”兼顾，通过典型选树倡导向、典型故事倡精神、典型课堂倡价值，将石油精神和石化传统典型化、故事化、人格化，树立精神标杆，彰显榜样力量。

一是典型选树倡导向。坚持开展“最美劳动者”“最美炼化人”“道德模范”“劳动模范”等典型选树评选活动，倡导传承石油精神、弘扬石化传统的鲜明导向。例如，古雷石化选树“最美劳动者”111 名，在内部宣传阵地广泛宣传典型先进事迹，引领广大员工学有榜样、比有标杆、赶有目标。金陵石化连续 8 年开展道德讲堂活动，先后举办道德讲堂近 50 场，选树各领域道德模范 90 多人。

二是典型故事倡精神。持续深入学习宣传闵恩泽和陈俊武同志先进事迹，通过电视、电子屏、网络等平台进行持续广泛展播，积极开展“感动石化”人物评选，注重把视角下沉，将镜头和笔触对准基层、聚焦一线，深挖基层岗位上默默无闻传承石油精神、弘扬石化传统的身边坚守典型。镇海炼化策划“36 年守望一汪清水”的泵工王奇彪、“巡线走到白头”的巡线工董国祥、“一千零一个电话”总调度马玉军等“身边的坚守”微故事，微信公众号文章阅读量超 10 万，引发员工的感情共鸣和心灵触动，催生强劲的干事创业能量。福建炼化组织拍摄“抗疫 480 小时”和大检修系列纪录短片，累计播放量 3 万多次。

三是典型课堂倡价值。在重大学习教育活动中，邀请先进典型、身边坚守、基层员工分享传承石油精神、弘扬石化传统的事迹。武汉石化在内部媒体开设“弘扬大庆精神，争做石化铁人”专栏，讲述先进典型事迹，激励广大干部员工传承大庆精神，打造铁人队伍。

（7）以宣传来深入

宣传是传承石油精神、弘扬石化传统的有效途径和关键环节，直接决定着石油精神和石化传统教育的效果。要持续加大石油精神宣传力度，讲好石油石化故事，传播好石油石化声音，构建“立体宣讲体系、立体宣传体系、立体展示体系”，提高石油精神和石化传统的影响力、感召力、说服力和引导力，展示真实、立体、全面的企业形象。

一是立体宣讲体系。用好外部石油精神和石化传统专家学者、党史学习教育宣讲团、“8090 说”、“青马”宣讲团，发挥好关工委及先进典型的作用，形成“专家学者 + 公司领导 + 各单位（部门）领导 + 基层干部 + 青年骨干 + 关工委 + 先进典型”的“大宣讲团”，开展对象化、分众化、互动化宣讲，以讲促学、以学促行。例如，镇海炼化连续 11 年组织关工委老同志与青年员工开展“传承石油精神、弘扬石化传统”座谈会，铸牢青年员工“石油魂”。

二是立体宣传体系。各媒体统筹发力，及时宣传报道传承石油精神、弘扬石化传统的措施成效、感人故事、基层动态，利用电视、网络、奋进镇海炼化、手机报、官方微博、官方微信等宣传媒体，在潜移默化中推动石油精神和石化传统真正“入眼”“入耳”“入脑”“入心”，引导广大员工自觉参与到传承石油精神、弘扬石化传统中来。例如，荆门石化精心打造“先进亮点”电视栏目，开展企业文化故事评选活动，编撰出版《石化人石化事》《榜样》系列企业文化丛书，深入挖掘先进人物身上的精神特质。

三是立体展示体系。积极运用信息化、数字化、智能化载体，通过图片图表、动态视频、实景还原、多媒体声像等多种展示手段，打造可感、可看、可听、可触、可传的石油精神和石化传统立体展示体系。镇海炼化打造“公司 100 万吨 / 年乙烯工程奠基点”“白鹭园”和“泥螺山”党史学习教育独特阵地，入选国资委首批 100 个中央企业爱国主义教育基地、中国石化十大红色教育基地，追忆艰苦创业历程，接受石油精神和石化传统洗礼。齐鲁石化制定了“一厅一馆一中心”+“两现场”+“若干站点”（即“3+2+N”）爱国主义教育基地建设方案，完成了齐鲁石化30万吨乙烯开工建设奠基处整修，作为开展企业文化教育和形象展示的重要有形载体。上海石化将红色教育基地作为主阵地，组织挖掘、整理和保护红色资源，让教育基地成为石油精神和石化传统教育“教室”，让文物史料成为“教材”，让各类模范成为“教师”，累计接待5000余人次参观。南化公司利用厂史陈列馆、毛泽东主席塑像、范旭东和侯德榜塑像、永利旧物实物雕塑、硝酸塔等红色阵地开展主题党日、集体宣誓等活动，缅怀先贤，牢记初心，激励今人，担当使命。

（8）以品牌来输出

石油精神和石化传统要持续提高影响力，不仅成为石油石化的“精神财富”，而且成为全社会全民的思想共识，需要通过品牌化的方式推动石油精神和石化传统“外溢输出”。

一是在品牌活动中传播。把品牌活动作为推动石油精神和石化传统走进基层、走出企业、走向世界的有效途径，在业务技能竞赛品牌中融入，发扬“严细实”工作作风，激发员工保安稳的责任感、学技术的主动性、爱企业的大情怀；在“公众开放日”品牌活动中融入，突出习近平总书记对炼化板块的殷切嘱托、企业创业发展史、企业勇担社会责任等方面进行重点讲解，不断优化拓展参观路线，敞开企业大门让更多的公众了解石油石化的创业史、会战史、发展史，深刻感受石油精神和石化传统时代光芒，从中汲取奉献奋进的精神伟力；在先进典型选树品牌中融入，将镜头和笔触对准基层、聚焦一线，深挖基层岗位上无私奉献的坚守典型，推动石油精神和石化传统人格化、具体化、形象化。

二是在扶贫工作中展现。把精准扶贫作为一项锤炼石油精神和石化传统的前沿阵地，派驻积极传承石油精神、弘扬石化传统的年轻干部驻村扶贫，进一步推动石油精神和石化传统输出。积极发扬“有条件要上，没有条件创造条件也要上”的精神，创新性地进行农旅综合开发、直播带货等方式助力脱贫攻坚，以实际行动履行政治责任、展现央企担当、传承石油精神、弘扬石化传统。

三是在海外传播中拓展。融入“走出去”战略，把海外传播作为石油精神和石化传统走向世界的重要平台之一，通过新颖独特的传播内容、媒体融合的传播方式、符合大众的传播共鸣，进一步拓展海外传播的深度和广度，进一步强化石油精神和石化传统的影响力，提升中国石化的全面品牌价值。

（9）以考核来评价

一是在组织考核上。将传承石油精神、弘扬石化传统作为党建 KPI 考核重要指标，明确考核内容和标准，打造“年中联检、月度岗检、季度督查、年底评先”的“四位一体”考核体系，实现机关、基层、合资合作企业全覆盖，以考核抓落实促整改。同时，采取巡回指导、重点调研、座谈交流等多种形式，对各单位传承石油精神、弘扬石化传统进行督促指导，通报有关情况，交流经验做法。例如，天津石化探索以体现“责任压实”“分类施策”“优胜劣汰”为特点的考核工作法，推动石油精神和石化传统融入生产经营、改革发展全过程。

二是在个人考核上。建立健全领导人员正向评价和反向测评的考察机制，对领导干部政治忠诚、政治定力、政治担当、政治能力、政治自律等情况开展精准识别，对传承石油精神、弘扬石化传统等情况进行充分查验，通过绩效考核排名，显化传承石油精神、弘扬石化传统的“奋斗者”，推动形成能者上、优者奖、庸者下、劣者汰的正确导向，消除错误的发展观和政绩观。

3.3 油品销售板块

3.3.1 油品销售板块新时代石油精神和石化传统的主要特征

（1）开拓进取、不断创新的思想内涵

2015 年 10 月，党的十八届五中全会提出“创新、协调、绿色、开放、共享”的新发展理念，强调“坚持创新发展，必须把创新摆在国家发展全局的核心位置”“让创新贯穿党和国家一切工作”。对于中国石化销售企业，创新也成为促进企业蓬勃发展、实现突破的关键要素。1946年6月1日，国民党政府资源委员会在上海成立了中国石油公司，1948年在南苏州路198号（四川路桥堍）建立中国第一个国营加油站，解放后经过改造成为使用至今的“第一加油站”。经历数轮改造，第一加油站见证了销售企业服务管理模式的转型之路，成为油品销售领域开拓进取、不断创新的丰碑。进入新时代以来，面对市场环境的快速变化，企业也在加快改革创新步伐，总结历史经验，研判市场发展方向，对标先进企业，坚持贯彻新发展理念，高质量实现新时代转型发展。

开拓进取、不断创新，在新的发展阶段适应新的挑战变化。在如今的时代发展中，销售企业面临新能源的挑战、市场竞争的挑战、数字化转型的挑战、绿色革命的挑战。新能源发展、数字化转型、绿色低碳发展成为开拓进取、不断创新的新道路。数字化转型是世界经济发展新动力、是国家做出的重大战略部署、是我国石化产业升级发展的必然选择、是中国石化高质量发展的必由之路。销售企业始终坚持以客户为中心，致力于不断提升服务水平和客户体验。例如，中国石化易捷打造的新零售优势平台。近年来，中国石化易捷以2.7万余座加油站、便利店场景为核心，不断引入跨界经营、战略合作、共享资源等新模式，实现精准营销，一步一个脚印地走在新零售的道路上。新零售的核心是互联网数据，易捷致力于打通线上线下两个平台，用大数据分析用户消费习惯，推进全国统一的会员体系建设，针对不同客户群体，采取精准营销，全面构建差异化竞争优势，从线上线下互相促进到线上线下融合，从油非互促走向油非融合发展。一方面，易捷全力增强会员营销的精准化和时效性。加强节日和专项营销活动的策划和执行，开发App客户端和小程序，利用积分等方式向线上线下同时引流，实现油非融合发展。另一方面，实施“走出去”营销策略。积极推广易捷自有品牌商品，加快合作开店步伐，联合开展推广活动。同时，快速打开社会终端大客户市场，让更多合作伙伴成为易捷品牌的宣传员与推广员。

（2）坚韧顽强、勇于奋斗的意志品质

在2018年新年贺词中，习近平总书记指出，幸福都是奋斗出来的。在2018年春节团拜会上的讲话中，习近平总书记更是强调，新时代是奋斗者的时代。可以说，各行各业的发展都离不开勇于奋斗的优秀品质，石油石化销售行业亦是如此。实现销售业务的转型升级，要有越挫越勇的勇气与信心，更要有敢作敢为的大无畏精神和冒险精神。进入新时代，全球化发展进程加深，国际商业环境呈现复杂多变的特性，如何有效实现企业保值增值成为每位内部成员应着重思考的问题，面对每一次严峻挑战，迎难而上、勇于争先更是打好每场硬仗的坚实基础。油品销售业务依托外部因素的比重较高，市场环境、技术手段、政策机制等方面都有可能带来亏损性风险，保持坚持不懈的韧劲，敢于与困难问题作斗争、敢于与国外高薪销售团队作竞争，力争击败对手和困难，这是推动销售业务实现稳定增长的有效途径。

坚韧顽强、勇于奋斗，就是有孤注一掷、向死而生的胆魄。“孤注一掷”最早起源于美国内战时期一位南部联邦骑兵部队的将军连连取胜的要诀。采用这种战略，通常是为了在被动局面之中，赢得一个新市场或新产业的领导地位。“孤注一掷”的目标并不一定是马上成为领导者，但这是它的最终目标。该战略从一开始瞄准的就是获取永久性的领导地位。这个战略的风险性最大，犹如一场赌博，但很多时候，就是需要背水一战的气魄。瑞士的霍夫曼－罗氏公司多年来一直是世界上最大而且很可能是获利最高的制药公司。但是，它原本是一家非常不起眼的小公司。20世纪20年代中期以前，霍夫曼－罗氏公司一直是一个苦苦挣扎的小型化学公司，生产少数几种纺织染料，它在一家庞大的德国印染制造商和两三家国内大型化学公司的笼罩下喘不过气来。于是，它决定将赌注下在当时新发现的维生素上。当时，整个科学界还没有完全接受这种维生素物质的存在。它买下了无人问津的维生素专利，并从苏黎世大学请来了维生素的发现者们，而报酬是大学教授最高薪水的好几倍，这也是业界从未有过的高薪待遇。同时，它将所有的资金和贷款全部投入了生产和营销这种新物质。

在新时代的背景下，对于销售行业来说，这种孤注一掷的决心与勇气也

并不少见，在“油气氢电服”综合能源服务商转型过程中，销售企业运用多年积累下来的网络、客户、品牌、一体化等优势，继续巩固扩大成品油销售规模，在危机中育先机，于变局中开新局，加快向“油气氢电服”综合能源服务商转型升级。易捷精心打造的“人、车、生活”生态圈，走进江西省宜春明月加油站，客户不仅可以加油，还可以洗车、干洗衣服、买蛋糕，甚至还能买电影票。这个融合了便利店、保险、银行、旅游、新车销售、汽车服务、蛋糕、烘焙、电影、干洗、公益等12种业态的加油站，正是中国石化综合服务体的典范。截至2023年6月，在易捷便利店中，有超1500座餐饮项目门店，近1万座养车门店。围绕“人、车、生活”生态圈，易捷积极引入优质合作伙伴，提升客户满意度。目前，易捷门店已全面实现三项基本服务功能：线上支付、充值代缴、代售业务。更多门店还拓展引进适合商圈顾客需求的增值服务项目，如快递收发、打印复印、鲜花礼品等业务。除了满足人的生活，中国石化以易捷澳托猫为主体，着力构建统一品牌、统一形象、统一服务、统一管理的汽服体系，从洗车、保养业务逐步拓展到汽车全产业链的延伸业务，目前已建成汽服网点400多座。

坚韧顽强、勇于奋斗，就是有战胜苦难、坚持不懈的气势。销售行业的发展往往要经历一些挫折，才会在磨砺中渐渐醒悟，才会在艰辛中培养愈挫愈勇的睿智，在苦难中积蓄化险为夷的勇气，在失败中提炼成功的乐观，在得意中警惕失意的隐患。挫折能激发人的活力和意志，挫折是一股强大的内驱力，油品销售行业往往因为挫折而激发出更强的身心力量。虽身处逆境，却百折不回，意志更为坚强，最终实现自己的目标。销售领域能取得今天的成绩，也正是因为其具有克服困难、排除干扰、锲而不舍的坚强意志，持之以恒、坚忍不拔、承受失败、抵抗挫折的韧性和耐力。

此外，自2020年疫情发生以来，全世界都陷入了抗击新冠疫情这场硬仗，中国石化按照党中央决策部署，严格落实相关措施，坚定履行中央企业的政治责任，齐心协力打好这场战役。在最危难的时刻，销售企业充分利用全国近3万座加油站2.7万家易捷便利店的强大优势，开通“安心买菜”业务，向百姓提供蔬菜生鲜等日用品。北京的340座中国石化加油站还打出了

“不下车、不开窗，三天量、一整箱，一键送到后备厢”的口号。以实际行动满足人民群众的基本需求，充分体现了企业强大的社会使命感与迎难而上的责任担当。

坚韧顽强、勇于奋斗，就是有参与竞争、锻炼意志的精神。紧张的销售工作充满着竞争。竞争，意味着你追我赶，相互促进。石化销售领域都有这种心理：“要胜过别人”“决不能落在别人后面”。竞争，可以与自己竞争，努力打破自己的销售纪录，“更上一层楼”；也可以与别人竞争，努力打破别人的销售纪录或在今后的销售工作中超过别人，“力争第一”。这种积极进取的竞争意味着需要克服一个又一个困难，只有战胜这些困难，才能达到超过别人的目标，这就使意志得到了锻炼。

（3）团结协作、精益求精的优良品德

石化销售业务经历过漫长的制度改革，在发展中探索方向，在前进中反思道路。进入新时代，市场的整合带来机遇与挑战，技术的进步带来变革与创新，组织更要保持善思善学的品德，不断适应市场化竞争机制，始终以“给顾客最好服务体验”为目标，力争带给祖国和人民便捷舒适的生活。

一是提高思维认知，树立学习精神。业务水平的提升注重有恒心、有毅力，长期坚持学习，在繁重的工作之余，将学习作为一种事业追求、一种高度自觉，将学习作为立命之本。做好销售工作，首先要把销售领域的事情搞清楚、搞明白，这是生存之本。对于所销售的东西、销售的政策技巧等方面，有不懂的地方，不仅要积极主动地去学习，而且要有一种百折不挠的勇气和高考冲刺的精神去学习。王国维对学习有一段精彩的描述，古今凡成大事业、大学问者必经三种境界:“昨夜西风凋碧树，独上高楼，望尽天涯路”，此第一境也；“衣带渐宽终不悔，为伊消得人憔悴”，此第二境也；“众里寻他千百度，蓦然回首，那人却在灯火阑珊处”，此第三境也。销售领域的学习精神也不外乎如此。将学习作为进步之基，销售岗位要胜任本职，求得更大进步、担当，不仅要学习专业知识，还要先学、博学、深学，特别是学而思、学而用。把学习作为一项持续不断的基本建设，善于挤时间学习，充分利用开会前后、下班后、双休日、节假时等零碎时间，发挥每一小时、每十

分钟的作用。将学习作为修身之需。腹有诗书气自华，出口成章品自高。学习的过程，就是陶冶情操、培养德行、提高素养的过程。石化销售人员无论职务怎么调整，工作多么繁重、情况怎么特殊，都要想方设法加强学习。而且，从客观上来讲，石化销售人员用于学习的时间多了，始终使自己的知识结构处于时代的前沿，眼界就会很开阔，胸怀就会很坦荡，做人就会很大气，名利之心就会淡泊一些，生活情趣也会高雅起来。不把学习作为改造之策，价值观念的冲突是难以调和的，意识形态的僵化是难以沟通的，一个人的政治觉悟和思想境界，不是随着年龄增长、销售业绩提升而自然提高的，而是在不断加强学习、改造思想的过程中逐步形成的。要增强思想改造的自觉意识，树立终身学习理念，真正把学习作为立身处世、干事创业的生活态度和第一需要。

二是培养人格魅力，加强组织协调。“世事洞明皆学问，人情练达即文章”，能力让人区别开来，魅力让人融合起来，销售领域的一个重要工作特点就是相互协作，不论是单位内部的，还是部门之间的，都是建立在良好的人际关系之中。人缘好，好商量、好协作，遇到困难有人帮、出了问题有人扛、有了成绩有人推。人缘就是力量，人缘的好坏不仅直接影响事业的成败，而且也是销售人员前进道路上的磨刀石。相互尊重理解。销售工作人员在一起工作，共同面临着业绩压力、利益分配等方面的考验，利害冲突、意见分歧在所难免，要坚持互利、互惠、共荣、共赢，做到名利无大欲、宠辱不太惊的心态。要主动配合他人。在工作之中，遇到工作忙不过来时，能够相互之间主动帮忙，遇到出了差错时，要及时拉拉袖子提醒，有了临时性的工作，能够积极靠前，争任务、抢着干，确保工作不出现纰漏，展示出认真配合可以共事、积极配合可以交友、主动配合可以赢得尊重的状态。

中国特色社会主义进入新时代，社会发展变革步伐加快，以往的经验或做法可能无法适用于新形势、新条件，应对挑战的压力也随之增加。党的实践证明，团结出凝聚力、出战斗力、出生产力，面对机遇挑战并存的复杂环境，团结协作是组织破解难题的重要途径，凝组织之力，聚众人之智，从而高效实现业务突破。而精益求精更是考验人员面对重压之下，能否保持对工作质量的追求，坚持对自我的提升。通过学习，可以把握总体要求，立足本职岗位，拓展思维路径，提升组织水平，为企业实现高质量发展贡献力量。

3.3.2 油品销售板块传承弘扬新时代石油精神和石化传统的主要做法及典型案例

1998 年 7 月，党中央、国务院批准中国石油和中国石化两大集团公司组建方案，将国内油田、炼化企业及省地县石油销售企业重组为石油石化两大集团公司。这是新中国成立以来规模最大的一次国有资产重组，是我国石油石化工业发展史上一个新的里程碑，为加快培育国际竞争力奠定了体制基础。从那时开始，分布各省地县的石油销售企业，逐步加入中国石化大家庭。各地的销售企业，经历了从计划经济体制下强调保障供应、稳定市场秩序到市场经济条件下注重竞争和效益意识的转变，成品油经营也由严格的计划管理逐步实行开放经营、配置管理。

在加快市场化进程中，销售企业十分注重精神的传承和文化的融合，与其他板块和企业始终保持血脉相连、情感相依，不断用石油精神和石化传统塑造销售员工的信仰、信念和信心，石油精神和石化传统也成为油品销售战线在新时代和变革期迎接挑战、攻坚克难、夺取胜利的强大精神力量。

（1）提高站位，悟使命、担新责

虽然石油精神和石化传统发端于上游、中游，但销售企业因为处在大浪淘沙的市场竞争中，更加直接地承担着市场保供、为民服务、国企发展的职责和压力。他们牢记“国之大者”，把国家利益、企业利益放在第一位，不怕苦、敢吃苦、能吃苦，以顽强的意志正视困难、战胜困难，为石化振兴、国家富强不断作出新贡献，用行动践行着石油精神和石化传统。

一是以石油精神和石化传统悟使命、勇奋进。悟使命，首要是千方百计稳定油品供应。销售企业作为油品市场供应的主渠道，是支撑地方经济发展的重要力量，保证油品的稳定供应，体现着销售企业最重要的使命担当。在国际油价高企、国内成品油价格严重倒挂时期，积极落实增供措施，为减缓高油价对我国经济冲击作出了贡献。“三夏”“三秋”时节，主动将支农油品送到田间地头。面对98抗洪、南方冰冻、汶川地震、玉树地震等重大灾害，做到抢险设备开到哪里、汽柴油就供到哪里。面对2008奥运会、2022冬奥会、国庆阅兵等重大活动，全力保供、确保顺利。尤其是面对新中国成立以来传播速度最快、感染范围最广、防控难度最大的新冠疫情，扛起油气保供政治责任，坚持“国家需要什么就生产什么，人民期待什么就奉献什么”，向公众承诺“油品不断供，商品不涨价，服务不打烊”；对应急救援、物资运输、医护抢救等车辆提供“三免三优”服务，带头开展跨专业、跨企业、跨行业、跨产业的口罩增产大协作，在大战大考中发挥中央企业的“国家队”“顶梁柱”作用。

悟使命，就是不断完善能源和民生服务网络。加油站网点是销售企业的“饭碗工程”，也是履行三大核心职责、承担央企使命的“生命工程”。经过多年的不断优化完善，统一靓丽的中国石化“红帽子”遍布大小城乡，无论是在荒凉边远的山区、鲜有人烟的海岛，还是在车水马龙的城市中心、四通八达的高速公路上，中国石化加油站一直默默守候。截至2020年底，已经形成了遍布全国31个省（区、市）、拥有3万多座加油（气）站的庞大服务网络，成为全国最大、最完善的加油（气）站和便利店网络。此外，2007年以来销售企业全面启动非油业务改革，构建起“易捷”品牌和服务新业态，还培育出卓玛泉、鸥露纸、赖茅等自有品牌商品，门店数量从2008年的5000余座增长到2020年末的2.78万座，成为国内门店数量最多的连锁便利店服务网络。

悟使命，就是当好绿色发展的引领者。销售企业积极响应集团公司“逐步实现化石能源清洁化、洁净能源规模化、生产过程低碳化，使绿色洁净成为公司的鲜明底色”的要求，紧盯窗口期，找准突破点，打造安全绿色核心竞争力。坚持生态优先、绿色发展，向“净零排放”迈进，为客户提供安全、绿色、洁净的商品和环境。深入实施绿色企业行动计划，创建绿色示范基层，打造绿色油库，以更大力度落实降碳举措，在节能减排、绿色发展方面下更大功夫，打造绿色竞争力、绿色引领力。打造“碳中和”加油站，研究"净零排放库站"的技术路线和经济性，加快推进低碳化进程和环保科技创新应用，当绿色发展的引领者、践行者。

二是以石油精神和石化传统学新知、担新责。新时代新常态下，面对新能源的挑战、市场竞争的挑战、数字化转型的挑战、绿色革命的挑战，销售企业一直坚持传承石油精神、弘扬石化传统，紧抓新能源发展、数字化转型、绿色低碳发展的宝贵战略机遇期。

担新责，就是率先探索数字化转型。数字化转型是世界经济发展新动力、是国家做出的重大战略部署、是我国石化产业升级发展的必然选择、是中国石化高质量发展的必由之路。在新冠疫情期间，销售企业在加油站广泛推广的"一键到车""一键到家"等业务，赢得大众好评。多年来，销售企业不断推动数字化转型，坚持打造技术先导型公司，发挥"大兵团作战"优势，推动互联网、大数据、人工智能、区块链等先进技术的应用，加大在零售、外采、直分销、非油品、物流等方面的数字化应用，全面促进经营管理、生产营运、客户服务的数字化转型，打造智慧加油站和智慧油库。

广东石油、浙江石油等分公司都是销售企业数字化转型的"先行者"。他们发挥区位优势，依托互联网、云计算、移动支付、视觉识别等信息化技术，以加油站"支付革命"为突破口，构建了集智慧营销、导航、识别、支付、管理、服务六大板块 18 项功能于一体的智慧加油站体系，加油站营销和服务水平得到全面提升，员工工作效率得到进一步提高。

面向消费者的数字化转型是从加油站的"支付革命"开始的。2016 年 11 月，广东石油在系统内首家推广微信支付，掀起"支付革命"序幕，随着转型发展的深入开展，还陆续开通了加油闪付、加油简付、自助支付、扫码支付、电子钱包等 10 多种新支付手段，车主无须下车、一键支付，就可以享受高效便捷的消费新体验。2019 年，广东石油针对油库手工操作较多、作业流程复杂、数据共享程度不高、本质安全有欠账等问题，开始推动智能油库建设，编写了国内首家企业标准《智能化油库建设标准》，希望能对标国际先进打造智能油库，整合自控系统和业务平台，实现智能化的流程调度、发油调度、安全监测和消防控制，提升油库本质安全水平和工作效率。在数据应用上，组建了全行业首家大数据应用中心，上线零售大数据驾驶舱，推广电子发票，推进大数据深度应用，为经营和管理决策提供大数据服务支持。他们通过“总部公有云 + 企业私有云”两个云平台部署，进行了管理报表、远程监管、加油站管理、便利店管理、加油广东 App 等 14 个系统与总部信息系统的集成；自行开发零售销售决策系统、非油品辅助管理系统、门店督导系统等 8 个系统。浙江石油、江苏石油也坚持以客户为中心，不断提升服务水平和客户体验，整合全国客户及营销资源，全面宣传推广“加油中石化”App 和小程序，打造全国统一的会员体系。

担新责，就是加快推动“油气氢电服”综合能源服务商。销售企业运用多年积累下来的网络、客户、品牌、一体化等优势，继续巩固扩大成品油销售规模，在危机中育先机，于变局中开新局，加快向“油气氢电服”综合能源服务商转型升级。“十四五”期间，规划建设 1000 座加氢站或油氢合建站、5000 座充换电站、7000 座分布式光伏发电站点。截至 2021 年底，广东石油在广州、佛山、东莞等地建成 9 座油氢合建站，初步形成环珠三角氢能续航保供网络，年加氢量达到 300 吨；建成华南区首座氢气质量分析实验室，为实现“每一克氢都是承诺”奠定了技术基础。

（2）思想奠基，打造精神高地

销售企业不断深挖新时代石油精神和石化传统的内核，以追求精神共鸣为目标，开展多种形式的思想教育。通过召开党委理论学习中心组学习、三会一课等，研读学习并联系实际，抚今追昔、畅谈感想，利用党群活动室、党群活动展板宣传展示员工的学习情况，广泛发动员工撰写心得体会；发放《中国石油化工发展历程简明读本》《中国特色新型工业化道路的探索》《大庆精神》等书籍，让员工更加系统、全面地了解中国石化的发展历史和巨大成就，提升自信心和自豪感。开展“感恩、忠诚、担当、奉献——我们在行动”等主题活动，号召员工团结一心、心怀感恩、爱岗敬业、担当奉献；开展“我为祖国献石油”“助力地方经济高速发展”“我是卖油郎我自豪”等系列活动；为确保油品市场供应稳定、建设一流公司贡献力量。

加强多种形式的形势任务教育，让销售员工深入了解迅速变化的油品市场，感受不断加快的市场化进程，不断增强市场意识、效益意识、竞争意识，调动积极性和市场竞争力。选调老干部、老销售、老专家、老教师、老劳模组成讲师团，分片开展“传承石油精神基因”专题教育，回忆峥嵘岁月，讲述创业艰辛，对青年员工进行思想上的洗礼；组织“新老员工话历史”，邀请老干部谈历史、谈感受、撰写回忆录等，让年轻人学习；不定期组织新型站库的现场参观，让老石油石化人知晓新时代销售企业发展的新面貌、新成就。扎实组织石油精神和石化传统再教育，认真开展“在优良传统上我们丢掉了什么，对比先进我们缺少什么”讨论，深入学习陈俊武等先进典型身上苦干实干、“三老四严”、求真务实、精细严谨的过硬作风，切实进行一次思想洗礼，重整行装再出发。同时，组织“‘油气氢电服’综合能源服务商转型之路在哪里？转型之后靠什么赢得市场竞争？”等高峰论坛和内外大讨论，开新局、拓新知。组织连锁店运营、便利店常务、百货营销技能培训以及加氢站站长培训，加快知识结构更新。持续完善“互联网 + 加油站 + 便利店 + 第三方”新商业模式，打造“人、车、生活”高价值生态圈。持续推动数字化转型，发挥“大兵团作战”优势，组织学习互联网、大数据、人工智能、区块链等先进技术的应用，加大在零售、外采、直分销、非油品、物流等方面的数字化应用，全面促进经营管理、生产营运、客户服务的数字化转型，打造智慧加油站和智慧油库。

（3）深度融合，融入日常潜移默化

与生产经营、中心工作深度融合。以做思想工作的方法、文化潜移默化的特点，从底层入手，扎实稳固地提升经营管理，检验改革发展。与时代特征、企业实际深度融合。分领导干部、管理人员、基层员工三个层面完善石油精神和石化传统思想教育机制，提升干部做思想工作水平。与企业文化深度融合，深化管理为经营服务、机关为基层服务作风，加强典型选树，培育廉洁文化，打造风清气正的政治生态。与全面提升队伍素质深度融合。进入 21 世纪，随着加油站网络逐渐从单一加油功能变身为能源种类多、服务功能齐全快捷的综合能源站和服务驿站，销售企业的员工也面临着从“卖油郎”到“多面手”的加快升级，不仅理念要升级，知识更要加速更新。面对

新任务、新常态，他们结合实际开展形势任务教育和能力提升，动员员工投身“二次创业”，努力构建“油气非氦电氢”协同发展格局。

（4）标杆带动，用典型力量鼓舞人

大力度挖掘典型，多层次选树典型。以学习习近平总书记致大庆油田发现 60 周年的贺信、到胜利油田调研时的讲话为契机，深入宣传学习王进喜同志的先进事迹，在回顾艰苦创业历程中深入学习老一辈石油石化人顽强的意志、高昂的斗志、高尚的品质。持续深入选树各类国家级、省部级典型劳模，激励带动干部员工涵养家国情怀、砥砺奋斗精神、塑造人格品行。深入挖掘“感动石化”人物、劳模工匠、“最美奋斗者”等先进人物身上所体现的石油精神和石化传统特质，通过多种方式讲好先进典型故事，发挥好示范引领作用。积极发现、深度发掘本单位苦干实干、精细严谨的先进典型，把石油精神和石化传统具体化、形象化，用身边先进典型影响人、带动人。

多角度地宣传典型，让典型人格化。以新闻宣传工作为载体，结合员工思想工作动态实际，将集团公司企业形势任务教育、企业文化建设等要求紧密融合，培育“过得硬、立得住、叫得响”的多层次先进典型，开展“每周一星”展播、“优秀典型视频滚动播放”“身边的榜样”先进巡回演讲活动等，营造比学赶帮超的良好氛围，发挥先进典型的示范引领作用。积极参加“感动石化”人物选树宣传，江苏石油扬州分公司正谊加油站站长王文清，新疆石油塔河桥加油站站长穆合塔尔·沙吾提，山东烟台石油长岛第四加油站站长王忠英，湖北襄阳石油谷城县镇南加油站员工杨玉琳，广西梧州石油零管部督察队队长李金兰，湖北荆门石油原党委委员、副经理陈鹏龙，云南石油巴斯巴加油站站长赵甸生以及江苏石油南京湖西街加油站，广东石油佛山南海一支部，都是在实践工作中践行着石油精神和石化传统、具有鲜明销售特点的“感动石化”人物（集体）。

（5）创新载体，精心品牌化运作

打造精品文化工程、打造教育阵地。开展石化传统和爱国爱企教育，组织员工就近参观教育基地、企业展览馆、重点工程现场等，缅怀老一辈石油石化人的艰苦创业历程，学习他们的艰苦奋斗精神，经受思想洗礼，提升思想境界。采用歌咏、展览、故事会等喜闻乐见的方式，宣传老一辈石油石化人的艰苦创业精神，引导干部员工立足岗位自觉践行。

打造红色教育基地。1946 年 6 月 1 日，国民党政府资源委员会在上海成立了中国石油公司（江西中路 121 ~ 131 号），这是所谓的第一家国营石油公司。它于 1948 年在南苏州路 198 号（四川路桥堍）建立中国第一个国营加油站。这座国营加油站占地面积约 470 平方米，有 2 台电动泵、1 台顶车机和 1 个 2000 加仑的地下油罐，还打出了以火炬为商标的“国光”牌煤油。但它营业量只占上海市场总量的 11%。解放后，该加油站经过改造成为使用至今的“第一加油站”。经历数轮改造，上海石油“第一加油站”见证了销售企业服务管理模式的转型之路，记载着石油石化人兢兢业业，无私奉献的创业征程。上海石油深挖“最美第一加油站”文化项目内涵，巧妙融入周边公共景观空间和城市整体形象，通过公众开放日、党团联建、“四史”教育、线上直播等提升曝光率，并携手地方党群服务中心，承办“学雷锋”“妇女节”，组织“学习社”“植树节”“环境日”“社交沙龙”“唱响苏河”等活动，2021 年挂牌上海市“党员现场教育教学点”，将近代石油工业发展史、中国石化发展史和老一辈石油石化人的精神向社会各界传递。广东石油历史文化展厅设在广州市百年历史文物的老仓库里，经过精心打造，于 2020 年广东石油创立 70 周年之际建设完成，还光荣入选中国石化“十大红色教育基地”，同时也入选了中央企业红色资源网上展览。里面展出了 300 多份历史文件、800 多张历史照片、80 多件实物，并辅以多媒体展示、互动展示等方式，集中展示了广东石油 70 多年砥砺前行的历史。2021 年，展馆所在的龙唛仓被国家评为第五批工业遗产，这是中国石化 4 个获批项目之一，也是销售企业唯一获批项目。河北石油“我们的企业”历史博览厅占地面积 1600 平方米，分为 7 个展厅，收藏不同历史时期的实物和图片资料，生动再现了河北石油不平凡的发展历程。在建设历史博览厅的基础上，河北石油还编纂出版了《河北石油公司图志》，以图记史，在图片之间用精少的文字加以概述、串联和说明，有图片 1027 幅、文献 282 幅、图表 204 幅。浙江石油“红 + 绿”红色教育基地由“红色传承站”（嘉兴大德路加油站）和绿色转型站（嘉善善通加油加氢站）“两站一线”组成，从嘉兴南湖“百年红船”起航传承走向“绿色能源”接续展望，展现销售企业敢为人先、与时俱进、主动引领的石油精神和石化传统。

品牌化运作，延伸石油精神。连续10年的“情暖驿站·满爱回家”大型公益活动，累计服务超过420万返乡“摩骑”和近5000万春节出行人员；遍布全国的“爱心加油站·环卫驿站”和“司机之家”，为一线环卫工人和广大司机提供了工余休憩的港湾。2021年9月启动“百城万站·卓越服务”劳动竞赛，整合“司机之家”“爱心驿站”公益品牌，推出具有中国石化特色的“2+7+X”服务标准。“十四五”期间，销售企业还将建设5000座“司机之家”、8000座“爱心驿站”。广大加油员、易捷店员，为来往车主提供无微不至的关心，尤其是危急时刻的抢险灭火、挺身而出、见义勇为，更体现出石油石化行业劳动者不一样的精神传承和担当。

3.4 科学研究板块

3.4.1 新时代石化科技的石油精神和石化传统的主要特征

中国石油化学工业是在炼油工业基础上逐步发展壮大的，而炼油工业与石油工业的兴起和发展密不可分。在长期严峻的国际封锁和艰苦环境中，我国石油科技工作者在党的领导下，同全国人民一起自力更生、艰苦创业，创新了中国石油技术、炼油技术和石油化工科学技术，使我国在这一领域的科学技术跻身于世界先进水平。中国石油石化科学技术，包括石油地质、勘探、开采，储运、炼油和石化工业的基础研究、应用研究、工程研究开发、产品开发、工程设计建设以及能源经济、情报研究诸领域。在特殊的历史条件下和特殊的环境中，我国在石油工业发展中形成了以“三老四严”、苦干实干为核心的大庆精神和石油精神。这种精神也深深渗透在中国炼油技术以及石油石化科学技术发展过程中，彰显出鲜明的“家国情怀、求真务实、精细严谨”的石化传统特征。这种石油精神和石化传统集中体现为中国石化科技工作者的集体品格：忠诚爱国、信念坚定、矢志不渝、振兴石化的产业报国精神；勇于超越、大胆探索、敢为人先、引领未来的自主创新精神；深入实际、实事求是、尊崇科学、精益求精的严谨治学精神；胸怀坦荡、平易近人、淡泊名利、甘为人梯的乐于奉献精神。侯祥麟、闵恩泽、陈俊武等石油化工科技先进人物成为行业和全国学习的先进典型，他们的优秀品质、人生风范成为石油精神和石化传统的鲜活教材。

（1）忠诚爱国、信念坚定、矢志不渝、振兴石化的产业报国精神

石油是国家工业化的血液，石油化学工业是一个国家国民经济的基础产业和支柱产业。新中国成立初期，中国还是个贫油国，每年 60% 的石油需要进口，而且面临着严酷的外部封锁，严重匮乏的石油卡住了年轻共和国的脖子。在炼油技术和炼油工业几乎一片空白的条件下，我国炼油和石化科技工作者开发人造油煤化工技术和军工急需的石油化工技术，满足新中国经济恢复和发展的急需。全体石油人清醒认识到“这困难那困难，国家缺油是最大的困难；这矛盾那矛盾，国家缺油是最大的矛盾”，以“一定要把中国‘贫油’的帽子甩到太平洋里去”的坚定信念，创新石油地质理论，指导勘探开采实践，1959 年高速度、高水平拿下大庆油田，开辟了中国石油工业新纪元，结束了依赖“洋油”的历史。在发现大庆油田后，我国炼油和石化科技工作者立即转入炼油新技术革命，集中各方面的技术力量独立自主开发被称为“五朵金花”的炼油新工艺新技术，流化催化裂化、铂重整、延迟焦化、尿素脱蜡及相关的催化剂、添加剂等现代炼油技术的开发奠定了中国现代炼油工业的基础，为石油化工工业的大规模发展和进步创造了条件，今天我国已经成为炼油技术强国、石油化工大国。21 世纪重大的技术革命和新能源革命方兴未艾，全球能源转型为炼油和石油化工行业带来了严峻挑战。中国石油石化工业及其科技工作者不忘初心、牢记使命，勇于迎接挑战，实现自身的转型发展，坚定屹立于百年之大变局敢于与强手博弈，成为维护国家能源战略安全的主要战略力量，为实现中华民族伟大复兴宏伟目标提供重要战略支撑。

（2）勇于超越、大胆探索、敢为人先、引领未来的自主创新精神

基础理论研究的突破，往往带来产业的发展，应用基础研究的突破带来工程技术和产品技术开发的进步和产业发展。我国石油工业是在打破中国贫油论的理论困境之后，创立陆相生油理论，找油重点战略东移，终于在20世纪50年代末松辽盆地发现特大型油田——大庆油田。原油产自白垩系陆相储层，油源岩也由陆相湖泊沉积物形成，厚度达1000米以上，油田规模约1000平方公里，大庆油田从规模开发以后，年产量稳定在5000万吨达几十年。这一重大突破不仅是勘探实践上的重大进展，更重要的是对石油地质学的极大丰富和完善，甩掉了“中国贫油”的帽子，而且表明了依靠对陆相地层的研究可以发展中国的石油工业。海相深层碳酸盐岩天然气成藏机理与富集理论，实现了中国海相勘探理论和实践的重大突破，有力推动了海相碳酸盐岩领域的科技进步，成功地指导了中国南方海相深层、超深层海相碳酸盐岩油气勘探和生产实践，发现了普光、元坝等多个大型和特大型天然气气田，为国家重大工程“川气东送”提供了扎实资源基础。五朵金花炼油和石油化工新技术革命为中国炼油工业和石油化工工业的发展奠定了坚实的基础，为国民经济发展输送了血液和活力。21世纪以来，中国能源替代科学技术的知识创新和技术突破带来氢能、风能、太阳能、生物能、新型煤化工等新兴产业的迅速发展。以生产洁净能源和可替代石油化工的产品为主，如柴油、汽油、航空煤油、液化石油气、乙烯原料、聚丙烯原料、替代燃料（甲醇、二甲醚）等，它与能源、化工技术结合，可形成煤炭——能源化工一体化的新兴产业。煤炭能源化工产业在中国能源的可持续利用中扮演重要的角色，对于中国减轻燃煤造成的环境污染、降低中国对进口石油的依赖均有着重大意义；氢能、风能、太阳能、生物能产业也将成为前景广阔的绿色新能源产业。中国石油石化科技工作者一再自主创新、大胆探索，以创新带动创业，以创新引领未来，不断破解企业、产业、行业和专业发展困局，为国家和人民创造财富。创新是民族进步的灵魂，是一个国家兴旺发达的不竭源泉，也是产业和企业基业长青、市场不败的根本保证。习近平总书记指出，抓创新就是抓发展，谋创新就是谋未来。在百年未有之大变局中，中国

石油化工科技工作者仍需要不断突破局限、挑战自我，敢于和善于创新，为实现中华民族的伟大复兴作出新的贡献。

（3）深入实际、实事求是、尊崇科学、精益求精的严谨治学精神

科学的态度、科学的精神就是老老实实、说老实话、办老实事、做老实人的大庆精神，就是实事求是，一切从实际出发、按客观规律办事的思想路线，就是不务虚名，不求私利，敢于开展批评和自我批评、纠正错误，甘于为人民服务、为国家谋富强的品德和作风。石油石化先进科技工作者在科技工作中秉持大庆精神大庆作风，形成了精细严谨、精益求精、追求真知、不图虚名的科研作风。这种作风和科学精神的养成，使他们几十年来能够战胜偏离科学精神的任何形式主义、官僚主义的浮夸高压和偏激运动的诱惑和干扰，安静平静地做科研、踏踏实实出成果，结结实实、一步一个脚印促进科技进步和石油石化工业的发展。在科学研究和经济建设中，必须“用数据说话”。每一个数字，每一个预测，每一种分析，要求必须数据精确、论据充分、材料可靠，搞科学不能有一点疏忽，“基本”怎么样、“差不多”这都是不行的，要搞就必须 100% 准确。每一个数据、每一个结论拿出去，一定要经得起时间和历史的检验。

面对传统能源转型和新技术革命，面临科技脱钩的新冷战风险和碳减排、碳达峰、碳中和的历史任务，在新时代我们石化科技工作者应该保持和发扬深入实际、实事求是、尊崇科学、精益求精的严谨治学精神，弘扬“家国情怀、求真务实、精细严谨”的石化传统，敢于理论创新、技术创新、管理创新、思想创新，超越自我，同时“要脚踏实地、真抓实干，敢于担当责任，勇于直面矛盾，善于解决问题，努力创造经得起实践、人民、历史检验的实绩”。

（4）胸怀坦荡、平易近人、淡泊名利、甘为人梯的乐于奉献精神

几十年来，石油石化科技工作者和石化人团结奋斗、乐于奉献、淡泊名利，既是工人阶级一部分又融入职工群众、依靠职工群众，从基层和群众中汲取经验、信心和力量，集中智慧，又利用先进知识技术、先进思想培训职工、教育职工，提高整个职工队伍的技术水平和科技素养。单位之间为了国

家富强的共同目标，搞社会主义的大协作，提高了相互信任和默契协作的效率。侯祥麟、闵恩泽、陈俊武等先进科技工作者著书育人，甘为人梯和铺路石，培养青年科技攻关队伍，带领团队攻坚克难，完成一项又一项重大科研攻关任务，创新一项又一项重大科技成果。他们无私奉献自己的劳动报酬和奖励收入，分别设立以自己名字命名的科技奖励基金奖掖后学。他们知行合一、言行合一、平凡淡泊、谦虚低调、真实自然、严于律己、奋发进取的人生形象深深影响着中国石化科技工作者，成为石油化工科技工作者的优秀代表和时代楷模。中国石化科技工作者乐于奉献的精神品格在新时代成为石化企业以及整个行业的精神财富和不断进取的源泉。

3.4.2 传承弘扬新时代石油精神和石化传统的主要做法及典型案例

（1）坚持文化理念指引，展望民族复兴未来，扎深石油精神和石化传统之根

当今世界面临百年未有之大变局，中国更加接近实现中华民族伟大复兴的目标，前进道路上社会变革风起云涌，科学革命和技术进步日新月异，国际局势充满各种不确定性。科技创新在科研单位、企业和产业发展壮大中发挥着强大的引领和开拓未来之作用，石油石化科技工作者担负着中流砥柱的艰巨任务。因此，石油精神和石化传统，在新时代背景下更加凸显出重大的时代价值和社会生命力。石油精神和石化传统对我们建设新时代中国特色社会主义、进一步振兴石油化工、开辟未来能源产业具有很强的时代意义和借鉴作用。

石油石化行业是国民经济的基础型产业，更是一个国家发达程度的标志。新中国成立以来，我国石油石化行业在十分薄弱的基础上探索实践，开拓进取，目前中国石油石化企业已经持续多年跻身于世界500强前列，成为国家规模化、支柱性产业；以“爱我中华、振兴石化”为己任，培养和涌现了以侯祥麟、闵恩泽、陈俊武、林华等为代表的一支技术精湛、学养深厚、信仰坚定、作风过硬的科技人才队伍。正是有了这样一大批科学家、专家，

才实现了我们石油石化行业在多个技术和工业领域的“弯道超车”，使我国的经济发展、能源战略安全、民族尊严有了坚实可靠的保障。他们是我们行业的旗帜，他们的精神更是我们国家的宝贵财富。

石油精神和石化传统具有强劲的时代凝聚力。毛主席说：“人总是要点精神的。”习近平总书记强调：“文化自信是更基础、更广泛、更深厚的自信，是更基本、更深沉、更持久的力量。”开启未来时，认准来时路，方能不忘初心、牢记使命。总结、凝结、弘扬石油精神和石化传统，使之成为石油石化行业根深叶茂的企业文化和企业精神。企业文化根深叶茂，企业才能行稳致远，披枝散叶，兴旺发达。中国石油石化正在成为国际化企业，步入国际市场，不仅要在实施“一带一路”倡议中发挥生力军、主力军作用，而且要深入敌后，与狼共舞，在资本市场、资源市场、产品市场上翻江倒海博弈取胜。中国石油精神和石化传统的企业文化是一面鲜艳的旗帜。只有传承和创新中国企业文化和企业精神，赓续石油精神和石化传统的文化基因，才能吸引各种、各地甚至国际人才，才能建设一支靠得住、顶得上，站得稳、打得开，赢得国际竞争的科技人才队伍，才可以保障企业在任何环境条件下都能够基业长青、竞争不败。

石油精神和石化传统具有更广的物质转化力。石油石化科技及其产业发展史一再证明，石油精神和石化传统是我们石油石化行业长盛不衰的基因密码，它可以激发科技工作的想象力和创造力，可以保证在任何艰难困苦下有足以战胜困难夺取胜利的韧力和激情，可以创造变不可能为可能以至实现的科技奇迹。科学技术的每一点点突破都可以产生企业产业产品和巨大价值。过去如此，现在亦如是，未来也一样，精神可以变为物质的，完全可以说，只要拥有石油精神和石化传统，这种企业文化的巨大精神能量在未来可以转化为产业发展的巨量财富。

石油精神和石化传统具有更强的竞争软实力。石油精神和石化传统能够以更具整体性的形式展现石油行业的精神风貌，进一步增强社会公众对石油行业及石油行业精神特质的认知水平，进一步提升石油精神和石化传统的社会影响；在我国石油石化行业“走出去”的实践基础上，石油精神和石化传统也要探索“走出去”。这是一个重要课题，更是一个重要挑战，也是对国际市场的重要宣示。中国石油精神和石化传统将成为中国文化的软实力，对开拓国际市场、提升企业品牌价值和企业客户的忠诚度，提高市场博弈竞争力，具有十分重要的意义和作用。

（2）文化载体整体推进，铭记创业辉煌历史，树立石油精神和石化传统丰碑

老一辈科学家率先垂范，为传承石油精神和石化传统做出了榜样。中国石油石化工业从无到有、从小到大、从弱到强，一步一步赶上和超越国际先进技术水平，一代一代科学家和科技工作者为之奋斗，获得了一项又一项科技成果填补国家在这一领域的空白，逐渐金花烂漫，春色满园，成为共和国的骄傲和财富。老一辈科学家在攀登科学技术高峰临近老迈的时候，不约而同地开始著书立说、教书育人，在言传身教培养下一代科技工作者的同时，将中国石油技术、炼油技术和石油化工技术的科学技术成果集大成之作贡献于世。《中国炼油技术》《炼油技术新进展》《中国页岩油工业》《催化裂化工艺与工程》《工业催化之路的求索》《自主创新之路的探索》等科学技术专著，向石油石化学界及其工业界集中介绍了卓有特色的中国石油石化科学技术，也将中国石油石化科学技术发展道路及其特色、科学思想及其范式流传后代，在专业科学技术领域矗立了一座座科学技术的纪念碑和博物馆，不仅为石油石化后继学者了解和进入石油石化科学技术专业领域和中国道路提供了指南，也是中国石油精神和石化传统核心文化密码的专业解读。

老一辈科学家身体力行，为发扬光大石油精神和石化传统做出了无私贡献。中国石油石化科学家是石油石化科技工作者的先行者和典范，他们不仅率领石油石化科技工作者向石油石化科技顶峰攻关攀登，而且他们还无私奉献劳动报酬和奖励收入，分别设立以自己名字命名的科技奖励基金奖掖后学。他们不仅是科学攻关克难的英雄，而且是科学技术学界和教育界的慈善家和播火者。1990 年陈俊武院士将一次奖金 500 元全部捐给所在公司幼儿园，后来奖金数量增加，多次捐款为山区小学购书、捐款奖励救助山区困难民办教师、捐款救助孤儿上大学；1994 年陈俊武院士捐出中国石化总公司

颁发的贡献奖 4 万多元，设立青年优秀科技论文奖励基金；2016 年陈俊武院士将指导郑州大学能源研究的 18 万元报酬捐献，设立郑州大学研究生优秀论文奖励基金。侯祥麟院士更是为教育和科学技术事业发展出谋划策，参与创立全国自然科学基金，扶助基础理论研究，还大力提倡投入资金鼓励青年研究人员自主创新，自选科研题目。倡导中国科协成立振华基金后来改名为中国科技发展基金，重奖科技发明者，后来设立各种专项奖励基金，如詹天佑基金、周培源基金、茅以升基金、侯祥麟基金等，还设立国际象棋基金、中国科技馆基金等等。1996 年 10 月侯祥麟院士荣获“何梁何利基金科学与技术成就奖”，为培养石化高层次人才，他捐出 50 万元人民币设立侯祥麟基金。闵恩泽院士将获得的“何梁何利基金奖”捐出设立闵恩泽化学科技论文奖。他们慷慨解囊，无私奉献，捐款助教、奖掖后学，为推进石油石化科学技术进步和扶助教育做出了巨大的贡献，也为社会鼓励科技发展和教育事业进步带来新风。

老一辈先进科学家的院士传记成为石油精神和石化传统的典型教材。他们几十年来如一日平凡而伟大的高风亮节、磊落品格和感人魅力为企业、行业、石油石化界同行崇敬和全社会敬爱，为党和国家所推崇，被授予党和国家、行业各种荣誉称号，获得了国家和社会的多种奖励。在他们身上，集中体现了优秀的石油精神和石化传统。中国石油石化和中国科学院、中国工程院组织撰写侯祥麟个人自传《我与石油有缘》,《中国科学院、中国工程院院士闵恩泽传》和《中国科学院院士陈俊武传》，真实地再现了他们成长、学习、工作的光辉事迹，记述了和他们一起成长的中国石油石化科学技术进步及其工业发展的历程，是石油精神和石化传统的典范教材，能够给予石油石化职工、科技工作者和社会青少年人生启迪和智慧。

党中央和国务院以及中央宣传部、组织部、中科院、中国工程院以及中央电视台和其他新闻单位对老科学家典型的采访和宣传，也为宣传和推动学习石油精神和石化传统，创造了社会舞台、社会气氛和传播条件。如中央组织部授予陈俊武、侯祥麟全国优秀共产党员称号，授予闵恩泽、陈俊武五一全国劳动模范称号；中央宣传部授予陈俊武“时代楷模”和“最美奋斗者”

荣誉称号；中央电视台对侯祥麟的新闻专题采访节目、闵恩泽东方之子的新闻专题节目和对陈俊武的新闻专题采访节目，在全国曾经形成了向科学家先进人物学习的热潮。

石油精神和石化传统正在以活化文化、文物的形式在社会上存在、传播。大庆油田、胜利油田、普光油气田、抚顺第一套催化裂化装置等工业文化遗址以工业文化公园的形式，成为工业文旅胜地和红色文化革命教育基地。由国际天文协会命名的闵恩泽星、马永生星，在国际社会传播着催化化学家和石油地质勘探科学家的故事。全国和石油石化行业、企业开展向石油石化科学家楷模侯祥麟、闵恩泽、陈俊武精神学习的文化活动，在人民大会堂和全国各地各界蓬勃开展先进人物事迹演讲会之后，也以雕塑、展览馆、展览室、博物馆的形式固化为全国青少年教育基地和红色文化教育基地以及文旅项目基地。2022 年 5 月 30 日，中国石化闵恩泽院士纪念室暨石科院院士馆、中石化洛阳工程有限公司“榜样的力量——时代楷模陈俊武陈列室”入选 2022 年度科学家精神教育基地认定名单。

石油精神和石化传统以先进科学家人物人生故事为载体的影视文化作品，正在逐步成熟推出。2007 年 11 月，记述侯祥麟院士一生先进事迹的新闻电影专题片《战略科学家——侯祥麟》在全国政协礼堂首映，该片讲述了一位 90 多岁的老科技工作者、老共产党员的青春和爱情。该影片是一部反映时代主旋律的佳作，首先尝试以电影文化形式向全行业和社会传播石油精神和石化传统，被国家新闻出版广电总局列为 2007 年度重点影片，获得第 12 届中国电影华表奖优秀纪录片奖提名。

以影视文学和影视作品的形式把石油精神和石化传统作为文学形象和屏幕形象固定、沉淀和凝结为艺术作品，向全社会和国际社会受众推介，不论对于传承石油精神和石化传统，培育石油石化科技工作者和职工队伍，还是树立企业品牌形象和提升企业品牌价值，也不论对于开拓国际市场提高国际竞争软实力，还是支持中华民族的伟大复兴事业，都具有非常重要的作用和文化价值。尤其在与对美西方已经大量创作和创造了科学家文学和荧幕形象的国际文化竞争中，电影文学作品和影视作品更是显得迫切和重要。

（3）创造学习楷模环境，开展创新立功活动，续写石油精神和石化传统崭新篇章

石油石化科研设计单位为科技工作者创造展示才华的机制和环境，推出“闵恩泽青年科技人才奖”“传统教育日”“创新创效青年先行”主题实践等。深化向陈俊武、闵恩泽、林华等同志学习的活动，通过建立奖励及荣誉机制，进一步挖掘、宣传科研工作者同志身上体现优良传统的事迹；在“感动石化”人物、精神文明建设标兵等评选以及各单位组织的各类评先树优中，大力选树带头苦干实干、精细严谨求实、矢志创新创效的先进典型，尤其选树那些忠诚可靠、长期扎根一线、默默敬业奉献的“老黄牛”式典型，用身边人、身边事来教育人、引导人、激励人，营造见贤思齐、争当先进的浓厚氛围，让践行优良传统成为一种时尚。坚持把传承石油精神、弘扬石化传统与打造践行习近平新时代中国特色社会主义思想重要阵地结合起来，与党史学习教育结合起来，与实施世界领先发展方略结合起来，与完成全年生产经营任务结合起来，与提高党的建设质量结合起来，加强公司管理、转变发展方式、提升发展质量，全方位推进公司高质量发展。坚持以石油精神和石化传统引领高素质专业化干部人才队伍建设，以“政治本色不变、优良传统不丢、奋斗精神不减”为目标，从思想上把队伍带齐，从能力上把队伍带强，从作风上把队伍带正。充分发挥中国石化各单位展馆、展厅等爱国主义教育基地，以及工业遗产遗址、文化窗口等阵地作用，打造一批企业文化建设示范点，开展企业文化宣讲员比赛，用看得见、听得着的方式，让石油精神和石化传统鲜活起来，成为干部员工攻坚克难、干事创业、团结奋进的强大精神力量。

①搭建激励平台。

为激励更多的青年科技工作者开展创新，强化他们在科技创新中的主体地位，培养创新型人才，让石油石化传统能够发扬光大，老一辈科学家们拿出了毕生的积蓄为后来者搭建激励平台，对他们来说，只有不断地投入资金去激励年轻人，才能让中国的科学实力不断增强。

“闵恩泽青年科技人才奖”是中国石化为科研生产一线青年科技人才设

立的重要奖项，主要表彰以闵恩泽院士为榜样，在本职工作中作出积极贡献的青年科技人才，这个载体旨在弘扬尊重知识、尊重人才、崇尚科学的风尚，激发广大专业技术人员的创新创效创造活力，促进人才队伍整体建设。

闵恩泽作为中国科学院、中国工程院、第三世界科学院院士，是我国炼油催化应用科学的奠基者、石油化工技术自主创新的先行者、绿色化学的开拓者，也是 2007 年度国家最高科学技术奖获得者，“最美奋斗者”，感动中国 2007 年度人物，第一届感动石化人物。国家重托，欣然领命，成功研制国产小球硅铝催化剂。催化剂是现代炼油工艺的核心，被誉为石化工艺中的“芯片”，因此许多年来各国的催化剂生产技术高度保密。石油工业部高瞻远瞩，决定自力更生在兰州炼油厂建设自己的小球硅铝裂化催化剂厂，并为此成立了小球硅铝裂化催化剂会战指挥部。闵恩泽被任命为副总指挥。在闵恩泽的指导下，2008 年国家发展改革委核准了位于海南的中海油新能源生物能源化工有限公司 6 万吨 / 年国家级生物柴油工业示范装置。该示范装置于 2009 年 12 月下旬投料试车，产出工艺合格的生物柴油产品。为表彰闵恩泽毕生为科学事业所做的不朽贡献，早在 2010 年 9 月 23 日，国际小行星中心就发布公报，将第 30991 号小行星永久命名为“闵恩泽星”。

侯祥麟基金是在 1997 年，侯祥麟用所获得的何梁何利奖金和中国石化总公司、中国石油天然气总公司以及石油化工科学研究院的捐赠成立的，该奖每年颁发一次。1998 年 5 月，第一届侯祥麟基金奖颁奖大会在石油化工科学研究院举行，侯祥麟亲自向获奖者颁发了获奖荣誉证书和每人 20000 元人民币奖金。截至 2015 年 9 月，侯祥麟基金共颁发 7 次，共奖励 227 人。

侯祥麟是中国炼油技术的奠基人和石油化工技术的开拓者之一，组织领导和指导支持了大量科技攻关，为国家填补了石油石化领域的许多重大科技空白，解决了石油石化产业发展中的许多重大问题，提出了许多事关国家科技进步和长远发展的重要建议。

②搭建传承舞台。

“传统教育日”是北京化工研究院传承石油精神和石化传统的举措之一。为进一步弘扬老一辈科研工作者矢志不移、团结奋进、勇攀高峰的科研作风，用历史成就鼓舞人心，用优良传统锤炼作风，用初心使命激发干劲，北化院将 6 月 1 日定为“传统教育日”。“传统教育日”创建以来，北化院通过“忆传统、学劳模、创一流”主题报告会、“忆峥嵘、铭使命”主题“微党课”、林华同志塑像揭幕仪式、毛炳权院士捐赠仪式、首届“感动北化院”人物颁奖等形式引导广大员工进一步传承科学家精神，弘扬石油石化优良传统，不忘初心、牢记使命，为石化科研事业做出新贡献。

林华，中国工程院院士，我国石油化学工业开拓者之一。“七七”事变后，他积极投身抗日救亡运动，在延安创建了玻璃、耐酸陶瓷、耐火材料工业，获陕甘宁边区“甲等劳动英雄”称号，受到毛主席和朱总司令的亲切接见。解放后，他带领干部职工研制成功用于发射火箭的高能推进剂燃料，试制成功我国第一台气相色谱仪。1997 年 3 月 11 日，林华同志去世后，国家计委介绍他的生平时，评价他是中国共产党的优秀党员，忠诚的共产主义战士，我国化学工业的开拓者之一、著名化工专家。

林华同志是老一辈科学家的杰出代表，是科学家精神“爱国、求实、创新、奉献、协作”的践行者，是北化院企业精神“求真务实、艰苦奋斗、拼搏进取、实干奉献、崇尚科学、创新发展”的领航人。林华同志，无论在重大的历史关头，还是艰苦卓绝的斗争岁月，无论在社会主义建设时期，还是改革开放进程中，始终以党和人民的利益为重，保持旺盛的革命斗志和乐观主义情怀，无私无畏，为民族独立和人民解放忘我奋斗。

③搭建创新擂台。

石勘院创办“创新创效青年先行”主题实践活动以来，通过组建青年科技创新创业小组、青年科技创新创业基金、青年科技论坛、杰青、优青项目资助、创新创业大赛等形式，引导青年员工坚持走以科技进步、创新推动创效的道路，促进创效成果的共享、推广和应用，形成持续创新创效的工作机制，不断激发青年科技工作者的创新活力，提高创新创效水平，推动企业可持续发展。

一是青年科技创新创业小组。青年科技创新创业小组由 40 周岁以下科研人员组成，鼓励吸纳高校和外系统科研院所青年科研骨干，作为基础前瞻团队的预备队、特定领域的先锋队、创新创业项目的主力军。小组要以建设中国石化基业长青一流能源化工公司为目标，围绕相关领域，优选创新创业方向，调研、查新、实验、研讨、野外考察、现场试验等方式开展创新创业研究。

二是青年科技创新创业基金。石勘院设立青年科技创新创业基金，对青年科技创新创业小组开展科学研究进行资助，每个方向年度经费预算 5 万元，专款专用，违规使用者按相关规定处理并纳入诚信黑名单。

三是杰青、优青项目。经立项审查通过后，杰青项目年度科研经费 100 万元，每年资助 2 个；优青项目年度经费 60 万元，每年资助不超过 6 个。研究内容突出前瞻性、创新性。杰青、优青项目负责人要具备学术带头人的潜质，具有良好的科学道德、严谨求实的学术作风、较强的原始创新能力、良好的科研潜力，能够通过学科交叉解决研究中遇到的瓶颈问题。项目培育周期为一年，培育完成后，组织专家进行评估，对项目关键指标进行审查把关。对于成熟、适于实施的项目，纳入创新企业孵化器，按照市场化运营的原则进行推广实施，对于不成熟但符合中国石化发展战略的项目做进一步培育。

四是青年科技论坛。组织年度青年科技论坛，作为青年科技创新创业攻关的展示舞台，展示前期调研、查新、实验、研讨、野外考察、现场试验等取得的新进展、新认识，项目突出前瞻性、创新性、原创性。

五是创新创业大赛。组织年度创新创业大赛，青年科技创新创业小组的推荐科研项目和杰青、优青项目一并参赛。对优秀作品向集团公司青科赛推荐，并组织重点培育，其创新方向优先申报下一年度杰青、优青项目。

2018 年以来，石勘院青年科技工作者共完成了 11 个杰青项目、30 个杰青项目，在创新创业大赛中有 2 个项目获国资委熠星大赛优秀项目，3 名科技工作者在集团公司青年赛中表现卓越，成长为石勘院专家，他们平均年龄 34 岁。

（4）先进典型带动，未来使命引导，培育石油精神和石化传统的传人

从老一辈科研工作者康玉柱、陈俊武，到青年归国人员、第六届感动石

化人物邓尚，从石化上游到石化中下游典型辈出，充分发挥着带动引领示范作用。新时代应持续宣传闵恩泽、陈俊武同志等重要典型的先进事迹，激发干部员工内心深处的家国情怀，汇聚干事创业、勇往直前的磅礴力量。深化中国石化核心价值理念宣贯，使石油精神和石化传统成为公司广大干部员工的行为导向、道德方向和价值取向。以学习习近平总书记致大庆油田发现60周年的贺信为契机，深入宣传学习王进喜同志的先进事迹，在回顾艰苦创业历程中深入学习老一辈石油人顽强的意志、高昂的斗志、高尚的品质。以闵恩泽和陈俊武同志荣获"最美奋斗者"、陈俊武同志荣获"时代楷模"为契机，持续深入学习宣传闵恩泽和陈俊武同志先进事迹，激励带动干部员工涵养家国情怀、砥砺奋斗精神、塑造人格品行。深入挖掘"感动石化"人物、劳模工匠、"最美倒班工人"等先进人物身上所体现的石油精神和石化传统特质，通过多种方式讲好先进典型故事，发挥好示范引领作用。

①颂老一辈典型，忆石油精神和石化传统。

1978年，中国大地上迎来了改革开放，随之而来，科技界也迎来了科学的春天，彼时的康玉柱是地质部第一普查勘探大队的一名石油勘探队员，在祖国的西北大漠风沙中挥洒着青春与汗水。

1980年初，主要地震队被安排在塔北沙雅隆起作区域大剖面和开展1:20万重力普查。为加快勘探进程，康玉柱主持先在塔河南跃进一号重力高点上部署了跃参1井。随后，借助这一发现，人们打开了认识塔东北地区油气前景广阔的大门，坚定了在该区找油的信心和决心。经过一年多勘探，在沙雅隆起通过地震发现了雅克拉古潜山构造，经过加密地测线圈定了构造高点。1983年8月，康玉柱主持在雅克拉古潜山构造上部署了沙参2井（帚状构造带，位置十分有利）。1983年8月12日，沙参2井正式开钻。

1984年8月中旬，该井打到5363.5米，见到了古潜山风化面，并取得少量白云岩岩芯，但未见油气显示。同时，还发生严重井漏，漏失1000多立方米泥浆。当时，钻井工程领导等提出要求停钻完井；康玉柱了解情况后，认为这是一件大事！他组织召开了讨论会，并请局党委书记徐生道和副局长骞振斌参加了会议。会上在要不要加深的关键问题上，康玉柱提出：决不能停钻！至少再打 100 米。这个意见得到了参会人员与领导的支持，决定加深钻井！1984 年 9 月 22 日，沙参 2 井只加深了 28 米，即 5391.18 米，就发现强烈井喷，喜获高产油气流，日产油 1000 立方米、天然气 200 万立方米，实现中国古生代海相开天辟地的油气首次重大突破。

沙参 2 井油气突破对我国石油工业具有重大意义，实现了我国古生界海相碳酸盐岩油气田首次重大突破，成为我国油气勘探史上一个重要里程碑，开辟了中国古生代海相油气勘探新纪元，甩掉了中国古生代海相无油气的帽子，是塔里木油气勘探新转折，为我国石油工业“稳定东部、发展西部”战略方针的确定提供了重要科学依据，拉开了塔里木盆地油气勘探大会战的序幕，才有了当前油气勘探翻天覆地的大好局面。

1993 年，康玉柱获李四光地质科学奖。2005 年，他当选为中国工程院院士。如今，年过耄耋的康院士，是中国石化科学技术委员会资深委员，尽管年事已高，但他依然在为中国油气勘探事业奉献着自己的力量。

②唱响时代楷模，传承石油精神和石化传统。

陈俊武是中国科学院院士，我国炼油工程技术专家、催化裂化工程技术奠基人、现代煤化工工程技术专家，“时代楷模”“最美奋斗者”，主持设计的项目多次荣获国家科技进步奖一等奖、全国优秀设计金奖，第四届感动石化人物。1961 年冬，石油工业部决定抽调科研、设计、制造、基建和生产等方面的骨干力量，自力更生开展流化催化裂化、铂重整、延迟焦化、尿素脱蜡及有关催化剂、添加剂等 5 项炼油工艺新技术攻关，尽快改变我国炼油工业技术落后的面貌。34 岁的陈俊武，受命担任我国第一套流化催化裂化装置的设计师。经过 4 年多的艰苦攻关，1965 年 5 月 5 日，这套由中国自主开发、自行设计、自行施工安装的催化裂化装置一次投产成功，基本结束中国依赖进口汽油、柴油的被动局面，被誉为新中国炼油工业的第一朵“金花”。从那天起，陈俊武多了一个称号：中国催化裂化工程技术的奠基人。此后，陈俊武又主持过上百套炼油装置的设计，开创了催化裂化工业实践的新理论、新方法。正是在陈俊武等几代人一步一个脚印的共同努力下，今天，我国的炼油加工能力已处于世界第二位，70% 的汽油和 30% 的柴油均通过催化裂化工艺技术生产而成，成为世界上不折不扣的催化裂化强国。从2011年开始，陈俊武与同事合作连续发表9篇关于中国碳减排战略研究的相关论文，并历时3年写就24万字的《中国中长期碳减排战略目标研究》专著，在2011年就提出“中国的碳排放峰值年是2030年，碳排放峰值为110亿吨，最好控制在100亿吨”的建议，与国家2014年正式向国际社会承诺的数值高度契合。

③选青年领军，传承石油精神和石化传统。

集团公司聚丙烯领域的领军专家、中国石化科技功勋获得者夏先知，带领团队苦心钻研球形聚丙烯催化剂技术，突破国外技术封锁，致力自主研发，发现了具有全新组成的新球形载体材料并成功应用于催化剂开发生产中，掌握了催化剂研发的主动权，为我国聚丙烯催化剂事业在国际舞台上争得一席之地。

20多年前，我国引进聚丙烯装置不久，配套使用的球形催化剂只能靠进口，价格昂贵。为了填补行业空白，1989年北京化工研究院集中科研力量，着力开发具有自主知识产权的高效球形催化剂。作为球形DQ催化剂项目的主要负责人，夏先知主持部分实验室研究、催化剂中试、工业放大、催化剂工业应用试验等工作。“我们手里只有人家公开申请的实验室规模的专利，要想研发国产催化剂，放大实现工业化生产，只能摸着石头过河”。

在中试放大过程中，以往的干燥方式容易导致球形催化剂破碎结块，影响催化剂性能。为了解决这一问题，夏先知和同事到南方走访，找寻新设备。他们四处打探一个月，走访江苏5家设备厂商，终于在无锡一家设备厂，发现了用来干燥其他化工物料的震动干燥设备。经多次调试设备参数，并和厂家商定设备的改造，最终解决了球形催化剂干燥时易碎的难题。

中试放大过程早期，球形催化剂聚合时会产生三分之一甚至一半的瘪球，这让夏先知十分着急，受当时科研条件限制，没办法实时跟踪载体形态，该怎么办？面对有限的工艺条件，夏先知没有退却，而是把所有时间和精力都投入工艺摸索中。物料浓度、温度、工艺程序……那么多试验参数，他都精心组织进行研究，用5个月时间解决了活性组分负载有关问题。1998

年国产球形催化剂实现工业化生产，并于 2003 年获得国家发明二等奖。

面对近年来球形催化剂工业化过程中受到限制、市场无法扩大的局面，夏先知暗下决心，要从跟踪式创新跨越到原始创新："我们不能再模仿别人，不能采取别人的技术路线，一定要形成属于自己的球形催化剂体系。"他认为，N 催化剂和球形催化剂各有优势，且不能相互替代，如果能把这两个催化剂结合起来，将是一个非常好的催化剂。为了不影响研究院常规科研进度，夏先知将这个大胆的设想埋在心底，利用空闲时间反复琢磨。"这个想法我酝酿了好几年，才交给我的一个在职研究生去做。"在夏先知的指导下，学生李威莅把 N 催化剂的一些原料和手段应用在球形催化剂上，找寻结合点。

在 2009 年一次制备试验中，一个意想不到的化学反应发生了，并且生成了一种全新的化学物质。"那时候不敢确认，我们反复做了好多次试验才确定结构"。项目组用各种方法去表征它的结构，经过反复验证，推导出化学反应机理，确定了新化学物质的结构，并把它用作为催化剂载体，进行性能验证。历经近 5 年攻关，一个全新组成和结构的球形载体材料终于诞生。制备技术获得欧美和日本专利授权，荣获中国石化前瞻性基础性研究科学奖二等奖。

30 多年来，夏先知在聚丙烯催化剂的研究开发中，按照"应用一代、开发一代、探索一代"的思路，主持开发了先进的载体制备技术、复合给电子体应用技术、超高活性催化剂制备技术等，DQ、DQC、NDQ、HA、HR 等多种聚丙烯催化剂实现产业化、系列化，顶替进口，在国内外得到广泛应用，对树脂新牌号的开发起到一定的引领作用。

④树科研巾帼，传承石油精神和石化传统。

集团公司高级专家、中国石化科技功勋获得者郭蓉，攻克一个又一个馏分油加氢技术难题，为我国油品质量升级提供了坚实保障。

1999 年，她作为负责人之一带领团队研发的催化剂，满足了多家炼油企业产品质量升级和扩能改造的需求，在国内 30 多家企业 50 多套汽柴油加氢装置实现工业应用。正当郭蓉牵头研发的催化剂得到市场一致好评时，一盆冷水泼来。2007 年底，为了拓展国际市场，催化剂样品需要送到国外机构评级，郭蓉满怀信心送去了样品，却被评为三级催化剂。“这不可能，可原因在哪里呢？”经过认真分析，她发现国外公司使用了比正常柴油馏分高 50℃的重原料油进行测评，而她送检的催化剂是按照国内条件研发的，因孔径偏低使脱硫效果受到影响。找到原因后，她和团队不畏挑战、快马加鞭，提出了扩大载体孔径和烷基转移脱硫的新思路，经过不到半年的时间，研发出适合大分子硫化物反应、具有烷基转移脱硫功能的 FHUDS-5 催化剂，适应了更加劣质油品的超深度脱硫。该催化剂被 BP 等多家国外石油公司联评为世界一流或顶级，标志着中国石化柴油加氢催化剂跨入世界领先行列。短短半年时间便开发出一致好评的 FHUDS-5 催化剂，震惊了与中国石化合作的英国庄信万丰公司（JM），他们不停地问：“大连院有多少个这样的科研团队？”

针对延长柴油加氢装置运行周期，郭蓉提出了与国外公司完全相反的催化剂级配技术。“这样的模式能行吗？”面对质疑她并未退却，而是用深厚的理论知识说服了大家。说干就干，经过一番努力，不同类型柴油超深度加氢脱硫催化剂级配技术旋即问世。国内炼油企业普遍反映，比进口催化剂使用周期延长 30% 以上，生产也更加稳定，实现了国产化替代。

截至目前，郭蓉团队已开发 8 个牌号柴油深度加氢脱硫催化剂和 16 个牌号具有国际先进或领先水平的加氢精制催化剂，成功应用于国内外 60 多家企业 400 多套工业装置，推动我国不同阶段柴油产品质量升级及加氢技术进步，与欧美发达国家标准快速接轨。

⑤育青年新秀，传承石油精神和石化传统。

2021 年，中国石化石勘院西北地区勘探开发研究中心副主任邓尚获得建党 100 周年感动石化人物，他的颁奖词是“在殿堂和荒漠之间，你选择后者。归来时你的梦，盈满对祖国的情。茫茫戈壁的风沙，不是谁都经得起风吹雨打。为勘探苦行，为科研先行。青春在一线绽放，路越走越宽广。信念如磐，何惧征途漫漫；以梦为马，光阴不改少年。”

2016 年，邓尚入职石勘院。此前，“海归”博士邓尚的经历非常丰富。

他曾就读斯坦福大学，科研工作扎实，并在康菲石油公司任职。但多年海外经历也让他意识到，只有祖国繁荣昌盛，海内外的中国人才会自信强大。“我的根在中国。”他毅然回国。

在入职面试时，邓尚主动要求：“我要到一线去，到油田做些实实在在的事。”入职不到半年，邓尚就赶上顺北油区大发现。当看到顺北断裂带的资料时，他敏锐地意识到，这里是一座“金矿”。顺北油田油藏分布受走滑断裂控制，隐蔽性强，国际上也没有类似案例，当时国内盆地地下中小尺度走滑断裂研究刚刚起步，精准找到并解析控制油藏分布的走滑断裂，难度极大。邓尚决定对走滑断裂带进行基础研究。仅在工作的第一年，邓尚就分析了 7 条断裂带的 400 多个剖面。“分析剖面其实是个体力活儿，很辛苦。但这是基础，很有用。”为取得塔里木盆地露头第一手资料，邓尚和同事顶着 50℃的高温，行程千余公里。便携式钻机等设备有 40 公斤重，在野外只能靠肩挑背扛。大家争先恐后抢着背，就是希望其他人可以轻松一点。“团队的每一个人都专注、认真，热爱事业，始终激励着我”。经过多次尝试，基于国际前沿理论，邓尚和他所在的团队创新建立克拉通盆地内部走滑断裂综合解析技术。这一技术，可以将顺北 5 井所在的整个断裂带沿走向变化细致描述出来，形成断裂解释方案，支撑了顺北 5 井获得高产。随后，这套方案又先后对顺北 1 号、顺北 5 号等主干断裂进行三维空间结构精细解析，为顺北 5 井、顺北 51 井等一批高产井的部署与实施和新区三维地震部署、勘探目标优选提供了依据。

有心人，天不负。如今，这套技术方案作为西北油田研究断裂的常用方法，发挥着重要作用；邓尚和同事提出的新地质认识，指导顺北 57X 井部署实施并获得重大突破，获得 2020 年中国石化油气勘探突破奖特等奖。“提供理论基础、建立通用的方法流程，比获得一口高产井更有意义。”邓尚认为。

2021 年 3 月 11 日，顺北 42X 井获高产工业油气流，日产气 82.2 万立方米、日产油 300 吨，油气当量近千吨，成为顺北油气田第一口日产千吨油气井。邓尚团队的技术分析方案再次立功！“提到顺北常常会热泪盈眶。并不是自己有多大贡献，而是因为亲历了这里的大开发。在顺北干不好，我一辈子都会不踏实！”

负薪构堂，一脉相传。“十四五”时期，中国石化的战略任务是开辟一条高质量发展的道路，为党和人民再立新功、再创佳绩。我们相信，沿着这一正确方向，石油精神和石化传统一定能更好实现传承发展、更好践履新时代使命。

新时代传承弘扬石油精神和石化传统的实践路径

4.1 新时代传承弘扬石油精神和石化传统的现实分析

4.1.1 主要思路

（1）学习指示精神

2016年6月，习近平总书记作出重要批示，强调要大力弘扬以“苦干实干”“三老四严”为核心的石油精神，深挖其蕴含的时代内涵，凝聚新时期干事创业的精神力量。2021年10月21日，习近平总书记在视察胜利油田时指出，要继承和发扬老一辈石油石化人的革命精神和优良传统，始终保持石油石化人的红色底蕴和战斗情怀，为社会主义现代化建设事业作出更大贡献。2022年10月16日，习近平总书记在党的二十大报告指出：“弘扬以伟大建党精神为源头的中国共产党人精神谱系，用好红色资源，深入开展社会主义核心价值观宣传教育，深化爱国主义、集体主义、社会主义教育，着

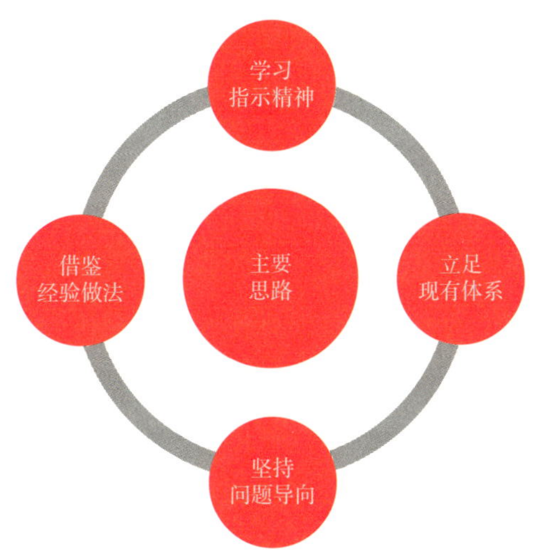

新时代传承弘扬石油精神和石化传统的现实分析的主要思路

力培养担当民族复兴大任的时代新人。”习近平总书记的重要讲话指示精神和党的二十大精神为石油精神和石化传统传承弘扬、实践落地提供了理论和思想指引，指明了前进目标和方向。

（2）立足现有体系

集团公司党组高度重视石油精神和石化传统传承弘扬，特别是在总结经验做法的基础上，提出并部署推进了“招聘有测试、入厂有教育、节点有仪式、培训有内容、使用有导向、身边有榜样、年度有考核”的“七有”体系。这一体系把握了员工从入职中国石化开始整个职业生涯全过程的重要节点，对集团上下传承石油精神弘扬石化传统起到了很好的推进和督导作用。2022 年 10 月 28 日，在中国石化传达学习贯彻党的二十大精神视频会上，集团公司党组书记、董事长马永生要求，要加快打造具有强大战略支撑力、强大民生保障力、强大精神感召力的中国石化，为全面建设社会主义现代化国家再立新功再创佳绩。研究实践路径，要立足于贯彻落实集团公司党组最新要求，立足于进一步丰富、完善、支撑、保障“七有”体系的推进落地，使之更加全面，更见成效。

（3）坚持问题导向

石油精神和石化传统的传承和弘扬是永恒课题，没有最好，只有更好。要按照习近平总书记重要指示要求，立足于时代使命、立足于企业发展、立足于队伍实际，认真分析在石油精神和石化传统传承弘扬工作中存在的问题和不足，条分缕析、分门别类，提出针对性的改进措施，确保在解决问题中提高政治站位、统一思想认识、推进企业发展。

（4）借鉴经验做法

石油石化工业的发展史，就是一部创造、丰富和发展石油精神和石化传统的光荣历史。几十年来，几代石油石化人始终坚持为祖国找油、为民族争气的理想信念，怀揣对党对国家对人民的赤诚之心，始终牢记“国之大者”，将石油精神和石化传统熔铸于脑海、融化于血液、落实于行动，用汗水和智慧在传承中弘扬、在践行中发展，不断实践和丰富石油精神和石化传统，创造出了独具特色、系列配套的经验做法。研究实践路径，要倍加珍惜、充分借鉴石油石化系统宝贵的经验做法，持之以恒地发扬光大。

4.1.2 时代内涵

石油精神和石化传统是指引石油石化战线拼搏奋进的精神航标。新时代大力传承石油精神、弘扬石化传统，就要深入挖掘其时代内涵，不断拓展其外延，赋予新的生命力。

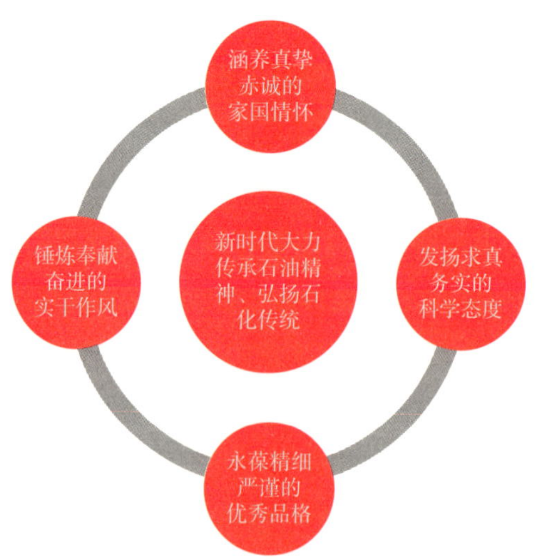

新时代大力传承石油精神、弘扬石化传统的主要内涵

（1）新时代大力传承石油精神、弘扬石化传统，就要涵养真挚赤诚的家国情怀

要始终以服从服务国家战略为己任，坚定产业报国信念，肩负起发展我国石油石化工业、保障国家能源安全的重任，成为党和人民可以信赖和依靠的“大国重器”。要保障国家能源安全。牢记习近平总书记“端牢能源饭碗”的重要指示精神，坚决贯彻“四个革命、一个合作”的能源安全新战略，全力提高油气核心需求自保能力，在推动能源革命、建设能源强国中担当大任。围绕高质量实施七年行动计划，加大国内油气勘探开发力度，积极参与国际能源合作，蹄疾步稳发展光伏、风电、地热等业务，构建清洁低碳、安全高效的现代能源体系。要积极投身绿色发展。实施减污降碳协同增效，科学确定减排目标和路径，加快绿色低碳技术攻关，持续优化产业结构和能源结构，深入打好污染防治攻坚战，培育绿色低碳循环发展产业体系，推动习近平生态文明思想在中国石化落地生根。要认真履行社会责任。坚持人民至上，实施助力乡村振兴计划，打造产业帮扶、教育帮扶、消费帮扶三大品牌，拓展新的产业疆域，在国家重大活动、急难险重任务、基本民生保障、社会公益事业中再立新功、再创佳绩。

（2）新时代大力传承石油精神、弘扬石化传统，就要发扬求真务实的科学态度

中国石化是一个知识密集型的企业，有科学的勘探理论、配套的开发技术，有高精度的装置装备、复杂的工艺流程，还有上中下游一体化运行的管理模式，需要干部员工始终坚持实事求是的思想方法，以求真务实的科学态度从事技术、管理、操作等工作，创造出经得起实践检验的工作业绩。面对新时代的新使命，中国石化要在担当国家战略科技力量上再立新功、再创佳绩，必须传承弘扬求真务实的科学态度，传承弘扬“三个面向”“五到现场”的优良传统，大力弘扬科学家精神。坚持立足国家需要、立足企业发展、立足生产实际，推出一批重大改革举措，构建一批国家重大科技创新平台，攻克一批“卡脖子”技术，实施一批突破性重大基础研究，加快培育战略科学家、科技领军人才和一流创新团队，依靠求真务实态度助力高水平科技自立自强。

（3）新时代大力传承石油精神、弘扬石化传统，就是要永葆精细严谨的优秀品格

中国石化血液里就有“三老四严”的基因，管理上始终是精细严谨的典范。40年来，中国石化借鉴吸收国际先进企业管理方法，结合石油石化行业的生产和管理特点，突出加强以岗位责任制为重点的生产管理，以全面质量管理为重点的产品管理，以科学严细为重点的设备流程管理，以“三基”为重点的基础管理，形成了“三老四严”“四个一样”“严从细中来，实在严中求”“宁要一个过得硬，不要九十九个过得去”等精细严谨的优秀品格。在企业发展过程中，始终坚持高标准、严要求，做到生产上精耕细作、经营上精打细算、管理上精雕细刻、技术上精益求精。石油化工行业高温高压、易燃易爆，公司坚持“安全第一、预防为主、综合治理”工作方针，建立“全员、全过程、全方位、全天候”的安全生产监督管理体系，明确各级安全生产责任制；狠抓重点装置要害部位的安全管理和安全隐患治理，强化生产施工现场的安全监督管理；认真贯彻落实安全检查“严之又严、吹毛求疵、铁面无私、六亲不认”工作要求，持续组织开展年度设备大检查和安全大检查，确保了安全生产总体平稳。面对新时代新要求，我们要清醒认知自身所处的管理阶段，采取针对性措施，大力推进从严管理、精细管理、精益管理，打造管理软实力。要全面贯彻落实“两个一以贯之”，大力深化改革强化管理，在完善公司治理中加强党的领导，纵深推进三项制度改革，加快完善市场化经营机制，夯实“三基”工作，锻造具有时代特征、央企特点、石化特色的管理模式，在完善中国特色现代企业制度上再立新功、再创佳绩。

（4）新时代大力传承石油精神、弘扬石化传统，就是要锤炼奉献奋进的实干作风

我国石油石化工业在由小到大、由弱变强的发展过程中，战胜各种困难，跨越各种关口，靠的就是苦干实干、奉献奋进的拼劲和韧劲。无论过去、现在还是将来，这种实干作风始终是支撑我们攻坚克难、不断前行的精神动力，特别是面对“牢记嘱托，再立新功、再创佳绩”的新征程新使命，

更要大力传承好石油精神、弘扬好石化传统，激励干部员工干事创业、建功新时代。当前和今后一个时期，是中国石化高质量发展的攻坚克难期，公司能源安全、产业变革、绿色转型、自主创新都将迎来大考。作为时代答卷人，全体干部员工更需大力弘扬奉献奋进的实干作风，坚持以习近平新时代中国特色社会主义思想为指导，贯彻落实习近平总书记视察胜利油田重要指示精神，以强烈的奉献精神和奋进姿态践行初心使命，保持昂扬向上、奋发有为的干劲，事不避难、迎难而上的拼劲，逢山开路、遇水搭桥的闯劲，上紧发条，铆足精神，咬紧牙关，推动思想再解放、改革再深入、工作再落实，把本职工作干好，扎实推动集团公司各项决策部署落实落地，坚定不移走出一条高质量发展之路。

4.1.3 存在问题

当前，中国特色社会主义进入了新时代，全党全国各族人民正在以习近平新时代中国特色社会主义思想为指引，为实现第二个百年奋斗目标努力奋斗。集团公司党组要求集团上下牢记习近平总书记殷切嘱托，深入实施世界领先发展方略，全方位推进高质量发展，为党和人民再立新功、再创佳绩。面对新时代赋予的新使命、企业发展的新任务、员工队伍的新变化，需要我们进一步提高站位，在认真总结石油精神和石化传统传承弘扬经验做法的同时，强化问题导向，深刻分析梳理存在的问题和不足。

（1）思想认识不够到位

在石油精神和石化传统传承弘扬中，少数干部员工对石油精神和石化传统的深刻内涵、红色基因和重要作用认识不到位，没有完全理清石油精神和石化传统与我们党的性质宗旨、与伟大建党精神、与优秀文化传统的逻辑关系，导致有的干部员工理解不深不透，只知道石油精神和石化传统是什么，不知道如何融入工作、融入生活，没有真正内化于心、外化于行。思想是行动的先导，思想认识和观念转变不到位是影响新时代石油精神和石化传统传承弘扬的首要问题。

（2）概念理解不够准确

部分干部员工没有认识到石油精神和石化传统是全体石油石化人的共同精神财富，是相互联系、相互印证的关系，在传承弘扬中受历史局限和单位性质影响较大。由于理解不准确，工作中部分地存在着把石油精神和石化传统割裂开来的现象，出现了石油企业偏重石油精神、炼化企业偏重石化传统的问题。

（3）工作机制不够健全

个别企业对传承石油精神、弘扬石化传统的责任传递不够、目标追求不明、价值体系不完善，没有针对企业实际制订运行和考核机制，没有形成常态化的教育体系，开展的日常学习、组织的专业培训、考核的主要内容，更多侧重于技术技能、安全生产、经营管理等专业知识，在精神传统的教育方面重视不够、内容不多、形式不活、考核不严。

（4）践行效果不够理想

一是融合性不够。部分单位在传承弘扬新时代石油精神和石化传统过程中，与中心工作、单位实际和队伍建设结合不够紧密，重形式、轻内容，重说教、轻实践，存在一定程度的形式主义或者“两张皮”现象，以会议落实会议、以文件落实文件、以台账替代落实、以个别代替全员，没有真正把传承石油精神、弘扬石化传统作为推动工作、塑造队伍的有力抓手。二是实操性不强。传承弘扬新时代石油精神和石化传统需要丰富内容、形成体系，更要有一定的平台和载体。工作中，部分基层单位未能创造性地对载体和平台搭建进行深入思考，有照搬照套、千篇一律之嫌，针对性和吸引力不够，效果不够理想。

4.2 新时代传承弘扬石油精神和石化传统的环境分析

石油精神和石化传统承载着石油石化人的职责和使命、荣耀和追求，是党的性质宗旨的鲜明体现，是伟大建党精神在石油石化行业的实践发展，是石油石化人意志品质的生动写照，更是推动石油石化事业不断发展最深沉、最持久的力量。在一代代石油石化人的继承传承中，石油精神和石化传统历久弥新，在不同时期都焕发了生机活力、发挥了巨大作用。步入新时代，传承弘扬石油精神和石化传统，需要着眼于时代特征、员工特征和企业特征的新变化，挖掘凝练新的时代内涵，让石油精神和石化传统在新征程中放射出新的光芒。

4.2.1 时代特征发生变化

成立 40 年来，中国石化广大干部员工传承石油精神和石化传统，以国为重，苦干实干，解放思想，大胆探索，永不言弃，奋勇前行，为党和国家经济社会发展做出了重大贡献。

进入新时代，前路必将面临更多机遇挑战。从国际环境看，世界百年未有之大变局进入加速演变期，经济全球化逆行，产业链供应链循环受阻，加之海外优质油气资源对中国投资封锁，给我们的资源获取、科技创新、国际化经营带来了难以回避的挑战。从国内环境看，中国特色社会主义进入了新时代，中国正处于实现中华民族伟大复兴关键时期，开启了全面建设社会主义现代化国家、向第二个百年奋斗目标进军的新征程。中国经济已由高速增长阶段转向高质量发展阶段，正处在转变发展方式、优化经济结构、转换增长动力的攻关期，立足新发展阶段、贯彻新发展理念、构建新发展格局、推动高质量发展，能源企业将面临艰巨繁重的任务。从社会环境看，身处百年未有之大变局，从外部环境、生产生活到人们的思维方式、接受习惯，都在日新月异地变化。特别是随着微信、抖音等网络媒体的兴起，员工接收信息的渠道方式更加多元，也更容易受到各种思潮影响，对企业的归属感、主人翁意识呈弱化趋势。

宏观环境的变化，既给我们带来前所未有的困难和风险，也带来新的发展机遇，迫切需要我们坚持以习近平新时代中国特色社会主义思想为指导，学深悟透习近平总书记视察胜利油田重要指示精神，进一步坚实石化工业发展底蕴，端牢能源饭碗；迫切需要我们从石油精神和石化传统中寻方问计，从红色精神谱系中汲取力量，统筹好发展质量、结构、规模、速度、效益和安全，以打造世界领先企业的“石化之答”回应“时代之问”；迫切需要我们以石油精神和石化传统铸魂育人，进一步深化干部员工对党忠诚的坚定信念、产业报国的家国情怀、改革创新的开拓精神、求真务实的优良作风、精细严谨的优秀品格，推动企业行稳致远。

4.2.2 企业特征发生变化

经过数十年的发展，中国石油石化工业从无到有、从小到大、从弱到强，相继开发了一个又一个大油田，建设了一个又一个炼化企业，建立了完整的现代石油石化工业体系，为国家提供了大量的石油、天然气和石化产品，为国民经济和社会发展、国防建设以及人民生活改善做出了重要贡献。进入新发展阶段，石油石化企业发展的历史方位发生了极大变化。

从行业环境看，当前能源转型“四大革命”方兴未艾，全球科技创新进入空前密集活跃的时期，新一轮科技革命和产业变革正在重构全球创新版图、重塑全球经济结构，一些颠覆性技术可能引发能源化工行业变革。如果与前沿性技术失之交臂，就会严重影响转型升级、新动能接续，甚至可能在未来市场竞争中提前掉队。

从发展阶段看，从 1949 年，全国原油产量仅 12 万吨、加工量仅 11.6 万吨，到今天，石油石化成为国民经济支柱产业，我国跃升为世界主要产油国、石化大国，中国石化成为全球第一大炼油公司、第二大化工公司，位居《财富》世界 500 强前列。但也要看到，中国石化虽然体量足够大，但结构性矛盾和发展不平衡的问题尚未得到根本解决、研发技术和体系还不能有效支撑产业创新发展、体制机制还不适应社会主义市场经济的要求、加强党的领导和完善公司治理实现有机统一的制度机制尚不够成熟配套，大而不强、大而不优的问题仍然比较突出。

从业务形态看，近年来，中国石化前瞻宏观大势和行业趋势，研究提出打造世界领先洁净能源化工公司的愿景目标，规划构建“一基两翼三新”的产业格局，开启了转型升级的全新征程。习近平总书记在党的二十大报告中指出“建设现代化产业体系”，中国石化要认真贯彻落实，加快前进步伐，奋力走在前、做表率。当前，以“新技术、新产业、新业态、新模式”为内核的新型经济形态正在形成，以“四新”经济促进产业转型升级、加强企业技术改造和技术创新、推动产业融合发展、抢占未来产业制高点成为中国石化重要任务。目前，中国石化业务分布依然以传统产业为主，产业结构调整任务艰巨，亟待在新能源、新材料、新业态等新兴领域加快布局，运用融合机器人、数字化、新材料的先进制造技术推进传统产业向智能化、绿色化转型。中国石化要加快实现从传统产业体系向现代产业体系的深刻变革，“打造立得住、传得开、叫得响的央企卓著品牌”，必须更好地从石油精神和石化传统中汲取力量，聚焦打造世界领先企业的目标，从技术革新、机制体制重建再到发展模式转变，在新时代二次创业再出发，推动企业实现历史性跨越发展，不断提升核心竞争力，在推进中国式现代化、全面建设社会主义现代化国家中彰显中国石化的责任担当。

4.2.3 员工特征发生变化

40 年来，中国石化之所以能够战胜一个又一个困难、不断从胜利走向胜利，就是因为有一支用石油精神和石化传统武装起来的过硬队伍。

进入新时代，随着石油石化企业规模的不断扩大、业务的不断拓展，公司员工特征发生了极大变化。从用工规模看，新中国成立时，全国石油职工只有 1.1 万人。其中，石油地质工作者仅有 20 多人，钻井工程师 10 余人。截至 2020 年末，中国石化员工队伍规模已达 60.8 万人，每天为 2000 多万消费者提供成品油服务，企业人力资源管理难度不断加大、舆论管理难度不断加大。从业务结构看，从创业时期的石油、石化为主，到现在打造综合能源企业，产业布局不断拓展、产业链不断延伸，员工专业更加多元、流动性更大、工作环境更加多样。从队伍特点看，目前中国石化经营范围遍布全球

60 个国家和地区，拥有境外员工 3.42 万人，员工分布点多、线长、面广的特征更加凸显，员工历史文化背景差异更加明显，价值诉求更趋多元。

与诞生的背景相比，当前用工规模、业务结构、队伍特点的新变化，一定程度上使当下的员工对起源于创业年代的石油精神和石化传统产生了一定的疏离感。但从长久看，石油精神和石化传统之所以能够历久弥新、历久弥坚，在不同历史阶段都焕发生机活力、发挥巨大作用，正是因为它与时俱进，不断被赋予新的时代内涵。习近平总书记指出，我们这一代人，继承了前人的事业，进行着今天的奋斗，更要开辟明天的道路。当前，党和国家对工业血液、能源安全的需求和呼唤赋予我们新的使命，习近平总书记“端牢能源饭碗”的殷切嘱托言犹在耳，中国石化高质量发展面临的困难和挑战丝毫不亚于艰苦创业时期。更需要继续珍惜用好石油精神和石化传统这一独特政治文化优势，引领员工始终把自己的命运同企业的兴衰联系在一起，把个人的奋斗梦想融入“为中国人民谋幸福、为中华民族谋复兴”的初心和使命中，凝心聚力共同建设一个有核心竞争力的中国石化，一个不断自我革新的中国石化，一个更好发挥顶梁柱作用的中国石化，一个始终走在行业前列、时代前列的中国石化，让石油精神和石化传统的火种绽放出时代的光芒。

4.3 新时代传承弘扬石油精神和石化传统的出发点和落脚点

新时代传承弘扬石油精神和石化传统，必须与实现中华民族伟大复兴历史使命、加快构建新发展格局和保障国家能源安全关联起来，与中国石化打造重要阵地、扛好三大核心职责、践行世界领先发展战略、推进四位一体软实力建设、提高党建质量等重点部署关联起来，以石油精神和石化传统更好地推动企业发展、彰显中国精神、壮阔中国力量。

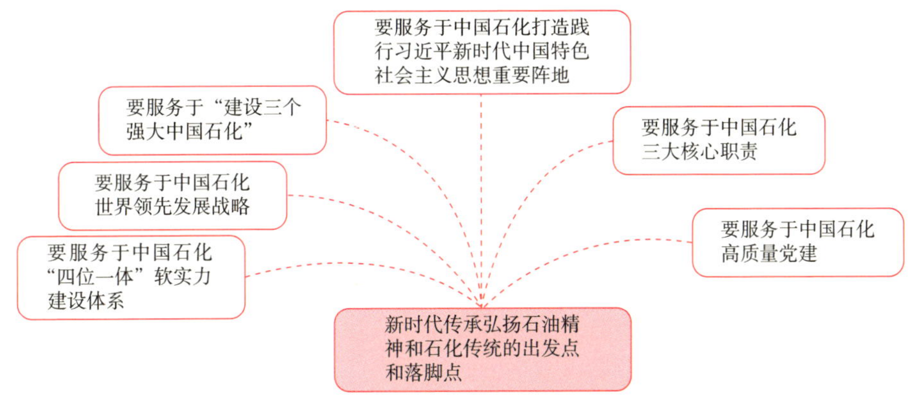

新时代传承弘扬石油精神和石化传统的出发点和落脚点

4.3.1　要服务于中国石化打造践行习近平新时代中国特色社会主义思想重要阵地

旗帜鲜明讲政治是石油石化行业一以贯之的优良传统，是中国石化与生俱来的血脉基因。石油石化工业发展，始终得到党和国家领导人的亲切关怀和充分肯定，为石油石化传统的培育形成提供了思想源泉。特别是党的十八大以来，公司上下以习近平新时代中国特色社会主义思想为指导，坚决落实总书记重要指示批示精神，坚定不移贯彻新发展理念，推动各方面工作实现了新的重大进展和突破，以改革发展实际成效，彰显了党的创新理论的思想伟力。

当今世界正经历百年未有之大变局，我国正处于实现中华民族伟大复兴关键时期。立足新起点，我们比任何时候都更加深刻感受到总书记重要批示精神的深邃思想和战略考量，这也决定了打造践行习近平新时代中国特色社会主义思想重要阵地，是中国石化的使命所系、职责所在、发展所需。

新时代传承石油精神、弘扬石化传统，必须立足“两个大局”，把打造习近平新时代中国特色社会主义思想重要阵地进一步推向前进。聚焦国有企业“一个依靠力量、五个重要力量”的定位和石油战线是“旗帜”“栋梁”的定位，紧扣中国石化三大核心职责，以推进学思践悟的体系化、实践化、成果化、常态化为路径措施，全力打造重要阵地，教育引导干部员工增强“四个意识”、坚定“四个自信”、做到“两个维护”，切实把习近平新时代中国特色社会主义思想落实到公司党的建设、改革发展各领域各方面各环节，把习近平总书记视察胜利油田重要指示精神转化成治企兴企的战略目标、工作举措和自觉行动，努力在全面建设社会主义现代化国家新征程中再立新功、再创佳绩。

按照集团公司党组部署要求，重点推进“九个阵地”建设，推动习近平新时代中国特色社会主义思想全面落实落地，让思想伟力和实践伟力在公司改革发展实践中充分释放，着力催生一批具有央企辨识度、行业代表性、中国石化特质的标志性成果。

“九个阵地”建设任务书

目标任务	重点内容和相关要求
深入学习贯彻习近平总书记关于党的政治建设的重要论述，着力打造践行“两个维护”先锋阵地	牢牢把握“两个维护”是首要政治原则和根本政治规矩的要求，持续推进大学习大普及大落实，全面提高政治判断力、政治领悟力、政治执行力，引领干部员工坚决听从党中央指挥和总书记号令，以听党话、跟党走的实干实绩，推动践行“两个维护”落实到位
深入学习贯彻习近平总书记关于能源安全的重要指示批示精神，着力打造能源安全保障阵地	牢牢把握“能源的饭碗必须端在自己手里”的要求，把能源资源作为必须筑牢的发展根基，加快构建清洁低碳、安全高效的现代能源体系和产供储销体系，坚决当好国内油气增储上产的推动者、洁净能源供应的引领者、国际能源合作的重要参与者
深入学习贯彻习近平总书记关于高质量发展的重要论述，着力打造引领石油工业高质量发展阵地	牢牢把握“高质量发展就是体现新发展理念的发展”的要求，把洁净油品和现代化工作为必须巩固提升的核心优势，高水平建成“4+2”世界级基地，加快打造“油气氢电服”综合能源服务商和炼油销售高市场化、高韧性、高回报产业链，当好产业链“链长”，保持强劲产业带动力，引领我国石化工业高质量发展

续表

目标任务	重点内容和相关要求
深入学习贯彻习近平总书记关于科技自立自强的重要论述，着力打造能源化工技术自主创新阵地	牢牢把握“世界科技强国竞争，比拼的是国家战略科技力量”的要求，在新型举国体制中找准定位，把科技创新摆在公司发展全局的核心位置，坚持“四个面向”，推进“四个一批”，加快打造技术先导型公司，勇当能源化工行业原创技术策源地，坚定迈向高水平科技自立自强，坚决扛起担当国家战略科技力量的核心职责
深入学习贯彻习近平总书记关于安全生产的重要论述，着力打造安全生产阵地	牢牢把握“发展决不能以牺牲安全为代价”“务必抓好安全生产”的要求，从统筹发展与安全的高度，从维护人民群众和干部员工切身利益的高度，从严治标、着力治本，推动风险防控常态化、制度化、精准化，坚决守住不发生重大安全事故的底线，全面提升公司本质安全水平
深入学习贯彻习近平生态文明思想，着力打造绿色低碳发展阵地	牢牢把握“绿水青山就是金山银山”理念的要求，统筹好发展和转型的双重任务，深入开展碳达峰碳中和战略研究和降碳行动，逐步实现化石能源清洁化、洁净能源规模化、生产过程低碳化，让中国石化颜值更高、筋骨更壮，更好地引领带动能源化工行业向绿色低碳转型
深入学习贯彻习近平法治思想，着力打造中国特色现代企业制度高效落实阵地	牢牢把握“推进国家治理体系和治理能力现代化是改革的根本路径”的要求，锚定建立和完善中国特色现代企业制度，坚持“两个一以贯之”“三个有利于”，加快构建权责法定、权责透明、协调运转、有效制衡的公司治理机制，提升依法依规治理水平，努力在加快完善中国特色现代企业制度上走在前、作表率
深入学习贯彻习近平总书记“以人民为中心”的发展思想，着力打造共享惠民实践阵地	牢牢把握“人民对美好生活的向往，就是我们的奋斗目标”的要求，认真践行群众路线，全面贯彻“依靠”方针，坚守“为美好生活加油”使命，推动“我为群众办实事”实践活动常态化，拓展具有中国石化特色的乡村振兴战略，擦亮中国石化“党和人民好企业”的良好形象

续表

目标任务	重点内容和相关要求
深入学习贯彻习近平总书记关于党的建设的重要论述，着力打造软实力引领保障阵地	牢牢把握“全面从严治党，核心是加强党的领导”的要求，积极构建党建铸魂、管理筑基、文化润心、品牌增值“四位一体”软实力体系，筑牢听党话、跟党走的思想根基，永葆石油石化人的红色底蕴和战斗情怀，推动基层党组织全面进步、全面过硬，营造风清气正、干事创业的政治生态，全面形成硬实力软实力同步提升局面

4.3.2 要服务于“建设三个强大中国石化”

习近平总书记视察胜利油田时指出，石油战线始终是共和国改革发展的一面旗帜，这面旗帜也是国家的栋梁，还要在新时代继续飘扬，希望大家再立新功、再创佳绩。在 2022 年工作会议上，集团公司党组深入学习贯彻习近平总书记视察胜利油田重要指示精神，提出“十四五”时期要建设具有强大战略支撑力、强大民生保障力、强大精神感召力的中国石化，坚定不移走出一条高质量发展之路，为党和人民再立新功、再创佳绩。

对党忠诚、以国为重是石油精神石化传统的灵魂，也是几十年来中国石化实现高质量发展的坚强动力和根本职责。“建设三个强大中国石化”，是中国石化贯彻落实习近平总书记视察胜利油田重要指示精神的有力举措，也是新时代中国石化传承弘扬石油精神石化传统的新使命、新目标、新体现。

要建设具有强大战略支撑力的中国石化。牢记习近平总书记关于“加大勘探开发力度，夯实国内产量基础，提高自我保障能力”等重要论述，深入贯彻能源安全新战略，坚决当好国内油气增储上产的推动者、洁净能源供应的引领者、国际能源合作的重要参与者，为保障国家能源安全提供强大战略支撑；牢记习近平总书记关于“我们要建设制造业大国、搞实体经济，各种饭碗就必须端在自己手里”等重要论述，加快打造世界级炼化基地，在锻造强韧高效产业链、建设现代化经济体系中展示更大作为，为引领我国石化工业高质量发展提供强大战略支撑；牢记习近平总书记关于“把技术搞上去”“继续保持领先水平”等重要论述，构建一批国家重大科技创新平台，攻克一批“卡脖子”技术，实施一批突破性重大基础研究，打造原创技术策源地，为担当国家战略科技力量提供强大战略支撑。

要建设具有强大民生保障力的中国石化。牢记习近平总书记关于“把高质量发展同满足人民美好生活需要紧密结合起来”等重要论述，既担当关系国家安全和国民经济发展关键行业与重要领域，更好支撑国有经济发展，同时又不断深化供给侧结构性改革，生产更多适销对路的产品，为党和人民创造更多财富；牢记习近平总书记关于“国有企业要成为保障和改善民生的重要力量”等重要论述，积极满足人民群众对美好生活的向往，为社会提供更多优质公共产品，为亿万消费者提供高质量的“中国石化服务”，为不断增进民生福祉提供强大民生保障；牢记习近平总书记关于“许多重大自然灾害、突发事件的抗击救援，许多脱贫攻坚、改善民生的项目实施，都是国有企业扛起来的”等重要论述，始终在国家重大活动、急难险重任务、社会公益事业中勇担重任，为促进社会稳定发展提供强大民生保障。

要建设具有强大精神感召力的中国石化。牢记习近平总书记关于“坚持党的领导、加强党的建设，是国有企业的根和魂”等重要论述，大力弘扬伟大建党精神，深入贯彻落实“两个一以贯之”，不断增强“四个意识”、坚定“四个自信”、做到“两个维护”，坚持把公司发展放在党中央工作大局中考量和部署，牢牢把握公司改革发展正确方向，为巩固党的执政基础提供强大精神力量；牢记习近平总书记“大庆精神、铁人精神已经成为中华民族伟大精神的重要组成部分”等重要论述，大力弘扬伟大建党精神，深化思想政治教育，加强石油石化传统教育，推进中华优秀传统文化在中国石化创造性转化、创新性发展，为坚定文化自信提供强大精神力量；牢记习近平总书记“讲好中国故事，传播好中国声音”等重要论述，坚持开放包容、精诚合作、互惠和谐，塑造“创新引领、责任担当”的世界领先能源化工品牌，积极向社会广泛传递正能量，以中国石化良好品牌形象折射真实、立体、全面的中国形象，为塑造全球一流品牌形象提供强大精神力量。

4.3.3 要服务于中国石化三大核心职责

石油精神和石化传统是石油石化人以国为重家国情怀的集中体现。几十年来，中国石化坚决响应党的号召，在国家发展大局中谋划发展，以满足国家需要、人民需要和时代需要为己任，认真履行经济责任、政治责任和社会责任，有力推动了国民经济建设、石油石化工业发展和区域经济社会进步。

近年来，中国石化深刻领会习近平总书记对国企管理工作的重要讲话精神和殷切期望，将国之所需与企之所能有机统一，确立了保障国家能源安全、引领我国石化工业高质量发展、担当国家战略科技力量“三大核心职责”。

作为能源领域的“国家队”，坚定维护国家能源安全是中国石化的首要职责。新时代传承石油精神、弘扬石化传统，就要牢记习近平总书记嘱托，聚焦“端牢能源饭碗”重要指示精神，大力弘扬“我为祖国献石油”的真挚情怀，坚持油气并举、国内外并举、化石能源与新能源并举，坚定不移推进油气勘探大突破、原油稳增长、天然气大发展，当好国内油气增储上产的推动者、洁净能源供应的引领者、国际能源合作的重要参与者，全力保障国家能源安全。一是加快国内油气资源战略突破。面对我国油气资源对外依存度不断上升的态势，无论经营环境多困难，都要从战略上考量，把扩大油气资源摆在突出位置，以长远眼光保证勘探投入，加大风险勘探力度，有力维护矿权，优化勘探部署，加快大发现、大突破，不断夯实资源基础，打牢发展根基，担当好国内油气增储上产的推动者。二是增强海外油气资源获取能力。中国石化海外油气业务正在负重前行，我们要认真总结经验教训，补齐国际化人才、技术、管理方面的短板，注重防范决策风险、债务风险、法律风险，用好国内支撑，形成一盘棋格局，以更高的水平“走出去”，担当好“一带一路”建设的重要参与者、推动者。三是扎实推进能源结构多元化。坚定不移推进新能源开发应用，探索建设智慧能源系统，构建清洁低碳、安全高效的能源供给体系，担当好行业可持续、高质量发展的推动者。四是坚定不移加大碳减排力度。以严于国家和行业标准的志气，树立中国石化的标准，高起点打造绿色能源品牌，不仅做到终端产品洁净化，过程也要洁净化，当好洁净能源供应的引领者。五是加快构建“一基两翼三新”发展格局、打造世界领先企业，当好党执政兴国的“经济部队”和保障国家能源安全的“战略部队”，确保各项事业始终沿着总书记指引的方向前进。

建设现代化经济体系是我国发展的战略目标，也是转变经济发展方式、优化经济结构、转换经济增长动力的迫切要求。新时代传承石油精神、弘扬石化传统，要求我们要持续弘扬“艰苦奋斗、接力奋进”的创业精神，以新发展理念为引领，始终坚持把发展经济着力点放在实体经济上，持续深化供给侧结构性改革，加快构建“一基两翼三新”产业格局，通过保障国内“稳链”，通过科技创新“强链”，通过上下游协同“延链”，不断增强公司产业链韧性和竞争力，多措并举打造战略性新兴产业增长引擎，发挥好大企业龙头带动作用，在引领我国石化工业高质量发展上迈出更大步伐。

石油石化发展史，是一部勇于攻坚、勇攀高峰的科技创新史。从陆相沉积理论到海相油气、页岩油气勘探开发技术，从炼化催化剂、润滑油到百万吨乙烯、芳烃，每一次重大科技突破，都极大促进了生产力发展，改变了我国石油石化工业的面貌。当前，我国经济发展环境深刻变化，生产要素相对优势深刻改变，科学技术的重要性全面上升。新时代传承石油精神、弘扬石化传统，要求我们必须要牢记习近平总书记“把技术搞上去”的嘱托，把自主创新放在事关生存和发展的高度加以认识，大力弘扬“敢于探索、勇于变革”的创新精神，始终坚持把创新作为第一动力，积极担当国家战略科技力量，勇于攻克石油天然气、基础原材料领域“卡脖子”技术，努力实现更多“从 0 到 1”的突破，实现由跟跑、并跑向领跑的跨越，打造技术先导型公司，促进实现高水平科技自立自强。

4.3.4 要服务于中国石化世界领先发展战略

石油精神和石化传统是石油石化人拼搏奋进、敢为人先开拓精神的集中体现。几十年来，中国石化始终以“爱我中华、振兴石化”为己任，顺应石油石化行业变革大趋势，不断解放和发展生产力，逐步向现代企业转型，持续做强做优做大，并成长为世界级产业集团、《财富》世界 500 强企业排名靠前的公司。

当前，中国正日益走近世界舞台中央，必然要求一大批具备世界级核心竞争力的“国家队”参与国际竞争。中国石化认真把握党中央赋予的战略定位和历史使命，提出了打造世界领先洁净能源化工公司的愿景目标，规划了构建“一基两翼三新”产业格局，吹响了向雄踞全球产业链顶端的世界强企迈进的号角，这既是我们的政治担当，也是价值所在。

传承石油精神、弘扬石化传统，中国石化用不到两代人的时间走过了西方跨国石油公司的百年历程，成长为世界第一大炼油公司、第二大化工公司和我国最大的成品油和石化产品供应商，连续 5 年位列《财富》世界 500 强前三名，其中 2020 年位列第二位，居能源化工行业第一位。向世界领先企业进军，“革命加拼命”的劲头不可少，高质量发展的要求不能忘，育先机、开新局的决心不动摇，必须传承弘扬石油精神和石化传统，聚力凝心铸魂、强基固本，为全方位推进高质量发展汇聚强大力量。这个过程中，统一思想、凝聚共识，是激发奋进动力的首要任务。这就要求我们要通过传承石油精神、弘扬石化传统，用共同的目标追求统一思想和行动，激励干部员工与祖国同心、与时代同行、与公司发展同向，传承石油精神、弘扬石化传统，在打造世界领先企业新征程中知重负重、攻坚克难，为全面建设社会主义现代化国家施展才华、建功立业。

4.3.5 要服务于中国石化“四位一体”软实力建设体系

石油精神和石化传统是中国石化核心竞争力和独特文化优势的集中体现。几十年来，石油石化人秉承“三老四严、四个一样”“宁要一个过得硬，不要九十九个过得去”，用实际行动和责任担当践行品牌承诺，不断满足人民美好生活需要，有力提升了石油石化企业品牌价值、美誉度和影响力。

立足新阶段，围绕贯彻落实品牌强国战略，集团公司党组提出要构建党建铸魂、管理筑基、文化润心、品牌增值“四位一体”软实力体系，加快形成硬实力软实力同步提升局面，推动打造世界领先进程。

新时代传承石油精神、弘扬石化传统，必须深入挖掘石油精神和石化传统中蕴含的“苦干实干、‘三老四严’、‘四个一样’、家国情怀、求真务实、精细严谨”等文化基因，着力建设具有强大战略支撑力的中国石化，在服务构建新发展格局、推进高质量发展上走在前、作表率，为党和国家支撑托底、稳盘固局；着力建设具有强大民生保障力的中国石化，在满足人民美好生活需要、促进共同富裕上走在前、作表率，以“党和人民好企业”形象走进千家万户；着力建设具有强大精神感召力的中国石化，在弘扬伟大建党精神和优良革命传统、向社会广泛传递正能量上走在前、作表率，为社会主义现代化建设注入更多精神力量；着力建设具有强大品牌影响力的中国石化，始终如一高标准、严要求，向社会提供更洁净、更高端、更多元的能源化工产品，以负责任国际化大公司的形象走进千家万户，在打造享誉全球的中国品牌上有所作为、有所建树，在建设品牌强国的宏伟进程中彰显“大国重器”的责任担当。

4.3.6 要服务于中国石化高质量党建

石油精神和石化传统的灵魂在于对党忠诚，永远听党话、跟党走。几十年来，我们始终坚定不移听党话、跟党走，传承石油石化工业靠“两论”起家、“两分法”前进的好传统，坚持用党的创新理论武装队伍，不断强化政治忠诚和理想信念教育，努力成为党和国家最可信赖的骨干力量，在党的领导下走出了一条中国特色现代国有企业的发展壮大之路。

在“高质量”成为最强音的新发展阶段，实现党的建设高质量已成为中国石化的必然选择。围绕实现“高质量党建”，党组提出党建工作要在中央企业“站排头、争第一”，站排头，就要最大程度发挥党建引领保障作用，切实以国有企业独特政治优势在中国石化的有效转化，证明中国特色社会主义制度的优越性；争第一，就要最大限度激发蕴藏在各级党组织和全体党员中的潜力活力，确保在推动高质量发展中笃定前行、行稳致远。

新时代传承石油精神、弘扬石化传统，就要坚守石油石化人听党话跟党走的政治本色和爱党报国的赤子情怀，聚焦“站排头、争第一”目标，毫不动摇强“根”固“魂”，全力落实“两个一以贯之”，持续打造“两个维护”的石油石化铁军，坚定企业改革发展的正确政治方向。

聚焦事业薪火相传，锻造支撑高质量发展的中坚力量，认真贯彻新时代党的组织路线，坚持党管干部、党管人才原则和市场化选人用人机制相结合，突出政治标准，强化重实干、重实绩、重担当的用人导向，形成激励勇于担当、攻坚克难的强大磁场。

聚焦凝聚发展力量，持续提升基层党组织政治功能和组织功能，坚持把生产经营的重点难点作为基层党建的着力点，建强基层组织，健全工作机制，广泛动员群众，充分发挥组织严密、扎根基层的优势，以强大的组织凝聚力保证工作落实、推动事业发展。

聚焦净化政治生态，以更大决心更大力度正风肃纪反腐，持续增强监督实效，始终保持高压态势，发挥巡视利剑作用，以自我革命精神把严的主基调长期坚持下去，努力营造风清气正、干事创业的政治生态。

聚焦营造良好环境，充分释放“为美好生活加油”的正效应，抓教育立主导，创品牌育文化，尽责任树形象，对内增强向心力、对外提升影响力，为事业发展赢得更多思想上的认同、情感上的理解和行动上的支持，确保公司在高质量发展之路上起步稳、动力强、后劲足，形成奋进新征程、建功新时代的生动局面。

4.4 新时代传承弘扬石油精神和石化传统的“七有七进”工作体系

4.4.1 “七有七进”工作体系概述

时代在发展，使命在召唤。新时代、新征程对中国石化提出了更高要求，牢记习近平总书记殷切嘱托，全方位推进高质量发展，为党和人民再立新功、再创佳绩，迫切需要更好传承弘扬石油精神和石化传统，突出问题导向，强化守正创新，拓宽实践路径，推进传承落地，凝聚起建设世界领先企业的强大精神动力。

在本次课题研究中，我们立足于进一步丰富、完善、支撑、保障“七有”体系的推进落地，在综合分析形势任务、充分借鉴现有经验的基础上，建议将新时代传承弘扬石油精神和石化传统的工作体系从“七有”体系调整为“七有七进”工作体系。

（1）基本概念

“七有”，即招聘有测试、入厂有教育、节点有仪式、培训有内容、使用有导向、身边有榜样、年度有考核；“七进”，即进一步强化阐释宣传、进一步强化守正创新、进一步强化文化建设、进一步强化典型工作、进一步强化制度建设、进一步强化队伍建设、进一步强化工作考核。

（2）逻辑关系

“七有”侧重于员工自身，“七进”侧重于各级组织；“七有”侧重于重要节点，“七进”侧重于整个链条；“七有”体现“七进”的重点和成效，“七进”展示“七有”的根基和支撑。“七有”和“七进”相互支撑、相互促进，使传承石油精神弘扬石化传统这一工作从节点到链条、从关键到日常、从个人到组织、从点到面，实现闭合循环，推进落地见效。

（3）工作目标

通过“七有七进”工作体系建设，为集团公司各个企事业单位提供工作机制、实现路径和工作模板，使新时代传承弘扬石油精神和石化传统在集团上下全面推进、全面落地、全面见效，共同打造具有较强精神感召力的中国石化。

（4）工作原则

按照“组织化整合、系统化研究、理论化提升、集成化应用”的原则，加强顶层设计，加强整体统筹，加强协调运行。

4.4.2 新时代传承弘扬石油精神和石化传统的“七有”工作标准

近年来，中国石化党组高度重视石油精神和石化传统传承弘扬，专门印发了《关于大力开展传承石油精神、弘扬石化传统的安排意见》，召开了“传承石油精神、弘扬石化传统，加强党建思想政治工作推进会”，特别是在总结经验做法的基础上，建立出台了“七有”体系作为系统化推进石油精神、弘扬石化传统落地的重要工作体系和制度保障。

（1）招聘有测评

将石油精神和石化传统核心内涵所体现的内在价值追求作为招聘测评职业价值观维度的重要内容，看应聘人员是否认同、能否践行“苦干实干”“三老四严”“爱我中华、振兴石化”等价值理念，并把它作为是否录用的重要依据，在思想观念上正本清源。

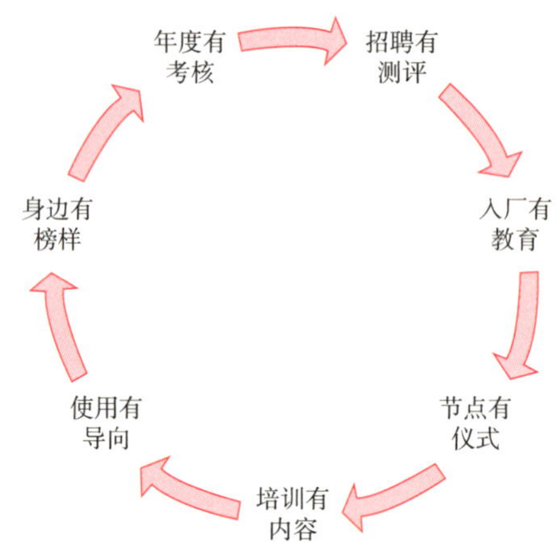

传承弘扬石油精神和石化传统的“七有”工作标准

（2）入厂有教育

将传承石油精神、弘扬石化传统作为入厂教育的“必修课”“启蒙课”，着眼于大力培养担当民族复兴大任的时代新人，做好新入职员工传统教育，植入优秀基因，帮助新员工扣好职业生涯的“第一粒扣子”。

把传承石油精神、弘扬石化传统作为全员日常思想教育的一部分，纳入员工培训、基层学习等必学内容，燃旺精神之火、鼓足奋斗之气。

（3）节点有仪式

抓住“七一”“十一”等党和国家的重大节日，以及中国石化企业发展史上的重要时间节点，组织开展石油精神和石化传统教育，引领干部员工厚植家国情怀、汲取精神力量。

发挥中国石化各单位展馆展厅等资源优势，打造中国石化十大红色教育基地，因地制宜组织开展丰富多彩的文化活动、强化优良传统教育，通过组织员工开展实地参观、实物观摩等方式，让石油精神和石化传统动起来、活起来，成为干部员工攻坚克难、干事创业、团结奋进的强大精神力量。

（4）培训有内容

把“忆”和“讲”作为重要手段，主动适应干部员工接受习惯的新变化，通过让老职工重温会战史、让先进典型讲述奋斗经历等多样化方式，促使干部员工经受思想洗礼、提升思想境界，让石油精神和石化传统入脑入心、见行见效。

把“大道理”与“小切口”结合起来，组织干部员工把石油精神和石化传统作为尺子和镜子，联系单位实际、岗位实际和思想实际，把职责摆进去、把工作摆进去、把自己摆进去，找差距、补短板、促提升，积蓄奋进力量。

（5）使用有导向

坚持用石油精神和石化传统引领干部人才队伍建设，把好干部选用“风向标”，把秉持石油精神和石化传统，政治坚强、本领高强、意志顽强的好干部选出来用起来，让敢打硬仗、勇创一流、敬业奉献的优秀员工得认可、有舞台，树立讲担当、重担当、改革创新、干事创业的鲜明导向，促进干部在干事创业中砥砺品质、提高本领。

坚持在传承石油精神、弘扬石化传统中持续深化作风建设，用好干部考核“指挥棒”，不断完善考核评价机制，引导全员树立正确的利益观、苦乐观，以顽强的意志正视困难、战胜困难，为石化振兴、国家富强作出新贡献。引导全员树立正确的发展观、政绩观，始终保持实事求是的作风，脚踏实地，勤奋工作，践行“每一滴油都是承诺”，努力创造经得起实践、人民、历史检验的工作实绩。引导全员树立正确的奋斗观、奉献观，永葆“我为祖国献石油”的豪情壮志，敢于担当、迎难而上、甘于奉献，勇于挑最重的担子，敢于啃最硬的骨头，善于接最烫手的山芋，奋力打开改革发展新局面。

（6）身边有榜样

广泛学习宣传王进喜、侯祥麟、闵恩泽、陈俊武等先进典型事迹，大力选树宣传“感动石化”人物、劳动工匠等先进典型事迹，激励干部员工争做石油精神和石化传统的传承者、实践者。

加大身边典型选树宣传力度，用身边典型带动身边人、用言传身教影响身边人，激励带动干部职工涵养家国情怀、砥砺奋斗精神、塑造人格品行，进一步锤炼过硬干部员工队伍，支撑推动油田全面可持续高质量发展。

（7）年度有考核

以常态运行为手段，把“招聘有测试、入厂有教育、节点有仪式、培训有内容、身边有榜样、年度有考核”的常态化培育践行机制作为重要指标，纳入年度党建考核和日常督导检查，推动抓在日常、严在平常、落在实处，在引导约束中固本培元。

要以行为规范为约束，把苦干实干、“三老四严”等核心价值理念植入业务流程，融入岗位责任、安全生产、技术管理、经营管理等制度规范，以刚性的制度约束，促进价值理念转化为干部员工的思想认同和行为自觉。挖掘梳理基层职工创造的好经验、好做法，总结提炼“新时代石油石化好作风”，用新风正气育人化人、润物无声。

“七有”工作标准把握了员工从入职中国石化开始整个职业生涯全过程的重要节点，侧重于从组织层面，对每个员工传承石油精神、弘扬石化传统强化了思想引领，提出了工作要求，完善了工作体系。集团公司各级组织和广大干部员工认真落实“七有”要求，在传承弘扬石油精神和石化传统上进一步加大力度、从严考核，取得了新的工作成效。

更加融入思想血脉，增强了行动自觉。认真学习习近平总书记视察胜利油田重要讲话指示和关于石油精神重要指示批示精神，学习党组相关部署要求，深刻把握石油精神和石化传统形成背景和丰富内涵，利用各种方式，持续开展传承石油精神和石化传统学习宣讲，接受思想洗礼，提升思想境界，不断融入思想灵魂，融入日常行为。

更加强化典型引路，树起了鲜明导向。结合党史学习教育、集团公司和直属企业重要节点，系统回顾党史、国史和企业发展史，学习王进喜、闵恩泽、陈俊武等先进典型的模范事迹，在改革发展、生产经营、疫情防控、攻坚创效等各个领域、各个层级选树典型，把石油精神和石化传统不断具体化、形象化。

更加抓好问题整改，建立了工作机制。深入对照在传承弘扬石油精神和石化传统中出现的问题，列入党委议事日程，纳入党建工作责任制，初步建立了党委统一领导、党政齐抓共管、宣传部门牵头组织、相关部门各负其责、干部员工积极参与的工作机制，使石油精神和石化传统日益成为集团广大干部员工的行为导向、道德方向和价值取向。

作为重大工作创新，“七有”体系对集团上下传承石油精神、弘扬石化传统起到了很好的推进和督导作用，也成为我们在新时代传承弘扬石油精神和石化传统的基本标准和重要遵循。

4.4.3 新时代传承弘扬石油精神和石化传统的“七进”工作路径

多年来特别是近年来，中国石化各级党组织和广大干部员工按照中国石化党组部署要求，持续深化“传承石油精神、弘扬石化传统”教育，并结合

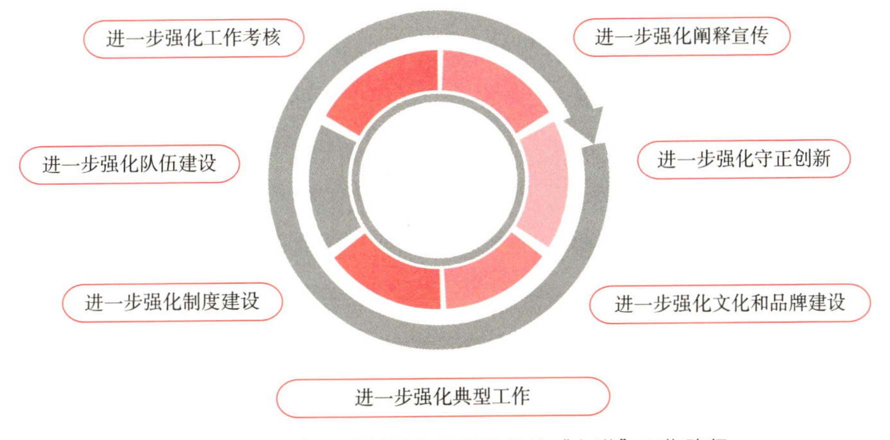

新时代传承弘扬石油精神和石化传统的“七进”工作路径

实际创造了很多经验做法，较好地起到了加强思想政治工作、凝聚干部员工力量、打造石化党建品牌、推动高质量发展的作用。为了巩固推广这些典型经验，进一步丰富、完善“七有”，夯实传统教育根基，我们进行了认真总结、梳理和提升，提出了“七进”工作路径。

4.4.3.1 进一步强化阐释宣传

（1）理论阐释

推动阐释解读向理论层面提升。切实把握石油精神和石化传统的深刻内涵和内在规律，诠释其与社会主义核心价值观的从属关系，掌握企业价值观的话语权和解释权，对于进一步统一全体干部员工思想认识，具有重要意义。要组织相关人员，加大工作力度，深入学习习近平总书记重要指示批示精神，特别是要深入学习习近平总书记到胜利油田视察时的重要指示精神，学深悟透“石油战线始终是共和国改革发展的一面旗帜”“要继承和发扬老一辈石油石化人的革命精神和优良传统，始终保持石油石化人的红色底蕴和战斗情怀，为社会主义现代化建设事业作出更大贡献”等指示要求，成立工作专班，全面梳理石油精神和石化传统的历史脉络和发展历程，从精神传统的主要内涵、核心价值、原理哲理、红色基因、文化传承、重要作用等方面，进行系统阐释解释，奠定精神传统在集团公司党的建设、高质量发展、员工队伍建设等重点工作中的精神和文化基础，并推出一批有深度有影响的理论研究成果，丰富完善石油精神和石化传统的思想体系。

推动精神传承由理论层面向实践层面转化。石油精神和石化传统是石油石化人的根和魂，传承弘扬石油精神和石化传统，关键是要把石油精神和石化传统与党的性质宗旨和伟大建党精神、优秀传统文化的逻辑关系把准理清，把新时代赋予的新使命、新要求与石油精神和石化传统的丰富弘扬有机结合。要秉持历史唯物主义的原则立场，对传统文化有鉴别地对待、有扬弃地继承，剔除其中丧失合理性、与时代精神相悖的糟粕，汲取优秀传统文化的思想精华和道德精髓，激活其生命力，使中华民族最基本的文化基因与当代文化相适应，与现代社会相协调，把跨越时空、超越国界、富有永恒魅力、具有当代价值的文化精神弘扬起来。要追根溯源、领会石油精神和石化传统内涵精髓，根据时代要求赋予新的时代内涵，赋予新的时代生命力。在中国石化改革发展的新阶段，将石油精神和石化传统融入中心工作、植入企业文化，激发培育干部员工对党忠诚的坚定信念、产业报国的家国情怀、改革创新的开拓精神、精细严谨的优秀品格、求真务实的科学态度，推动企业全面可持续高质量发展。

（2）广泛宣传

传承弘扬石油精神和石化传统的本质是强化思想教育和引领，而广泛深入的宣传工作是其重要手段和平台。要把传承弘扬石油精神和石化传统纳入理论武装总体部署，列入党委（党组）理论学习中心组学习、党内重大教育、员工思想教育、干部员工培训的内容，积极利用党委（党组）中心组学习、企业精神教育基地、传统教育展馆、党校、培训机构、企业报刊、宣讲团等多种形式，强化石油精神和石化传统的传承弘扬，凝聚形成更深层次、更大范围传承石油精神、弘扬石化传统的思想共识。要积极构建立体化传播体系，立足“可视”化，将“虚”的石油精神和石化传统化为“实”的视觉表达，设计制作企业卡通形象，以及带有石油精神和石化传统的文化折扇、书签、书画镇尺、文化衫等文创产品，通过艺术雕塑、公益广告、剪纸漫画等方式多途径展示，运用微信、抖音、H5 等新媒体手段广泛传播，增强认同感、亲和力。立足“可听”化，凝练石油石化格言，组织开展“油言油语”征集活动，形成接地气、个性化的石油格言，用富有感染力、吸引力的音乐、语言等作品，传播石油精神和石化传统，让人过目难忘、直抵人心。立足“可感”化，增强传统教育的亲身体验，策划系列教育活动，组织“传承石油精神，弘扬石化传统”微视频作品征集、“为祖国加油”广场快闪等，让员工在参与互动中坚定信心、激发活力，增强“我为祖国献石油”的自豪感和使命感。打造精品开放路线，常态化开展“公众开放日”活动，让社会公众走进企业，切身感受石油精神和石化传统的独特魅力，展示“智慧、绿色、开放”的国企形象。立足“可行”化，将优良传统教育融入生产流程、岗位工作中，突出强基固本，引导基层查盲点、堵漏洞、补短板、固底板，抓实“三基”，深化“三标”，防控安全环保风险，推进绿色企业创建，进一步夯实管理基础、消除短板弱项。遵循价值引领，实施绩效考核，引导干部员工苦干实干、主动“动起来、走出去、强起来”，持续激发创新创效活力。

（3）教育培训

将精神传统传承作为教育培训重要内容，组织开发完善相关项目体系和课程体系，制作系列课程课件，实现精神传统教育进课堂、全覆盖。精心设计培训内容，重点把石油精神和石化传统的教育，纳入干部员工理论、实践专题讲座和短期培训班，推动思想教育进课堂，引导干部员工树立正确职业观，增强对石油石化事业的责任感、使命感。精心安排导师传帮带，利用“导师带徒”“名师带徒”等载体，采取“一助一”“一带多”等灵活多样的方式，为年轻干部选配思想政治素质高、业务本领强的导师，在言传身教中薪火相传，让“苦干实干”“三老四严”成为自觉的价值追求。精心开展红色教育，经常组织举办优良传统事迹报告会、劳模座谈会，推动优秀传统、优良作风转化为行动自觉。

石油精神和石化传统培训要入人心、见实效，就不能生硬地照本宣科、老生常谈，要通过员工喜闻乐见的形式，用生动的语言说出来、讲出来、唱出来，通过创作企业歌曲、录制短视频、讲好石化故事、演出红色组歌、创作优良传统 MV 等方式，把石油精神和石化传统固化为约定俗成的“规矩”，使员工队伍养成不令而行、苦干实干的优良作风。要坚持内容为王，结合石油精神和石化传统以及石油石化系统的先进人物、先进事迹，收集身边人、身边事的闪光点，编成小故事、小课件，排练成故事剧，讲给员工听，演给员工看。同时，也要利用停工培训、大会小会等场合，经常性地讲述石油精神和石化传统，使石油精神和石化传统在基层的文化土壤中根深叶茂、生生不息、永续传承。

4.4.3.2 进一步强化守正创新

石油精神和石化传统之所以成为党领导人民进行伟大社会革命所凝结的宝贵精神财富，就在于她深刻把握了国有企业的根本属性和队伍建设的根本规律，历久弥坚；就在于她结合时代要求和形势变化不断赋予新的内涵，历久弥新。新时代传承弘扬石油精神和石化传统，就要牢牢把握贯穿其中的规律性和时代性，进一步守正创新。

守正，就是要坚守“永远听党话、跟党走”的坚定政治信念，始终以党的旗帜为旗帜、以党的方向为方向、以党的意志为意志，把“我为祖国献石油”的理想信念牢牢熔铸于党和国家的前途命运之中；就是要坚守艰苦奋斗、科学求实的优良作风，将大无畏的革命精神与三老四严、精细严谨的优良传统紧密结合，挺起共和国石油石化工业的脊梁；就是要坚守锐意改革、开拓创新的不懈追求，始终以改革创新为动力，走高质量发展之路；就是要坚守追求卓越、誓争第一的雄心壮志，以永不满足、永站排头、永争第一的进取精神，锻造一支特别能战斗、特别能奉献的铁军队伍，始终保持政治本色不变、优良传统不丢、奋斗精神不减。

创新，就是要认真学习习近平总书记的重要讲话和指示批示，特别是深入学习习近平总书记视察胜利油田时的重要指示精神，牢牢把握时代要求和新使命新任务，不断赋予石油精神和石化传统新的内涵和活力，一是要涵养真挚赤诚的家国情怀。牢记习近平总书记的殷切嘱托，立足“国之大者”认识石油精神和石化传统，传承弘扬红色基因，明确肩负的崇高使命，自觉服务于党和国家战略需求，坚决扛好“三大核心职责”，加快构建“一基两翼三新”产业格局，把能源的饭碗牢牢端在手里，再立新功，再创佳绩，成为党和人民最可信赖的“大国重器”。二是要发扬求真务实的科学态度。坚持实事求是的原则、立场和方法，深刻认识党的十九届六中全会对国有企业做强做优做大的本质要求，深刻认识能源发展转型质变期、产业格局深度调整期、高质量发展攻坚克难期给集团公司带来的严峻挑战，完整准确全面贯彻新发展理念，以高质量发展为引领，稳中求进、立破并举、扬长补短，打造能源保供与绿色发展一体推进，转型升级与科技进步一体联动，布局增量与优化存量一体实施，经济责任与政治责任、社会责任一体担当的世界领先企业。三是要永葆精细严谨的优秀品格。巩固拓展深化改革三年行动成果，用好市场、资本等各种资源要素，始终把“价值最大化、效益最大化”作为企业一切活动最重要的工作标尺和价值取向，秉持“效果、效率、效益”导向，坚持“眼睛盯住市场、功夫下在现场”，持续深耕，不断强化从严管理、提升精细管理、深化精益管理，不断推动企业管理从精细走向精益、从优秀走向卓越。四是要锤炼奉献奋进的实干作风。正确面对集团公司内部队伍构成的新变化和对自身利益的新需求，客观分析多元化社会思潮对干部员工价值取向的新挑战，充分认识拜金主义、享乐主义、利己主义等价值观念对干部员工内心思想的新侵蚀，系统回顾石油精神和石化传统的发展历程，深入总结各个阶段信仰的种子、精神的谱系、制胜的密码，用苦干实干、“三老四严”、艰苦奋斗、敬业奉献的思想基础占领巩固干部员工思想主阵地，多形式、多途径、多方式加强社会主义核心价值观践行和传统文化弘扬，凝聚起“打造世界领先洁净能源化工公司”的强大精神力量。

4.4.3.3 进一步强化文化和品牌建设

（1）以精神传统为文化建设之魂，进一步梳理提升文化建设理念等诸要素

核心价值理念体系是企业内在价值立场和企业经营法则的系统阐述，是企业文化建设的战略性、纲领性文件，是企业与员工的心理契约。它是构建企业文化管理体系、企业文化评估体系、价值观考核体系和制定企业文化建设路径等工作的依据和基础。集团公司先后发布并更新了三版《企业文化建设纲要》，较为系统地规划了企业文化建设，并根据公司内外发展环境、发展阶段、发展任务的变化，及时予以修订完善，指出要大力弘扬“爱我中华、振兴石化”和“三老四严”“精细严谨”等优良传统，发扬“严细实”的优良作风，坚守“为美好生活加油”的企业使命，秉承“人本、责任、诚信、精细、创新、共赢”的企业价值观，为实现“打造世界领先洁净能源化工公司”的企业愿景不懈奋斗。2020 年颁布出台《关于加强中国石化品牌建设的指导意见》，首次发布全新品牌主张和“能源至净、生活至美”的品牌口号，提出构建党建铸魂、管理筑基、文化润心、品牌增值“四位一体”软实力建设体系，要求“十四五”期间将中国石化打造成为“软硬实力皆位

居行业前列的世界领先品牌”。这些理念，不仅融入了社会主义核心价值观的要求，也体现了市场化、国际化意识，较好地处理了市场化、国际化发展与继承优良传统的关系，为公司内强管理、外树形象、走向一流提供了价值指导。

面对集团公司高质量发展的新形势新任务新要求，要加强顶层设计、强化规划引领，通过必要企业决策程序，把石油精神和石化传统作为企业精神的核心和主体，融入企业发展战略之中，修订企业文化手册，建立完善高级管理人员职业道德承诺书，构建以石油精神和石化传统为核心的企业文化体系。要完善中国石化核心价值理念体系，主动邀请外部企业文化专家举办企业文化专题讲座，在中国石化内部形成上下一致的企业文化认知。要积极对标国际国内一流企业理念体系，分析中国石化现有理念体系优点和不足，确定理念体系提升方向。要深入开展中高层一对一深度访谈和员工座谈、企业文化建设专项问卷调研和中国石化发展历史重大事件分析，结合公司内外发展环境和未来发展战略及思路，进一步明确中国石化优秀文化基因，全面征集员工意见，集合众智、达成共识，形成新版中国石化核心价值理念体系，在集团上下全力宣贯推进，厚植石油石化传统沃土，锻造企业文化和品牌软实力，为打造世界领先企业提供强大精神感召力。

（2）按照“有魂、有形、有规、有为”原则，加强专项和基层文化建设，通过精神传统传承建设高素质员工队伍

近年来，集团公司逐步建立和完善企业文化建设体系，深入推进专项和基层文化建设，推动企业文化建设与经营管理工作相融合。指导出台了安全文化、法治文化指导意见，发布安全绿色健康文化建设实施方案，为企业文化工作融入经营管理起到了重要推动作用。以“三老四严”、精细严谨、求真务实为导向，积极引导各直属单位开展基层文化建设，探索中国石化核心价值理念落地的有效途径。胜利油田在总结各基层单位企业文化建设的基础上，提出了规范提升基层文化建设的工作计划；镇海炼化多年来以精细文化建设持续推行“三位一体”发展规划，有效助推了企业发展，不仅成为国内规模最大、效益最好、竞争力最强的炼化一体化企业，还成功跻身世界一流

企业行列；销售有限公司制定了《销售企业基层“家文化”建设指导意见》，持续推进和改善“家文化”建设，形成了销售板块“家文化”建设的有效模式。

进入新时代，更需紧紧围绕集团公司“一基两翼三新”产业格局，立足专项文化和基层文化“有魂、有形、有规、有为”的原则，不断深化优化安全、环保（绿色）、质量、法治、廉洁等专项文化建设，力争在某一两个专项业务领域，首先形成文化管理模式，并在集团公司全面推广，为公司整体走向文化管理奠定基础。聚焦基层文化建设，突出“严细实”导向，引导各单位强化苦干实干、“三老四严”、精细严谨、求真务实、开拓创新、绿色低碳等价值导向，紧贴基层需求，规范强化基层文化建设。在各板块培养试点单位，探索基层文化模块建设，形成以“模块化为主导，个性化为补充”的基层文化建设格局。着重提高基层文化的操作性、实践性，推进中国石化价值理念落细落小落实，进基层、进职责、进岗位。

（3）以中国石化红色教育基地为龙头，直观形象地展示石油精神和石化传统，更好教育引领员工队伍

近些年，集团公司加大力度对各直属企业的工业和历史文化遗产情况进行摸排保护和开发利用。要深挖石油记忆。积极组织开展“寻找石油记忆”老物件、老照片、老影像征集行动，成立专班、组织专人调阅石油石化工业早期历史档案，跨省跨企业遍访老石油，深入职工家中走访了解，追寻石油石化工业史、红色记忆，让沉寂的老物件、老史料诉说历史记忆、绽放岁月光辉，成为见证历史、还原传统的活教材。要形成阵地规模。集团公司各直属企业先后建设胜利油田优良传统展厅、“镇海炼化之路”展厅、“南化公司厂史”陈列馆等一批优良传统教育基地。西北油田705企业文化教育基地、燕山石化展览馆等6家直属单位的教育阵地，纳入“百年峥嵘 初心见证”中央企业红色资源网络展览。永利化学工业公司铔厂（南化公司前身）入选第二批国家工业遗产，胜利油田功勋井入选第四批国家工业遗产名录，胜利油田优良传统展厅入选首批中央企业爱国主义教育基地。各直属企业要将重心下移，挖掘基层生动的历史印记，建立系列基层教育阵地，推动其成

为广受喜爱的“网红打卡地”。要开展联合互动。积极发挥红色教育阵地作用，开展跨企业、跨区域的红色教育活动，切实提升教育基地作用实效。要进一步放大观摩效应，系列教育阵地不仅要成为企业员工开展学习教育的“生动课堂”，因地制宜开展重温入党誓词、党史知识竞赛、石油歌曲大家唱等丰富多彩活动，而且也要成为展示企业形象的“文化名片”，吸引社会公众、外来嘉宾现场观摩，让“我为祖国献石油”的豪情壮志深入人心、广为传颂。

4.4.3.4 进一步强化典型工作

（1）建立健全典型选树培养机制

一是突出“优选”，以身边榜样弘扬优良传统。把苦干实干、“三老四严”石油精神作为身边榜样推选的第一标准，固化形成“以榜样推动工作，靠业绩成就榜样”理念，发挥基层党支部贴近员工群众的优势，把生产经营过程作为发现榜样的过程，确保身边榜样选得出。深刻把握石油精神和石化传统精神特质，细分“苦干实干”“三老四严”“家国情怀”“求真务实”“精细严谨”等若干榜样类别，以“五星闪耀”“四十佳”“身边感动”评选等形式，使不同特质、不同群体的榜样选得准。

二是突出“培育”，以身边榜样践行石油精神。要深入挖掘典型，全方位、多角度、深层次总结，深入挖掘榜样身上承载的石油精神和石化传统特质，升华榜样鲜活形象。例如在薛梅事迹挖掘上，抓住她坚守小站20年的闪光点，集中展现其苦干实干、“三老四严”的精神特质，增强榜样的典型性。要联手培育典型，发挥全业务链优势，深入开展“传承石油精神、弘扬石化传统”实践活动，在活动中发现具有典型潜质员工，制订长期培养计划，在关键时刻上考察，在重点工作中识别，增强榜样先进性。要用活载体平台，充分利用“名师带徒”平台，推进开展一线难题“揭榜挂帅”活动，让典型和榜样组建团队攻坚，在破解难题中传承石油精神。

三是突出“推介”，以身边榜样赓续红色基因。要充分利用内部电视、网站、微信、抖音等媒体强化宣传，让员工群众深入了解榜样身上所具备的

“三老四严”“四个一样”等红色基因，让身边榜样走入员工群众内心，增强身边榜样认同感。要充分利用“感动石化”人物评选、全国道德模范评选、全国劳模表彰等契机，把深入宣传推介石化榜样的过程作为展示石油石化品牌形象的过程，推动石油精神和石化传统融入中华文化大家庭。

（2）讲好石化故事

一个先进就是一个榜样，一个典型就是一面弘扬精神传统的旗帜。在运用常规宣教手段的基础上，活用故事化、影像化、趣味化、课程化的形式，提升教育学习效果。

要推进故事化，各直属单位要以各种典型为题材，以感动石化为主题，连续开展优良传统故事传讲活动，深入挖掘创业创新故事、优良传统故事、科学家故事、企业家故事、技能大师故事、劳动模范故事、感动石化人物故事，使故事蕴含思想、赋予精神，成为企业文化传播的有效载体。要整合各类宣讲资源，组建专家宣讲团、基层宣讲小分队等，通过故事化、艺术化的形式，运用群众喜闻乐见的语言和方式，确保员工群众能听、想听、爱听，推动石油精神和石化传统入脑入心。

要推进影像化，善用全媒体阵地，以广播电视、报纸杂志、企业网站以及微信公众号等为平台，采用图片、动画、视频等方式将石油精神和石化传统的好故事具象化、大众化。着重打造一批体现企业精神、展示队伍作风、塑造企业形象的中国石化企业文化经典案例、故事和微视频、MV，形成中国石化文化案例集，做好持续传播。发挥抖音、快手等自媒体受众广泛、传播迅速的优势，发动全员参与，打通直达基层、直达员工的快捷通道。

要推进趣味化，适应日常教育的分众化、差异化特点，丰富教育形式，组织知识竞赛、演讲比赛、辩论赛等较为灵活、各具特色的活动，激发员工学习热情。

要推进课程化，将石化优良传统故事作为党员干部培训的重要内容，纳入各级党校、培训机构的必修课程，尤其将石油精神和石化传统纳入新职工入职培训、青年员工培训之中，帮助他们扣好“第一粒扣子”，植入优良基因。

4.4.3.5 进一步强化制度建设

要以“七有七进”体系为主要抓手，细化完善包括重点工作、组织运行、考核评估、结果运用等各项制度机制建设，做到“从入职到退休，贯穿员工职业生涯全阶段；从培养到使用，嵌入干部教育管理全过程；从传承到践行，覆盖员工日常工作全方位”。以强有力的制度和机制保障，推进精神传统执行有力、落地生根。主要可围绕以下几个方面推进制度建设。

一是突出工作重点。重点围绕“七有七进”体系来设计、完善各项制度，确保“七有七进”能够实现成果转化、全面推进。

二是加强顶层设计。从集团公司到各直属企业单位，成立传承弘扬石油精神和石化传统工作领导小组，加强对此项工作的领导，结合学习贯彻习近平总书记重要指示和讲话精神、党和国家有关要求，结合集团工作和队伍建设实际，定期研究确定重点工作，作出工作部署，提出工作要求，解决相关问题。

三是加强组织运行。出台相关制度要求，明确各业务部门职责，由责任领导或牵头部门加强工作调度协调，并通过运行、宣讲、报告或现场会等形式了解工作动态，宣传先进典型，指出短板不足，营造工作氛围，推进工作开展。

四是加强督导考核。将传承石油精神、弘扬石化传统纳入工作督导、党建巡察和党建考核，建立完善考评机制，抓实标准制定、督导考核、整改提升、典型推广四个关键环节。重点看是否完善“七有七进”体系制度建设、纳入法规性制度和岗位性制度、存在死角和空当现象；是否严格执行制度、存在“上热中温下凉”现象；是否结合实际创造性落实制度、存在官僚主义和形式主义现象；是否严格考核结果运用、存在虚化弱化现象、降低制度权威、影响工作推进等等。要把石油精神和石化传统作为一把尺子、一面镜子，用考核指挥棒推进石油精神和石化传统在基层落地生根。

4.4.3.6 进一步强化队伍建设

精神传统靠人创造，更靠人传承。人才强才能事业兴。建设一支与集团公司体量规模和工作任务相匹配的高素质企业文化人才队伍，不仅是推动石油精神和石化传统繁荣昌盛的捷径，也是提升企业软实力的必备保障。

一是明确工作职责，充分发挥各层级管理者作用。石油精神和石化传统是加强干部员工队伍建设的重要内在力量，也是每一个管理者的应有责任。谁带队伍，谁就是队伍建设的主要管理者，也是石油精神和石化传统的主要推动者。要加强专业学习和专门培训，进一步提高各个层级、各个岗位管理者的思想认识，明确工作职责，掌握方式方法，强化督导考核，使石油精神和石化传统的传承弘扬真正做到全天候、无死角、全覆盖。

二是深化工作措施，提升专业工作者能力素养。集团公司党群系统特别是宣传文化系统是石油精神和石化传统传承弘扬的专业队伍，承担着更重要的责任，也要发挥更重要的作用。要实施人才培养工程。要注重选拔培养理论、新闻、文艺等方面骨干人才，深入培养一批热爱文化事业、专业素养高的文化人才队伍。将企业宣传文化领域的经营管理和专门技术人才纳入培养工程，加强对相关人才的教育培训、宣传推介、实践锻炼，积极将基层宣传文化骨干人才纳入选拔培养计划，进一步扩大人才培养工作的覆盖面。要实施名人创作工程。建议集团公司每年集合一批在文化宣传、新闻出版、文艺表演、艺术创作等方面的专家团队，以最新主题开展创作研究、文化交流、学习研讨和考察采风等，将石油精神和石化传统融入优秀文艺作品，持续增强精神传统的生命力、影响力、覆盖面。

4.4.3.7 进一步强化工作考核

坚持问题导向、对标管理，量化标准条件，细化督导检查，强化结果应用，以考核抓落实，以督导促整改，推动石油精神和石化传统教育融入日常、融入业务、融入岗位，为集团公司高质量发展提供思想支撑。

一是量化考核标准。制定“招聘入职、节点仪式、培训教育、人才导向、典型榜样、督导考核”等方面细致考核标准，如“是否将石油精神和石化传统纳入新员工试用评价内容”“是否定期参观瞻仰红色教育基地，开展石油精神和石化传统教育”“如何将石油精神和石化传统纳入干部员工日常培训”等，让直属单位明晰“如何开展”“开展到什么程度”，真正做到“工作有方向，考核有依据”。

二是创新考核模式。按照各直属单位优良传统教育开展情况及员工学习了解掌握情况，对各单位进行 ABC 分类定档，综合评定教育效果。将优良传统教育开展情况纳入集团公司和直属单位“劳动竞赛”“党建考核”等，提高对优良传统教育的重视程度。强化奖惩激励，根据各单位评比和考核情况，定期对各直属单位开展奖惩激励，对先进个人和优秀单位进行评选表彰，激发各单位开展优良传统教育的积极性，激励干部员工争做石油精神和石化传统的实践者、传承者、推动者。

三是强化结果应用。建立完善“开展—检查—整改—总结—开展”的闭环管理机制，每年度检查评比结束后，及时挖掘、总结各单位传承石油精神、弘扬石化传统中形成的新经验、新做法，固化形成成果。建立“帮扶结对”机制，对优良传统教育效果不好的单位进行定期帮扶指导，助力提高教育效果。

新时代开启新征程，新使命呼唤新作为。希望通过本课题研究，能够进一步推进集团公司全体干部员工大力传承弘扬石油精神和石化传统，努力建设具有强大战略支撑力、强大民生保障力、强大精神感召力的中国石化，在新征程上创造出不负党和国家期望、无愧历史和人民重托的新功佳绩。

附件 1

关于大力开展传承石油精神、弘扬石化传统教育的安排意见

中国石化党组宣〔2019〕44 号

各直属单位党委，总部机关各部门党总支（支部）：

为持续深入学习贯彻习近平总书记关于大力弘扬石油精神重要指示批示，引导广大干部员工永葆干事创业、真抓实干的激情，永葆艰苦奋斗的作风，切实不忘初心、牢记使命、永远奋斗，推进实施“两个三年、两个十年”打造世界一流战略部署，现就在全系统开展传承石油精神、弘扬石化传统教育，提出以下安排意见：

一、深刻把握石油精神和石化传统的时代内涵

2016 年 6 月，习近平总书记作出重要批示，强调石油精神是攻坚克难、夺取胜利的宝贵财富，什么时候都不能丢。要结合“两学一做”学习教育，大力弘扬以“苦干实干”“三老四严”为核心的石油精神，深挖其蕴含的时代内涵，凝聚新时期干事创业的精神力量。2019 年 9 月 26 日，习近平总书记在致大庆油田发现 60 周年的贺信中指出：大庆精神铁人精神已经成为中华民族伟大精神的重要组成部分。习近平总书记的重要指示批示，高度概括了石油精神的精髓，饱含着对石油石化工业发展的厚望，充分体现了对石油石化人的亲切关怀。

以“苦干实干”“三老四严”为核心的石油精神形成于石油工业艰难的创业初期，是坚持党的领导、发挥党的政治优势的实践成果，是石油石化战

线的立身之本、创业之魂，是激励石油石化人永远奋斗的强大精神动力。新时代传承“苦干实干”优良传统，就是要树立正确的利益观苦乐观，始终把国家利益、企业利益放在第一位，不怕苦，敢吃苦，能吃苦，以顽强的意志正视困难、战胜困难，为石化振兴、国家富强不断作出新贡献；就是要树立正确的发展观政绩观，始终保持实事求是的作风，不图虚名，不尚空谈，不摆花架子，脚踏实地，勤奋工作，努力创造经得起实践、人民、历史检验的工作实绩；就是要树立正确的奋斗观奉献观，永葆“我为祖国献石油”的豪情壮志，敢于担当、迎难而上、甘于奉献，勇于挑最重的担子，敢于啃最硬的骨头，善于接最烫手的山芋，打开改革发展新局面，为打造世界一流企业奉献奋进。

“三老四严”是大庆石油会战中形成的优良作风，具体内容是：对待革命事业，要当老实人，说老实话，办老实事；对待工作，要有严格的要求，严密的组织，严肃的态度，严明的纪律。新时代传承“三老四严”优良传统，就是要大力倡导精细严谨、求真务实的工作作风，引导干部员工始终保持高度的主人翁责任感和科学求实精神，不断增强队伍建设的组织性和纪律性，不断增强创新发展的主动性和科学性，不断增强执行制度的自觉性和严肃性，努力提升企业管理水平和核心竞争力。

中国石化成立 36 年来，始终传承和弘扬以“苦干实干”“三老四严”为核心的石油精神，在“振兴石化”的生动实践中，贴近企业实际，体现行业特点，逐渐形成了以“求真务实、精细严谨、家国情怀”为主要内涵的石化传统。石油精神和石化传统都是党领导人民进行伟大社会革命所凝结的宝贵精神财富，二者不是割裂的，而是相互联系、相互印证的。石化传统是对石油精神的传承与弘扬，是党的思想路线在中国石化的具体实践，广大干部员工要融会贯通、一体贯彻，凝聚起“爱我中华、振兴石化”“为美好生活加油”的正能量。

二、增强大力传承石油精神、弘扬石化传统的自觉性坚定性

石油精神、石化传统是石油石化人取之不尽、用之不竭的宝贵精神财

富，是激励一代代石油石化人奉献奋进、担当作为、一路向前的动力源泉。无论过去、现在还是将来，都要传承好弘扬好石油精神和石化传统，凝聚干事创业、打造一流的强大精神力量。

（一）传承石油精神、弘扬石化传统是坚持党的领导、发挥政治优势的重要体现。习近平总书记在庆祝改革开放40周年大会上说，信仰、信念、信心，任何时候都至关重要。小到一个人、一个集体，大到一个政党、一个民族、一个国家，只要有信仰、信念、信心，就会愈挫愈奋、愈战愈勇，否则就会不战自败、不打自垮。石油精神和石化传统是石油石化人信仰、信念、信心的集中体现，是我们攻坚克难、夺取胜利的强大精神力量。各级党组织要提高政治站位，深刻理解习近平总书记一系列重要指示批示精神的内涵与实质，做到融会贯通、系统把握，增强"四个意识"，坚定"四个自信"，做到"两个维护"。要从关系企业长远发展、实现基业长青的高度，充分认识传承石油精神、弘扬石化传统的重要意义，用石油精神激发奉献之志，用石化传统凝聚奋进之力，服从服务于国家发展战略，坚定不移走国有企业发展壮大之路。

（二）传承石油精神、弘扬石化传统是新时代砥砺奋进、打造一流的强大动力。党的十九大发出了"培育具有全球竞争力的世界一流企业"的动员令，集团公司系统谋划并积极推进实施"两个三年、两个十年"打造世界一流战略部署。当前，"第一个三年"时间已经过半，公司改革发展进入到更为关键的时期，面临着更强的市场竞争、更大的转型压力和更严格的资源环境约束等一系列挑战。越是发展的关键期，越需要精神的力量。中国石化要实现决胜全面可持续发展、迈向高质量发展、打造世界一流，就要大力传承石油精神、弘扬石化传统，发扬"有条件要上，没有条件创造条件也要上"的实干精神，真抓实干、埋头苦干，抢抓机遇、攻坚克难，推动公司发生根本性变革、实现历史性跨越，早日实现更高水平的"振兴石化"。

（三）传承石油精神、弘扬石化传统是锤炼过硬作风、加强队伍建设的内在需要。石油精神和石化传统激励着一代代石化员工砥砺奋进，不懈奋斗。但目前在一些单位和干部员工中，还存在石油精神和石化传统有所淡化弱化的现象。有的领导干部干事创业劲头不足，忧患意识不强，满足于舒舒服服干工作，在思想上行动上艰苦奋斗不够，个别领导干部不愿到艰苦地区、困难企业工作；有的干部员工认为创业年代形成的传统和作风已经过时了，敬业精神、奉献意识有所衰减，讲奉献付出少，谈利益得失多，干工作“只求过得去，不求过得硬”，生产作业上还有“低标准、老毛病、坏习惯”问题，岗位安全意识不强，安全生产形势依然严峻等。要解决这些问题，就必须大力传承石油精神、弘扬石化传统，善于从优良传统中吸收养分、汲取力量，强根魂、壮筋骨、扬正气，始终保持政治本色不变、优良传统不丢、奋斗精神不减，锻造一支政治坚强、本领高强、意志顽强的干部队伍，培育一支敢打硬仗、勇创一流、敬业奉献的员工队伍，破解前进道路上的一道道难题，不断开创改革发展的新局面。

三、落实开展传承石油精神、弘扬石化传统教育的重点措施

传承石油精神、弘扬石化传统是一项长期任务，要坚持远近结合，持续推进，当前要抓好以下重点措施的落实。

（一）开展石油精神、石化传统学习宣讲。利用党委中心组学习、党支部“三会一课”、党校培训等平台，认真学习习近平总书记关于石油精神的重要批示，学习《中国石化三十年》等文章，学习中国石化成立 35 周年会议精神，学习传承石油精神、弘扬石化传统教育提纲，深刻把握石油精神、石化传统的形成背景、深刻内涵和相互关系，从理想信念、家国情怀、时代使命等深层次问题入手，增强干部员工的情感认同和行动自觉。要结合庆祝新中国成立 70 周年，开展革命传统和爱国爱企教育，组织员工就近参观爱国主义教育基地、企业展览馆、重点工程现场等，缅怀老一辈石油石化人的艰苦创业历程，学习他们的艰苦奋斗精神，经受思想洗礼，提升思想境界。各单位可采用歌咏、展览、故事会等喜闻乐见的方式，宣传老一辈石油石化人的艰苦创业精神，引导干部员工立足岗位自觉践行。

（二）强化典型示范引领。以学习习近平总书记致大庆油田发现 60 周年

的贺信为契机，深入宣传学习王进喜同志的先进事迹，在回顾艰苦创业历程中深入学习老一辈石油人顽强的意志、高昂的斗志、高尚的品质。以闵恩泽和陈俊武同志荣获“最美奋斗者”、陈俊武同志荣获“时代楷模”为契机，持续深入学习宣传闵恩泽和陈俊武同志先进事迹，激励带动干部员工涵养家国情怀、砥砺奋斗精神、塑造人格品行。深入挖掘“感动石化”人物、劳模工匠、“最美倒班工人”等先进人物身上所体现的石油精神和石化传统特质，通过多种方式讲好先进典型故事，发挥好示范引领作用。各级党组织要积极发现、深度发掘本单位苦干实干、精细严谨的先进典型，把石油精神和石化传统具体化、形象化，用身边先进典型影响人、带动人。在发挥正面典型作用的同时，要强化反面典型的警示教育，引导干部员工进一步肃清周永康、苏树林、王天普等腐败分子流毒，彻底消除错误的发展观和政绩观影响。

（三）深入研讨推动问题检视整改。结合主题教育检视问题、整改落实的要求，突出问题导向，组织干部员工联系单位实际、岗位实际和思想实际开展研讨，开展“在优良传统上我们丢掉了什么，对比先进典型我们缺少什么”讨论，引导干部员工把职责摆进去、把工作摆进去、把自己摆进去，对照检查、审视反思，切实把思想上作风上的问题找准找实，把根源找深，明确努力方向。各级领导班子和领导干部要带头提振干事创业和攻坚克难的精气神，以上率下作示范，以自身先行先改带动队伍风气焕然一新，推动广大员工把好传统好作风落实到岗位工作中，形成传承石油精神、弘扬石化传统的良好风气。

（四）将石油精神和石化传统提升为文化导向。集团公司将对核心价值体系进行总结提炼、挖掘诠释，修订出台新一版企业文化建设纲要，推动石油精神和石化传统深植于企业文化中，促进内化于心、外化于形、固化于制。要持续强化干部员工的优良传统教育和公司核心价值理念教育，逐步在干部员工中树立起鲜明的行为导向和价值取向。要对传承石油精神、弘扬石化传统进行深入调研，及时发掘梳理干部员工适应新形势、应对新变化，创造形成的新经验、新做法，总结提炼反映石油精神和石化传统的文化格言，不断丰富石油精神和石化传统的内涵和外延，赋予其新的生命力。

（五）建立完善培育践行的长效机制。各级党组织要把传承石油精神、弘扬石化传统作为常态化工作，列入党委议事日程，纳入党建工作责任制，建立党委统一领导、党政齐抓共管、宣传部门牵头组织、相关部门密切配合、广大干部员工积极参与的工作机制。要结合实际传承石油精神、弘扬石化传统，探索形成"招聘有测试、入厂有教育、节点有仪式、培训有内容、身边有榜样、年度有考核"的常态化培育践行机制，建立完善评选表彰激励机制，推动石油精神、石化传统在中国石化落地生根。集团公司将把传承石油精神、弘扬石化传统、推进企业文化建设的情况纳入党建考核，以考核促落实。

四、有关要求

各级党组织要高度重视、统筹安排，制定落实措施，注重过程跟进，推动专题教育取得实效。

（一）落实主体责任。各级党组织要提高政治站位，把开展传承石油精神、弘扬石化传统教育作为当前一项重要政治任务进行安排和部署，制定细化本单位落实措施，迅速启动推进。各级党组织书记和党员领导干部要切实负起责任，既要带头弘扬践行，又要履行推动职责，精心组织好教育的开展。各级宣传部门要发挥好协调作用，兼顾当前与长远，确保专题教育有序高效运行。

（二）密切联系实际。要紧密联系公司改革发展和干部员工队伍建设实际，通过形式多样的活动引导干部员工回忆奋斗征程、追寻榜样足迹、汲取奋进力量。要与"不忘初心、牢记使命"主题教育有机结合起来，统筹推进、融合落实，防止多头安排、分散精力，给基层增加负担。要坚持问题导向，力戒形式主义、官僚主义，把发现问题、解决问题作为出发点和落脚点，抓好整改落实，用开展专题教育的成果推动企业改革发展和生产经营工作。

（三）注重分类施策。要坚持区分层次、分类施策，根据不同业务板块、不同单位、不同群体的特点，制定针对性教育措施，不搞上下一般粗，保证教育实效。要把党员干部作为教育的重点，发挥其“关键少数”作用，重在解决带头落实新发展理念、带头攻坚克难、带头践行优良传统作风等方面的问题。要面向全体员工开展教育，重在解决思想认识、情感认同和岗位践行等方面的问题。

（四）加强舆论引导。石化报社所属媒体、“奋进石化”微信平台，以及各企业媒体要开设栏目，及时反映专题教育动态和成效。要强化新媒体应用，创新宣传手段，增强教育的吸引力。要在“公众开放日”活动中增加相关内容，并有针对性地发现、培育示范单位和示范岗位。

（五）强化督促指导。采取巡回指导、重点调研、座谈交流等多种形式，对各单位开展情况和实际效果进行督促指导，适时通报情况、交流经验做法。各直属单位开展专题教育的情况要及时上报集团公司党组。

中共中国石化党组

2019 年 9 月 30 日

附件 2

大力传承石油精神弘扬石化传统教育提纲

宣传工作部　2019 年 10 月

前言

习近平总书记关于大力弘扬以“苦干实干”“三老四严”为核心的石油精神的重要批示，高度概括了石油精神的精髓，饱含着对石油石化工业发展的厚望，充分体现了对石油石化人的亲切关怀。石油精神形成于火热的建设年代，鼓舞着全国人民，激励着各行各业，是中国共产党人在推动伟大社会革命中创造的宝贵精神财富，是石油石化战线立身之本、创业之魂，成为激励石油石化人永远奋斗的强大精神动力。

中国石化成立 36 年来，传承和发展石油精神，始终以“苦干实干”“三老四严”为基本要求，坚定“爱我中华、振兴石化”“为美好生活加油”的使命担当，形成了以求真务实、精细严谨、家国情怀为主要内涵的石化传统，锻造了以志存高远、质朴厚重、奉献奋进为鲜明特征的优秀企业文化，这是中国石化的性格和气质，是石油精神在中国石化的传承与弘扬。

在新时代的伟大征程中，要实现更高水平的“振兴石化”，打造基业长青的世界一流能源化工公司，我们需要从红色精神谱系中汲取力量，大力传承石油精神、弘扬石化传统，引导干部员工永葆干事创业、真抓实干的激情，永葆谦虚谨慎、艰苦奋斗的作风，不断夯实应对挑战、推动发展的共同思想基础和艰苦奋斗的精神支柱。

一、充分认识新时代大力传承石油精神、弘扬石化传统的重要意义

我国石油石化工业的发展史，既是一部艰苦创业奋斗史，也是一部优良传统传承史。石油会战期间，面对极端艰苦的生产生活条件，老一辈石油人发扬“宁可少活二十年，拼命也要拿下大油田”“有条件要上，没有条件创造条件也要上”的顽强拼搏精神，在艰苦奋斗、拼搏奉献中培育了“严细实”的优良作风，形成了“三老四严”“四个一样”的光荣传统，孕育了大庆精神铁人精神。中国石化成立以来，在继承大庆精神铁人精神的基础上，形成的“爱我中华、振兴石化”的企业精神和“精细严谨”的管理特色，成为石油石化传统的重要内涵。2016 年 6 月，习近平总书记作出重要批示，强调石油精神是攻坚克难、夺取胜利的宝贵财富，什么时候都不能丢。要大力弘扬以“苦干实干”“三老四严”为核心的石油精神，深挖其蕴含的时代内涵，凝聚新时期干事创业的精神力量。2019 年 9 月 26 日，习近平总书记在致大庆油田发现 60 周年的贺信中指出：大庆精神铁人精神已经成为中华民族伟大精神的重要组成部分。习近平总书记的重要指示批示，充分体现了对石油石化人的亲切关怀，饱含着对石油石化工业的厚望，深刻揭示了“物质变精神、精神变物质”的辩证法，向我们发出了不忘初心、牢记使命、永远奋斗的动员令。我们要增强“四个意识”、坚定“四个自信”、做到“两个维护”，大力弘扬大庆精神铁人精神，大力传承石油精神、弘扬石化传统，以强烈的奉献精神和奋进姿态走好新时代的长征路，加快实施“两个三年、两个十年”打造世界一流战略部署，为实现中华民族伟大复兴中国梦作出更大贡献。

大力传承石油精神、弘扬石化传统，是坚持党的领导、牢记初心使命的迫切需要。习近平总书记在庆祝改革开放 40 周年大会上说，信仰、信念、信心，任何时候都至关重要。小到一个人、一个集体，大到一个政党、一个民族、一个国家，只要有信仰、信念、信心，就会愈挫愈奋、愈战愈勇，否则就会不战自败、不打自垮。石油精神和石化传统是石油石化人信仰、信念、信心的集中体现，是我们攻坚克难、夺取胜利的强大精神力量。各级

党组织要提高政治站位，深刻理解习近平总书记一系列重要指示批示精神的内涵与实质，做到融会贯通、系统把握，增强传承石油精神、弘扬石化传统的思想自觉和行动自觉。特别是要从关系企业长远发展、实现基业长青的高度，充分认识传承石油精神、弘扬石化传统的重要意义，用石油精神激发奉献之志，用石化传统凝聚奋进之力，服从服务于国家发展战略，坚定不移走中国特色现代国有企业发展壮大之路。

回顾发展历程，我们就会发现，新中国石油石化工业的发展与党和国家的命运紧紧联系在一起。中国石化成立之初，就是为了综合利用 1 亿吨石油资源，肩负起壮大国有经济、振兴石化工业、改善人民生活的历史重任。在石油工业方面，1949 年底，全国只有 8 台浅井钻机，40 多名石油技术人员，原油产量（不包括台湾）只有 12 万吨，其中天然油 7 万吨，人造油 5 万吨。国内石油供应尚不足国家建设需求量的 10%，国际上又遭到帝国主义“石油禁运”的封锁，石油工业被称为最薄弱的环节。“一五”计划结束时，用于进口油品的外汇花费占了第一位。在这种情况下，老一辈石油人听从党的召唤，始终怀着一颗为国分忧的赤子之心，战天斗地、人拉肩扛，艰苦奋斗、为国找油，走出了一条独立自主的中国特色石油工业发展之路。在石油炼制方面，1949 年全国原油加工能力仅为 17 万吨，当年实际加工原油 11.6 万吨，石油产品只有 12 种，汽油、煤油、柴油、润滑油等 4 大类产品的产量仅为 3.5 万吨，当时国内消费的石油产品 90% 以上依赖进口，远远不能满足国民经济发展的需要。在基础薄弱、技术落后、人才紧缺等艰苦条件下，引进前苏联的炼油技术和设备，以 1958 年在兰州建成年加工 100 万吨原油的兰州炼油厂为标志，我国初步拥有现代化的炼油工业。20 世纪 60 年代初，随着大庆油田开发和胜利油田等新油田的陆续发现，为石油炼制工业奠定了物质基础，原油年产量跨上了千万吨级台阶。这时候，面临前苏联停止援助和美国的技术封锁，国家果断决策要在自力更生的前提下发展炼油工业，掀开了我国炼油技术发展全新的一页，到 1978 年原油年加工能力超过了 1 亿吨，轻质油品基本满足了当时国民经济的需求。在石油化工方面，为了迅速改变旧中国遗留下来的一穷二白的落后面貌，党和国家立足我国人口多、耕地少的实际，从解决几亿人民吃饭穿衣这个头等大事出发，在积极发展化肥工业的基础上，适当发展酸、碱、橡胶、染料等工业。第一个五年计划建设期间，化工产品产量成倍增长，产品品种从 1952 年的 460 多种增加到 1957 年的 1400 多种。但由于基础薄弱、原料缺乏，石油化工仍处于落后状态，远远不能满足工业、农业、国防和人民生活的需要。从 20 世纪 60 年代石油化工工业开始起步，提出以自力更生为主、争取外援为辅的方针，我国石化工业艰难地向前推进。1978 年，我国原油产量达到 1 亿吨，如何用好这笔财富、提高经济效益、增加国家财政收入，成为关系国民经济发展的重大战略问题。1981 年，国务院领导几次提到充分利用石油资源、发展石油化工综合利用、提高经济效益的问题。1983 年 2 月，党中央下发中发〔1983〕7 号文件，决定正式组建中国石化总公司，对国内原来分属石油部、化工部、纺织部等部门管理的炼油、石油化工和化纤企业，实行产供销、人财物、内外贸集中领导、统筹规划、统一管理。为成立一个公司由党中央直接发文，这是前所未有的。1983 年 7 月 12 日，中国石化总公司在北京正式成立。因此，中国石化从成立之时起就肩负着国家的希望和民族的重托，把祖国的需要和发展当成自己义不容辞的责任。正是老一辈石油石化人在最困难的年代、在国家最需要的时期，肩负为国分忧的责任，依靠“革命加拼命”的实际行动，通过长期的艰苦奋斗和拼搏奉献，在实践中孕育形成了石油精神和石化传统，激励着一代代石油石化人自力更生、奋发图强，相继开发了一个又一个大油田，建设了一个又一个炼化企业，建立了完整的现代石油石化工业体系，为国家提供了大量的石油、天然气和石化产品，为国民经济和社会发展、国防建设以及人民生活改善作出了重要贡献。

经过 36 年的发展，中国石油石化工业从无到有、从小到大、从弱到强，中国石化连续 9 年位列《财富》世界五百强前五，我国从一个依赖“洋油”“洋布”的国家发展成为位居世界前列的石油石化大国。今后，中国石化要继续成为党和人民可以信赖和依靠的“大国重器”，就要大力传承石油精神、弘扬石化传统，牢记“中国石化生来为党为国家为人民”的初衷，服从服务于国家战略，把忠诚、担当、奉献、奋进作为座右铭，保持“朝受命、夕饮冰，昼无为、夜难寐”的斗志，把个人的奋斗梦想、公司的发展愿景融入“为中国人民谋幸福、为中华民族谋复兴”的初心和使命中，坚定不移在党的领导下走中国特色现代国有企业发展壮大之路。

大力传承石油精神、弘扬石化传统，是打造世界一流的迫切需要。我国经济已由高速增长阶段转向高质量发展阶段，正处在转变发展方式、优化经济结构、转换增长动力的攻关期。中国石化既面对着发展的机遇期，也面临多方面的困难和风险。从国际环境看，中美经贸摩擦是影响我国经济社会发展的最大变数。国有企业特别是中央企业作为我国国民经济的重要支柱，在经贸摩擦中必然受到影响。从国内改革开放来看，我国将深化市场化改革、扩大高水平开放，加快建设现代化经济体系，公司所处的能源化工行业将进入优胜劣汰的新阶段。特别是，国家正在酝酿改革成品油定价机制，可能显著压缩炼油毛利空间，部分炼油企业将由盈转亏，一些企业甚至出现边际贡献为负；明年起《外商投资法》及其配套政策将正式实施，一些跨国公司纷纷入场，将进一步推动国内化工产能增长，部分高附加值产品也将面临过剩风险。从炼化产业竞争态势来看，近年来，各类资本纷纷涌入炼化产业，加上国内成品油需求增速放缓、化工景气周期下行、中美经贸摩擦等因素叠加影响，产能过剩问题更加突出，行业格局面临深刻调整，全方位、全产业链竞争态势加速升级明显。比如，一批大型炼化一体化项目规划建设或建成投产，这些项目在规模、技术、装备等方面具有比较优势，将深度重构现有的供需平衡、市场流向，进一步挤压小规模高成本企业的生存发展空间。从科技创新发展趋势来看，当前，全球科技创新进入空前密集活跃的时期，新一轮科技革命和产业变革正在重构全球创新版图、重塑全球经济结构，一些颠覆性技术可能引发能源化工行业变革。当前公司资产主要分布于传统产业，亟需在新能源、新材料、新业态等新兴领域加快布局，亟待运用融合机器人、数字化、新材料的先进制造技术推进传统产业向智能化、绿色化转型。如果我们与前沿性技术失之交臂，就会严重影响转型升级、新动能接续，甚至可能在未来市场竞争中提前掉队。从发展后劲看，油气资源接替不足，原油硬稳定、天然气上产压力较大；产业结构调整任务艰巨，转型升级面临不少挑战；人工成本持续攀升，劳动生产率仍然偏低。

越是发展的关键期，越需要精神的力量。面对“两个三年、两个十年”打造世界一流战略部署，面对“第一个三年”时间已经过半的实际，当前，中国石化要实现决胜全面可持续发展、迈向高质量发展、打造世界一流，就要大力传承石油精神、弘扬石化传统，发扬“有条件要上，没有条件创造条件也要上”的实干精神，抢抓机遇，攻坚克难，敢于竞争，推动公司发生根本性变革、实现历史性跨越，早日实现更高水平的“振兴石化”。

大力传承石油精神、弘扬石化传统，是加强队伍建设的迫切需要。石油精神和石化传统激励着一代代石化员工砥砺奋进，不懈奋斗。但目前在一些单位和干部员工中，还存在石油精神和石化传统有所淡化弱化的现象。戴厚良同志在 7 月 1 日的“不忘初心、牢记使命”主题教育党课中提出了八个“深刻查摆”、六个“高度警惕”的要求，指出了队伍中存在的“工作应付了事”“执行不力”“干事创业精气神不够”“不担当不作为”“喘口气、松松劲、歇歇脚”“粗枝大叶、不严不细”“上下一般粗”等问题。在 7 月 26 日的集团公司主题教育研讨班上，戴厚良同志又分析了目前干部队伍中存在的问题，指出“少数干部不担当不作为慢作为的问题仍然存在。有的干事创业劲头不足，忧患意识不强，在思想上艰苦奋斗不够，满足于停留在舒适区；有的工作思路不清、办法不多，工作打不开局面；有的抓工作浮在表面，只求过得去、不求过得硬，有时还习惯搞形式主义、官僚主义。”这次中央巡视也指出了个别领导干部不愿到艰苦地区、困难企业工作，生产作业上还有“低标准、老毛病、坏习惯”问题等。这些问题表现在工作上，根子在思想上、作风上，集中体现在对优良传统作风的传承不够。

光辉的事业需要思想统一、步调一致、行动有力的干部员工队伍。解决当前队伍思想和作风建设中存在的问题，就要坚定不移将石油精神和石化传统发扬光大，善于从优良传统中吸收养分、汲取力量，强根魂、壮筋骨、扬正气，始终保持政治本色不变、优良传统不丢、奋斗精神不减，锻造政治坚强、本领高强、意志顽强的高素质专业化干部队伍，培育一支敢打硬仗、勇创一流、敬业奉献的员工队伍，敢于担当、勇于作为，破解前进道路上的一道道难题，不断开创改革发展的新局面。

石油石化因精神而矗立，靠精神而恒久。我们只有大力传承石油精神、弘扬石化传统，植入优秀基因，培育先进文化，提升精神风貌，坚持高标准、严要求，从细处入手，向实处着力，一环扣一环地抓工作，一步一个脚印地干事业，才能增强凝聚力、向心力和战斗力，才能过得硬、打得赢，才能做出经得起实践和历史检验的实绩。

二、深刻把握石油精神、石化传统的形成背景与深厚积淀

不忘本来，才能面向未来。追溯石油精神、石化传统的形成和积淀，有助于更好地认识和把握中国石化不断发展前行的力量之源。1952 年 2 月，毛泽东主席亲自发布命令，决定将中国人民解放军 19 军 57 师转为石油工程第一师，支援石油工业建设。近 8000 名指战员投身共和国的石油建设事业，将部队纪律严明、能征善战的传统和吃苦耐劳、敢于拼搏的作风深深融入石油工人的血脉，成为石油精神、石化传统的重要源头。石油石化传统形成于石油会战时期，丰富于创新发展的历程中，是一代又一代石油石化人在建设和发展石油石化工业的艰苦奋斗过程中铸就的精神财富，是中央领导集体精心培育的智慧结晶，是以铁人王进喜等一大批英雄人物的理想、信念、情感和意志在广大职工中扩展而形成的群体意识，是石油石化人取之不尽、用之不竭的精神富矿。

党和国家领导人的亲切关怀为培育石油精神、石化传统提供了思想指引。石油石化工业发展，始终得到党和国家领导人的亲切关怀和充分肯定，为石油石化传统的培育形成提供了思想源泉，提升了历史地位。党和国家领导人十分关心石油工业的发展，早在“一五”计划开始时，毛主席就专门请来地质部部长李四光，询问我国石油资源问题，并语重心长地说：“要进行建设，石油是不可能少的，天上飞的、地下跑的，没有石油都转不动。”1955 年，当他得知一些世界先进的石油勘探开发技术还没有掌握，用于天然石油勘探的资金很紧张，在戈壁、荒滩、沙漠野外开展勘探开发工作

十分辛苦时，很有感慨地说："看来发展石油工业还得革命加拼命。"1959年，周总理在了解大庆石油会战的情况后指出："要用毛泽东思想指导大会战，用辩证唯物主义的立场、观点、方法，分析解决大会战中遇到的各种问题"，成为大庆油田"两论"起家基本功的开端。邓小平、江泽民、胡锦涛、习近平等党和国家领导人，也先后莅临石油石化企业视察工作，为建设好、发展好我国石油石化事业作出指示和部署。1983年7月12日，中国石化总公司成立大会在人民大会堂举行，时任国务院副总理姚依林在石化总公司成立大会上代表党中央、国务院致辞说："为了实现党的十二大提出的到本世纪末全国工农业总产值翻两番的宏伟目标""党中央、国务院经过充分论证，下了最大的决心，把分散在各部门、各地区的39个大中型石油化工企业高度地联合起来，组成全国最大的石油化工总公司"，并强调"国家对你们寄予很大的希望，希望你们在八十、九十年代，为整个国民经济的振兴，作出更大的贡献。"1989年12月，时任国务院总理李鹏与石化总公司部分经理（厂长）座谈时说："现在来看，走集团化的道路，就石化总公司来讲，是成功的。"2016年，在庆祝中国共产党诞辰95周年前夕，习近平总书记作出重要批示，强调要大力弘扬以"苦干实干""三老四严"为核心的石油精神。2019年9月26日，习近平总书记在致大庆油田发现60周年的贺信中指出：大庆精神铁人精神已经成为中华民族伟大精神的重要组成部分。正是由于党和国家的坚强领导和亲切关怀，石油石化传统从根基和源头上就继承了党的优良传统和作风，能够坚持遵循以国为重、自力更生、艰苦奋斗、实事求是的价值追求，从而引领广大石油石化产业工人始终听党话、跟党走。

艰苦创业的伟大实践为培育石油精神、石化传统提供了深厚土壤。"一部艰难创业史，百万覆地翻天人"。石油石化的创业发展史，是一部波澜壮阔的奋斗史，是由石油石化产业工人的伟大实践所书写的。1960年大庆石油会战率先展开，松辽盆地草原覆盖、沼泽遍地、人烟稀少，数万名石油人一下子涌进了荒凉的萨尔图草原。面对极度恶劣的自然环境和严重匮乏的财力物力，以王进喜为代表的广大石油工人响亮地喊出了"有条件要上，没有条件创造条件也要上"的口号。1961年4月16日以华八井喜获工业油流为标志，发现了胜利油田，揭开了华北地区大规模石油勘探开发会战的序幕，老一辈石油人发扬艰苦奋斗、自力更生的精神，没有水喝就自己打水井，粮食不够就挖野菜、找菜籽，边生产边生活、边发展边建设，逐步形成了以“坚定不移的政治信念，以国为重的主人翁意识，以苦为荣的奉献精神，求实创新的科学态度”为主要内容的“胜利精神”，推动胜利油田建设“从创业走向创新，从胜利走向胜利”。1967 年，北京大房山下还是一片荒山秃岭，可谓“乱石滚滚满山坡，吃喝都用毛驴驮”。为满足人们衣、食、住、行的需要，以及首都和华北地区对燃料油的需求，从祖国各地汇集到这里的广大工人、农民、工程技术人员、解放军指战员和大专院校的师生们，在这个沟壑纵横、杂草丛生的山沟里，展开了一场战天斗地的大会战，建起了我国自行设计、自行制造的一座大型的东方红炼油厂（燕山石化的前身）。伟大的实践孕育伟大的精神，伟大的精神推动伟大的实践。经过艰苦会战和创业洗礼的实践锤炼，培养了石油石化人过硬的作风、过硬的技术、严密的组织、严明的纪律，孕育形成了石油精神和石化传统，引领和激励着一代代石油石化人奋斗奉献、一路向前。

行业板块特色文化为培育石油精神、石化传统注入了丰富内涵。在公司发展过程中，每个业务板块都结合实际，将石油精神、石化传统融入管理，形成了各具特色的文化特征。同时，各板块形成的特色企业文化，不断拓展了石油精神、石化传统的丰富内涵。在油田板块，针对生产点多线长面广且需长期野外作业，工作环境多在沙漠、戈壁、山区，工作对象在地下，未知因素多、情况复杂，投资大、风险高的情况，企业文化集中体现为大庆石油会战时期形成的大庆精神铁人精神，“我为祖国献石油”的报国情怀，以及“三老四严”“四个一样”“宁要一个过得硬，不要九十九个过得去”的“严细准狠”作风。在炼化板块，针对炼化企业作业流程复杂、设备密集、生产规模大，以及易燃、易爆、高温、高压、真空、腐蚀、有毒等特点，生产过程中时刻需要精益求精、严细认真，坚持总结和发展有效的传统管理经验，借鉴吸收国际先进企业管理方法，形成了以“精细严谨”为特征的管理精髓，企业文化集中体现为艰苦创业精神、开拓进取意识、认真办事的严细实作风、亲密团结的集体荣誉观，以及积极向上的队伍风貌等。在销售板块，经历了从计划经济体制下强调保障供应、稳定市场秩序到市场经济条件下注重竞争和效益意识的转变，成品油经营也由严格的计划管理逐步实行开放经营、配置管理。中国石化销售公司在加快市场化进程中，为有效调动员工积极性和提升企业市场竞争力，更加强调市场意识、效益意识、竞争意识和灵活机动的战略战术，不断强化人本意识、质量意识，认真践行“每一滴油都是承诺”“易捷万店无假货”的要求，保障了市场供应，取得了良好经济效益。石油工程板块和炼化工程板块干部员工在长期的施工作业中，形成了“召之即来、来之能战、战之能胜”的“铁军”作风，在推动石油石化工业发展中发挥了重要保障作用。科研板块干部员工在长期的科研工作中，形成了“崇尚科学，求实创新”的精神，推动了创新驱动、科技兴企战略的实施。机关部门在长期的指导协调、服务保障工作中，形成了“讲政治、讲大局、讲责任、讲奉献，精细严谨、务实创新”的优良作风，为公司整体高效运行提供了坚强保证。

三、将石油精神、石化传统在新时代发扬光大

以“苦干实干”“三老四严”为核心的石油精神形成于石油工业艰难的创业初期，是坚持党的领导、发挥党的政治优势的实践成果，是石油石化战线的立身之本、创业之魂，是激励石油石化人永远奋斗的强大精神动力。新时代传承“苦干实干”优良传统，就是要树立正确的利益观苦乐观，始终把国家利益、企业利益放在第一位，不怕苦，敢吃苦，能吃苦，以顽强的意志正视困难、战胜困难，为石化振兴、国家富强不断作出新贡献；就是要树立正确的发展观政绩观，始终保持实事求是的作风，不图虚名，不尚空谈，不摆花架子，脚踏实地，勤奋工作，努力创造经得起实践、人民、历史检验的工作实绩；就是要树立正确的奋斗观奉献观，永葆“我为祖国献石油”的豪情壮志，敢于担当、迎难而上、甘于奉献，勇于挑最重的担子，敢于啃最硬的骨头，善于接最烫手的山芋，打开改革发展新局面，为打造世界一流企业

奉献奋进。

“三老四严”是大庆石油会战中形成的优良作风，具体内容是：对待革命事业，要当老实人，说老实话，办老实事；对待工作，要有严格的要求，严密的组织，严肃的态度，严明的纪律。新时代传承“三老四严”优良传统，就是要大力培育求真务实、精细严谨的工作作风，引导干部员工始终保持高度的主人翁责任感和科学求实精神，不断增强队伍建设的组织性和纪律性，不断增强创新发展的主动性和科学性，不断增强执行制度的自觉性和严肃性，努力提升企业管理水平和核心竞争力。

中国石化成立36年来，始终传承和弘扬以“苦干实干”“三老四严”为核心的石油精神，在“振兴石化”的生动实践中，贴近企业实际，体现行业特点，逐渐形成了以“求真务实、精细严谨、家国情怀”为主要内涵的石化传统。石油精神和石化传统都是党领导人民进行建设和改革所凝结的宝贵精神财富，二者不是割裂的，而是相互联系、相互印证的。石化传统是对石油精神的传承与弘扬，广大干部员工要融会贯通、一体贯彻，凝聚起“爱我中华、振兴石化”“为美好生活加油”的正能量。

石油精神、石化传统是指引石油石化战线拼搏奋进的精神航标。新时代大力传承石油精神、弘扬石化传统，就要深入挖掘其时代内涵，不断拓展其外延，赋予新的生命力。石油精神、石化传统的时代内涵需要从“真挚赤诚的家国情怀、奉献奋进的实干作风、精细严谨的优秀品格、求真务实的科学态度”四个方面来理解把握和弘扬传承。

新时代大力传承石油精神、弘扬石化传统，就是要涵养真挚赤诚的家国情怀。中国石化在36年的发展进程中，始终肩负着国家的重托和人民的希望，始终站在国家发展大局中谋划发展，自觉服从服务于国家发展战略，满足国家的需要、人民的需要、时代的需要，全面履行政治责任、经济责任和社会责任，体现了石化担当。

习近平总书记在全国国有企业党的建设工作会议上指出，国有企业是中国特色社会主义的重要物质基础和政治基础，是我们党执政兴国的重要支柱和依靠力量。中国石化作为国有重要骨干企业，在新时代传承石油精神、弘扬石化传统，就是要永葆为国分忧、产业报国的真挚情怀，以服从服务国家战略为己任，坚定产业报国信念，肩负起发展我国石油石化工业、保障国家能源安全的重任，成为党和人民可以信赖和依靠的“大国重器”。要保障国家能源安全。习近平总书记着眼党和国家事业发展全局，提出“四个革命、一个合作”能源安全新战略，就大力提升国内油气勘探开发力度、保障国家能源安全作出重要批示。2018 年中国石化境内原油产量 3506 万吨，境内天然气产量 276 亿立方米，境外权益油气当量 4250 万吨，在全球 26 个国家执行 49 个油气资源投资项目，已初步形成非洲、南美、中东、亚太、俄罗斯——中亚、北美六大油气工作区。但与保障国家能源安全的要求相比，还有较大提升空间。我们要认真落实习近平总书记重要指示批示精神，强化政治担当，推动大力提升油气勘探开发力度七年行动计划落实落地。要以有效益、可持续为准绳，以提高采收率和油气产量硬稳定为中心，提高勘探投入强度，加大风险勘探力度，坚定不移走高质量勘探、效益开发之路。要将天然气有效快速发展作为战略重点，加快推进以气田开发、管道设施、LNG 接收站和储气设施建设为重点的产供储销体系建设，统筹国内国外、常规非常规资源，扩大资源安全有效供给。积极构建地热、太阳能、风能等新能源供应体系，探索打造区域综合能源服务供应商。要积极投身绿色发展。生态文明建设是关系中华民族永续发展的根本大计，实现绿色发展是中央企业应尽的政治责任。中国石化认真学习贯彻习近平生态文明思想，连续两年实施“绿色企业行动计划”，油品升级累计投入 3000 多亿元，2018 年稳步推进 481 项“能效提升”计划，全年建设项目环保管理合格率达 100%。但与我国深化生态文明体制改革、实行最严格的生态环境保护制度相比，我们在绿色企业建设上还有差距。要以强烈的政治责任感和紧迫感，把绿色发展摆在更加突出的位置来抓，加快从被动治理向主动谋划转变。要打好“蓝天”“碧水”“净土”保卫战，重点推进大气污染源综合治理、危险废物规范化管理、土壤地下水污染防治任务。沿江企业要加快问题整改销项，强化水体风险防控，共护“一江碧水、两岸青山”。加快实施绿色企业行动计划，今年力争再完成 15 家绿色企业创建，到 2020 年一半的生产企业要完成创建，2023 年力争全部完成。要全力保障民生。为提供“高效、经济、洁净、安全”的能源，中国石化建设完成了“川气东送工程”，管道横跨 6 省 2 市，全长 2233 千米，2010 年 8 月 31 日全面投入商业运行，10 年累计输送天然气逾 860 亿立方米，成为名副其实的造福民生的“沿江能源新动脉”。在重庆，我国首个大型页岩气田——中国石化涪陵页岩气田如期建成 100 亿方年产能，截至目前，日产量稳定在 1500 万立方米以上，相当于 3200 多万个家庭的日常生活用气量。进军雄安新区地热资源开发，城区基本实现了地热集中供热全覆盖，雄县成为我国第一个“无烟城”。目前地热开发区域已经扩展到 16 个省市区，地热供暖能力超过 4200 万平方米，力争用 6 年时间再造 20 座“无烟城”。今后，我们要继续肩负起“为美好生活加油”的使命，提供大量的优质产品，服务经济社会发展。要认真履行社会责任。中国石化始终尊重员工的主体地位，坚持保障员工基本权益和身心健康，为不同岗位员工的职业发展诉求提供多维度的培训和支持，营造了人尽其才、才尽其用的良好氛围。关心员工生活，通过“走基层、访万家”、推进“EAP 一线行”，帮助员工解决了大量实际困难。同时，中国石化奉行“上善若水，公益为先”的理念，扎实做好社会责任工作。在国内，围绕“两不愁、三保障”目标，承担 8 县 750 村的帮扶任务，奋战在脱贫攻坚一线的扶贫干部 1994 人，受益 32 万余人。截至 2018 年底，全系统累计投入扶贫资金 21.7 亿元，累计购买全国 832 个贫困县农产品 772.13 万元，帮助销售 1.5 亿元。积极投身公益事业，“中国石化光明号”健康快车 15 年来累计捐资超过 1.5 亿元，免费救治贫困白内障患者超过 4.4 万名；“爱心加油站 · 环卫驿站”公益项目在全国 13 个省（区、市）启动，服务环卫工人；“情暖驿站 · 满爱回家”7 年累计服务春节务工返乡人员超过 4000 万人次。在海外，中国石化积极参与“一带一路”建设，做全球企业公民。在埃及，实施女童教育帮扶计划，修建 201 所女童学校，在校女学生 7000 名左右；在非洲，各类项目中累计缴纳所得税近百亿美元，加上其他税费合计超过 140 亿美元，吸纳非洲当地员工 5344 人，本地化比例为 57%。今后，我们要继续积极履行扶贫、助困、赈灾、援医等企业社会责任，体现大企业的大责任、大担当。

新时代大力传承石油精神、弘扬石化传统，就是要发扬求真务实的科学态度。中国石化是一个知识密集型的企业，有科学的勘探理论、配套的开发技术，有高精度的装置装备、复杂的工艺流程，还有上中下游一体化运行的管理模式，需要干部员工始终坚持实事求是的思想方法，以求真务实的科学态度从事管理、技术、操作等工作，创造出经得起实践检验的工作业绩。过去，我们有“三个面向”“五到现场”的传统做法。“三个面向”指面向生产，面向基层，面向群众。各级干部深入生产第一线，与基层员工同吃同住同劳动，扎扎实实领导生产，密切干群关系。对基层工作实行面对面的领导，有效地提高了工作效率，推进了企业发展。“五到现场”，即生产指挥到现场、政治工作到现场、材料供应到现场、科研设计到现场、生活服务到现场。体现的是干部为群众服务，机关为基层服务，有利于根据实际情况确定解决方案，避免瞎指挥，能更多地倾听群众呼声，了解群众疾苦，及时解决问题，调动基层工作积极性，切实提高了机关工作成效。现在，我们有“马上就办、办就办好”“走基层、访万家”、干部跟班劳动、领导干部一个月驻点、干部基层写实等好做法，促进了各项工作“上接天线、下接地气”。

求真务实的科学态度，在中国石化的模范人物身上也有着集中而又鲜明的体现。闵恩泽院士就是其中一位。1965 年，石油部决定在湖南长岭地区建设炼油催化剂生产厂。当时搞“三线建设”，上级提出要以工序为单元建设催化剂厂，要做到从飞机上往下看，厂房分散得像农民的住房一样。这显然不符合科学生产的要求，就在方案论证时，闵恩泽冒着被批判的风险，大胆指出：“按工序建厂，物料传输路线长、投资大、能耗高，同时还容易混入杂质，影响催化剂质量。”闵恩泽的话音刚落，在场的一些同事不禁替他捏了一把冷汗。闵恩泽仍然镇定地说：“我也和大家一样着急，这个催化剂厂是出于战备需要才上马的，如果我们建成的是一个不能正常开工的厂，那我们就是对国家和人民的犯罪。所以，我们必须，也只能以车间为单位对厂房进行设置。”在科学面前，闵恩泽考虑的不是个人的得失，而是民族的利益，国家的安危！

1974 年，长岭催化剂厂的加氢催化剂装置投产后，暴露出严重问题，由于生产方法落后，催化剂产量小、质量差，生产过程中产生的大量氮氧化物，造成严重污染。闵恩泽看在眼里，急在心上。他受命与其他科研人员一道，迅速展开加氢催化剂会战。他们认真研究了当时国内外加氢催化剂的状况，下决心打破国外技术封锁，依靠自己的力量，挑战世界先进水平！为了尽快解决各种难题，闵恩泽带领会战组成员，盯在现场，加班加点。晚上，他还把工人们带到招待所，用小黑板给大家讲课。1977 年 4 月，加氢催化剂会战胜利结束，长炼投入新的加氢催化剂工业试生产。这次会战，使我国加氢催化剂产品质量和生产技术一步跨越了 30 年！

求真务实的科学态度在陈俊武院士身上也得到了充分体现。陈院士经常说，“科研人员不能讲可能怎么样，一定要是什么样就是什么样。”这是他的一贯工作作风。他不喜欢经验主义，反对不求甚解，更不以权威自居、以专家自诩，每当在实践中遇到新问题，总是坚持用科学的理论去解释，对待不同的观点和争论，总是坚持从实践中寻找答案。在他 70 年的工作历程中，有一半时间都是在生产建设一线。在他主持过的多个炼油厂和上百套炼油装置设计中，无论面对理论问题还是实践问题，他都以专注踏实的态度、精益求精的精神，深入实际，深入一线，精确计算，反复论证，不但使问题得到解决，而且力争每个项目都有所创新。20 世纪 90 年代初，他离开领导岗位之后，针对国内外相关领域专著稀少的情况，将自己多年积累的各类技术资料分类整理，精心选取案例，核对数据，历时两年编撰出理论和实践兼备的《催化裂化工艺与工程》专著，成为业内权威的教材和参考书。20 多年间，这部专著多次再版，每一次他都会本着对国家负责的原则，根据技术进步的具体情况，亲自主导增删修补，对书中内容进行充实更新。耄耋之年，他指导甲醇制烯烃技术开发和工程设计时，和年轻人一样上班加班，多次主持讨论会，先后 8 次到陕西华县试验现场，坚持走遍装置的各个部位，还登上“两器”最高平台了解情况。

中国石化优秀共产党员、湖北石油荆门分公司原副经理陈鹏龙同志在工作中也是始终坚持了求真务实的科学态度。2001 年，25 岁的陈鹏龙从加油站调到王家河油库担任油库副主任。在油库工作期间，陈鹏龙主要负责油品数质量工作。“计量工作就是钱袋子，尺子投深一毫米，运输方就会凭空多几百公斤油；如果投深一厘米，那就是几吨油。”陈鹏龙一直严格要求自己，坚持职业操守。调任宜昌分公司中心城区经理后，陈鹏龙严抓安全工作，从来不打马虎眼。2014 年，东山加油站因市政管道施工停业。一天夜里，施工管道突然发生破损，造成加油站油罐进水。站长张晓宇认为，都是空罐，没必要麻烦陈经理。但又想到，平时陈鹏龙对安全管理很严格，说任何安全风险都不能放过，都要通知他。于是，张晓宇发了一条短信，这样陈鹏龙第二天一早起来看到就行。没想到，半个小时后，陈鹏龙出现在加油站。在深夜，硬是联系到供水公司修理人员，修补破损的管道，并对加油站油罐进行清理。一切处理妥当，天快亮了。2015 年 8 月 27 日，陈鹏龙调任湖北石油荆门分公司副经理，分管安全工作。司机张代元说，他经常给陈鹏龙开车，车里一定要放四样东西：安全帽、手电筒、雨伞、雨靴。湖北石油荆门分公司政工部主任廖方敏说，很少见到陈鹏龙穿皮鞋，因为总是下基层，脚上常年穿着工作鞋。到荆门分公司工作不到一个月，陈鹏龙就将辖区 140 多个加油站跑了个遍。2016 年 7 月 1 日的大雨期间，陈鹏龙一天跑了 890 公里，车子加了两次油，凌晨三点才返回公司宿舍。7 月 20 日，陈鹏龙在带队抗洪抢险时突遇洪峰，车辆侧翻，壮烈牺牲。可以说，求真务实的科学态度在闵恩泽、陈俊武和陈鹏龙同志身上体现得淋漓尽致，需要我们认真学习、自觉践行。

新时代大力传承石油精神、弘扬石化传统，就是要永葆精细严谨的优秀品格。中国石化血液里就有“三老四严”的基因，管理上始终是精细严谨的典范。36 年来，中国石化借鉴吸收国际先进企业管理方法，结合石油石化行业的生产和管理特点，突出加强以岗位责任制为重点的生产管理，以全面质量管理为重点的产品管理，以科学严细为重点的设备流程管理，以“三基”为重点的基础管理，形成了“三老四严”“四个一样”“严从细中来，实在严中求”“宁要一个过得硬，不要九十九个过得去”等精细严谨的优秀品格。在企业发展过程中，始终坚持高标准、严要求，做到生产上精耕细作、经营上精打细算、管理上精雕细刻、技术上精益求精。石油化工行业高温高压、易燃易爆，公司坚持“安全第一、预防为主、综合治理”工作方针，建立“全员、全过程、全方位、全天候”的安全生产监督管理体系，明确各级安全生产责任制；狠抓重点装置要害部位的安全管理和安全隐患治理，强化生产施工现场的安全监督管理；认真贯彻落实安全检查“严之又严、吹毛求疵、铁面无私、六亲不认”工作要求，持续组织开展年度设备大检查和安全大检查，确保了安全生产总体平稳。

党组书记、董事长戴厚良指出，面对新时代新要求，要清醒认知自身所处的管理阶段，采取针对性措施，大力推进从严管理、精细管理、精益管理，打造管理软实力。真正落实好从严管理、精细管理、精益管理的要求，是新时代石化人精细严谨优秀品格的具体体现。直接作业环节安全管理的“十条措施”和“全员安全记分管理办法”，推动从严管理落实落地。近期，集团公司印发了《加强直接作业环节安全管理十条措施》和《中国石化全员安全记分管理办法（试行）》，这两个文件的出台是检视、整改安全工作存在主要问题的具体举措，显示了集团公司党组坚决遏制安全事故、推动安全工作形势持续向好的决心。“十条措施”从合同方案、人员管理、现场作业、监督考核等方面提出了明确要求，措施针对性强，进一步强化了承包商和直接作业环节管理。“全员安全记分管理办法”从记分周期、记分情形、记分程序、考核应用等方面提出了明确要求。规定了采用 12 分记分制，党组管理领导人员记分周期为 3 年，处级干部记分周期为 2 年，其他职工记分周期为 1 年，记分周期内，职工记分不随工作变动而清除。规定了事故、负面舆论和严重违章 3 种记分情形，1 种加重记分情形和承包商连带记分情形。明确了对记分的考核应用，受到安全记分的职工将不能参加安全先进评选，视其记分分值，将受到高至解除劳动合同的处罚。这两个文件使安全管理更加精准有效，符合当前集团公司正处于安全严管时期的要求。信息化建设为精细管理搭起“直通车”。过去，要想做到精细管理，需要依靠人的力量，进行严格的监督、检查。现在进入信息化时代，通过开发软件，能够把原来繁琐的检查环节，设计成网上的流程节点，实现足不出户就能实时跟踪，使业务工作管得更精、理得更细，提高了管理效率。目前，中国石化有 ERP（企业资源计划)、物资采购电子商务系统、合同管理系统、智能化管线管理系统、石化 e 贸、党群工作管理系统等 10 多个系统，信息化技术像毛细血管一样，延伸到了企业的各个组织、各项业务，能够随时收集信息、掌握情况。比如，智能管线管理系统是以油气管道为基础，利用地理信息系统、电子标签等技术，通过采集、获取、动态分析管线的各类空间、属性和生产数据，为管理决策、风险监控和现场操作提供支持，实现“油气流、信息流”一体化融合的现代化管线。这个系统实现了“泄漏自动报警、地质灾害的提前预警、专家系统管线维护、可视应急救援”等功能，有效弥补了人工巡线的不足，对管线的管理更加精准化。比如，物资采购电子商务系统使中国石化传统采购模式实现了重大变革：在统一的平台上，按照统一流程，在统一的供应商网络内实施采购业务，将订单提报、询价方案、询价书、报价书、采购方案、合同等采购关键环节固化在系统中，实现了采购过程公开化，以信息化、数字化助力精细管理，打造“阳光工程”。镇海炼化以“大平稳、大优化”探索精益管理。精益管理的核心，是以最小投入创造最大价值。所谓“精”，即在生产经营中最大限度减少资源的投入和耗费；所谓“益”，即多产出经济效益的同时，保证产品、工程和服务的高质量。镇海炼化的闪亮名片是百万吨大乙烯，运行 5 年就收回全部投资；裂解装置绩效连续 4 年位列全球第一群组。为何镇海乙烯能一路领跑？镇海炼化“一平稳四优化”攻关组专家一致认为：“保持大平稳赢得大效益。”为保证平稳运行，镇海炼化既抓工前预习要领，又建立作业项目预告机制，推行全工种管控作业风险。比如，在丙烯制冷压缩机复水器管束反冲洗操作前的演练上，工艺员要边比划边说：“关循环水阀门要注意掌握节奏，先慢后快。前 10 分钟关五分之一，最后五分之一要在一分钟内马上关掉”，不断地提醒外操。镇海炼化还建立作业项目预告机制，让运行和维护团队提前知晓对方要做什么。每天下午 3 点半，烯烃部召开由动设备团队、静设备团队、电气、仪表、承包商、运行部专业技术员、操作人员参加的七位一体管控会，提前研究次日作业安排，对每项作业进行风险识别，强化直接作业环节安全监管。在“大优化”上，镇海炼化注重原料优化降成本，动态优化高低硫原油结构、原油轻重结构、掺渣资源结构，努力拓展机会油种，实现性价比最优；生产管理部门做好物料平衡、调整装置负荷，使上游装置产品分布处于黄金点，输送更多优质物料给乙烯装置。镇海炼化还注重系统优化增效益，投产的煤焦制氢装置增加了氢气总量，使两套加氢裂化装置实现满负荷运行，提高了裂化反应深度，供给乙烯装置的“粮草”更丰富。正是在精益管理上动脑筋、下功夫，才使烯烃装置保持了高效运行。

新时代大力传承石油精神、弘扬石化传统，就是要锤炼奉献奋进的实干作风。我国石油石化工业在由小到大、由弱变强的发展过程中，战胜各种困难，跨越各种关口，靠的就是苦干实干、奉献奋进的拼劲和韧劲。大庆油田会战初期，面对恶劣的自然环境，王进喜带领队员们喊出了“北风当电扇，大雪是炒面，天南海北来会战，誓夺头号大油田。干！干！干！”的豪言壮语，体现了一种革命乐观主义精神。胜利油田会战在一片盐碱滩上展开，当年的石油人住的是地窝子、干打垒，吃的是地瓜干、糠菜团，喝的是盐碱水，硬是靠着人拉肩扛、自力更生、艰苦奋斗，建成了我国第二大油田。无论过去、现在还是将来，这种实干作风始终是支撑我们攻坚克难、不断前行的精神动力，特别是面对“两个三年、两个十年”打造世界一流战略部署，更要大力传承好石油精神、弘扬好石化传统，激励干部员工干事创业、建功新时代。

行业的客观条件要求干部员工继续艰苦奋斗、拼搏奉献。石油石化行业的特性使得部分企业和岗位远离城市，工作环境相对较差，特别是有的油田分布在沙漠戈壁之中，自然环境恶劣，工作生活艰苦。这就要求新一代石油石化人能够吃苦耐劳、承受压力，有艰苦创业的精神、甘于奉献的品质。在科威特沙漠钻井的中国石化队伍，夏季要应对严酷的高温考验。最炎热的6—8 月，不到中午 12 点，滚烫的沙漠就会蒸腾起层层热浪。为了安全，井队现场的员工们必须全副武装：戴上安全帽和墨镜，全身披上厚工服，面部罩着护巾，脚上穿着厚工鞋。这身行头在太阳底下站着，10 分钟就会全身湿透。爬井架或者拿工具时必须戴上厚手套，否则手上立刻就会烫出水泡。工人在井场工作一个月，整个人都会被晒成“黑炭”。就是面对这么恶劣的环境，科威特市场从2008年几个人的团队发展到3000多人，从零开始发展成中国石化钻井工程规模最大的海外机构之一。

薛梅是胜利油田东辛采油厂营二管理区采油1站采油工。1995年11月，薛梅和作为家属的丈夫孙宾来到营8更9井站，开始了驻岗生活，建立起一个特殊小家。两人每天朝夕相对的除了油井井站，就是芦苇荡。24年来，夫妻俩精心管护小站7口油水井和1座计量站，每隔4小时就要用一个小时徒步巡逻一次，夫妻俩没有休过一个完整的节假日。由于井站远离生活区，周围人烟稀少，道路难走，送水、买菜、出行等都不方便，有时还面临不法分子的威胁。尽管在这样艰苦的环境下，夫妻二人依然克服困难，精心管护油井，累计巡井巡线4万余次，安全生产原油10多万吨，而且培养出了胜利油田的标杆井。

谢存义是燕山石化的一名普通员工，退休前，他在一线倒班岗位上辛勤耕耘了44年。44年里，他克服了倒班生活苦、作息没规律、与妻子两地分居、孩子上学不能及时照顾、父母身体不好不能身前尽孝等困难，把自己的青春奉献给了炼化事业。谢存义说，他一直遵循这样一个原则，想干就干好，任劳任怨，踏踏实实，相信一分耕耘一分收获。他用44年的坚守奉献，把平凡变成了不平凡，2013年3月，谢存义荣获“感动石化”人物。

像薛梅、谢存义这样长期扎根基层一线、默默奉献的优秀员工，都是石油精神和石化传统在基层的具体践行者。各单位要选树宣传那些忠诚可靠、长期扎根一线的典型，那些敢于担当、苦干实干的典型，树立起鲜明导向。近期，“奋进石化”平台策划并持续推进“我身边的倒班人”短视频推荐活动，目前已经收到推荐作品1197个，展示了一线倒班人的风采，为基层员工树立起了学习的榜样。对于大部分员工来说，工作生活环境不那么艰苦了，出行有汽车，办公有电脑，很多一线岗位实现了信息化自动化，但越是条件好了，越要发扬艰苦奋斗的精神，在思想上艰苦奋斗、在学习上艰苦奋斗、在工作上艰苦奋斗，干出更加出色的工作业绩。

改革发展的繁重任务要求干部员工继续攻坚克难、奋发有为。党组判断，未来3到5年是决定中国石化前途命运的关键时期，如果把握不好，公司面临的不仅仅是能不能发展的问题，而是能不能生存的问题。党组认为，应对“四大革命”，跨越“四大关口”，夺取决胜全面可持续发展五大标志性成果，推进实施“两个三年、两个十年”打造世界一流战略部署，绝不是轻轻松松、敲锣打鼓就能实现的，前进道路上存在诸多风险与挑战。面对这些困难和挑战，党组强调，要以强烈的奉献精神和奋进姿态践行初心使命。面对不断加剧的市场竞争、前进道路的一道道难关，各级干部和广大员工要深入学习贯彻新发展理念，转变不合时宜的思想观念，保持昂扬向上、奋发有为的干劲，事不避难、迎难而上的拼劲，逢山开路、遇水搭桥的闯劲，上紧发条，铆足精神，咬紧牙关，推动思想再解放、改革再深入、工作再落实，把本职工作干好，扎实推动集团公司各项决策部署落实落地，早日实现更高水平的“振兴石化”。胜利油田针对老油田开发后期所面临的诸多困难和矛盾，大力加强高效勘探、规模增储，推进效益开发、低成本建产，努力实现较长时间内持续稳产 2300 万吨左右、盈亏平衡点 2020 年降至 50 美元 / 桶。聚焦提效率增活力，进一步做实分公司、开发单位、管理区职能定位，全面完成新型采油管理区建设和局处两级机关职能优化调整，实现油藏经营主体责任全面落实、管理体制精干高效。构建以提升保障支撑主业和技术服务创效能力为核心的专业化发展、市场化运营机制，油田 15 项业务专业化重组全面完成，累计调整划转三级机构 293 个，涉及人员 4.19 万人；2019 年外闯市场人数达到 1.6 万人、创收 15 亿元。中原油田扎实推进深化改革，到 2018 年底，油公司体制建设基本到位，稳妥推进主营业务机构整合、专业化业务集中管理、公共服务瘦身健体，实现单位压减 18%，管理干部压减 7%。优化调整队伍结构，推进人员跨界流动，油气开发、油气服务、公共服务队伍员工比例达到 0.37：0.3：0.33。加大外部市场创效力度，外部市场用工 8923 人，签订合同金额 18.18 亿元、创收 16 亿元，呈现出区域集中化管理、项目集成化运作、业务品牌化创效的良好态势。仪征化纤直面“三年扭亏增盈”的繁重任务，积极推进三项制度改革，2018 年公司在 PTA、BDO、PBT 和瓶片部推行一级管理，优化了 50 多项作业流程，在短纤打包等岗位成功推行业务外包，全年用工总量同比减少 448 人、在岗人员减少

285 人，劳动生产率同比提升 16.8%、比 2016 年提升 53%。推行工资收入与企业效益直接挂钩，2018 年职工月度平均绩效最高相差 20%；坚持向创效业绩突出的单位和基层关键岗位倾斜，各单位之间绩效考评最大相差 20% 以上。广东石油积极应对日趋白热化的市场竞争，坚持以客户为中心，以 900 万会员（含 650 万绑卡会员）为基础，打通信息壁垒，深化广东石油线上线下双平台联动效应，以加油闪付、自付终端、极简支付、电子加油券、电子发票等智慧支付功能为依托，进一步优化加油站自助体验，构建“现场 + 门店”两大自助专区，全面打造现代化便捷智慧消费场景。积极探索引领新能源发展，打造油气非电氢自由组合的多元化能源供应综合服务网络，特别是积极探索氢能源产业发展布局，力争 2019 年建成 2 座油氢合建站。

新时代催人奋进，新征程任重道远。中国石化已经站在新的历史起点，我们要大力弘扬大庆精神铁人精神，大力传承石油精神、弘扬石化传统，结合“不忘初心、牢记使命”主题教育，扎实组织石油精神和石化传统再教育，认真开展“在优良传统上我们丢掉了什么，对比先进我们缺少什么”讨论，深入学习陈俊武等先进典型身上苦干实干、“三老四严”、求真务实、精细严谨的过硬作风，切实进行一次思想洗礼，重整行装再出发，秉持初心勇向前，为实现更高水平的“振兴石化”，打造基业长青的世界一流能源化工公司贡献智慧和力量。

附件 3

关于进一步健全完善“七有机制”大力传承石油精神、弘扬石化传统的通知

中国石化党组宣〔2021〕69 号

各直属单位党委，总部各部门党总支（支部）：

石油精神、石化传统是党的伟大精神在石油石化领域的传承与弘扬。为在党史学习教育中大力弘扬伟大精神，推动石油精神、石化传统融入日常、深入人心、落地生根，现就进一步健全完善招聘有测评、入厂有教育、节点有仪式、培训有内容、使用有导向、身边有榜样、年度有考核等“七有机制”，大力传承石油精神、弘扬石化传统通知如下：

一、目的意义

通过健全完善以“招聘有测评、入厂有教育、节点有仪式、培训有内容、使用有导向、身边有榜样、年度有考核”为主要内容的“七有机制”，引导广大干部员工传承以“苦干实干”“三老四严”为核心的石油精神，弘扬以“家国情怀、事争第一、求真务实、精细严谨”为主要内涵的石化传统，立政德、明大德、守公德、严私德，汲取智慧力量，激发昂扬斗志，推动各项工作站排头、争第一，全方位推进高质量发展，加快打造世界领先洁净能源化工公司，以优异成绩庆祝中国共产党成立 100 周年。

二、主要内容

坚持把传承石油精神、弘扬石化传统作为弘扬党的伟大精神的重要内容，在健全完善“七有机制”中推动石油精神、石化传统融入干部员工职业发展全过程，促进员工全面发展和公司高质量发展，坚决扛起保障国家能源安全、引领我国石化工业高质量发展两大核心职责。

1. 招聘有测评。将石油精神、石化传统纳入员工招聘、人才引进的评价内容，通过笔试、面试等方式，重点测评应聘人员对“爱我中华、振兴石化”“为美好生活加油”的企业使命和“三老四严”“苦干实干”“精细严谨”等价值观的了解，评估是否能接受中国石化核心价值理念；测试对石油石化行业发展史的了解，对中国石化发展战略的理解，评估加入石油石化行业的动机和成就取向。

2. 入厂有教育。强化新入职员工优良传统教育，将石油石化工业发展史作为入厂教育的“必修课”，帮助扣好职业生涯“第一粒扣子”。组织认真学习公司规章制度，接受企业文化洗礼，增强干部员工对石油精神、石化传统的认同。采取观看石油石化会战影片、参观企业历史展览、听老一辈石油石化人讲创业故事、畅谈学习体会等方式，引导新入职员工及时转变身份，以强烈的责任担当践行“爱我中华、振兴石化”“为美好生活加油”的企业使命，形成文化共识。

3. 节点有仪式。抓住党和国家重要时间节点，组织干部员工就近参观瞻仰红色教育基地，开展特色主题党日活动，传承红色基因，厚植家国情怀。以发现日、建厂日等企业发展史上的重要时间节点为契机，采取座谈会、报告会、文艺演出等方式，开展石油精神、石化传统教育。打造一批企业文化建设基地，通过实地参观体验，追忆艰苦创业历程，接受石油精神、石化传统洗礼。

4. 培训有内容。推动石油精神、石化传统进党校进课堂，纳入干部员工日常培训，从领会时代内涵中汲取智慧和力量。组织党员领导干部专题学习习近平总书记关于石油精神的重要论述和指示批示精神，把握精神实质，推动党中央决策部署落地生根。邀请老革命、老石油、老模范等代表人物，为学员讲述石化故事和亲身经历，激励干部员工悟初心、忆传统、爱企业。

5. 使用有导向。坚持以石油精神和石化传统引领干部人才队伍建设，大力培养使用自觉践行中国石化核心价值理念的干部人才队伍，形成鲜明的选人用人导向。旗帜鲜明地为敢于担当的干部担当，为敢于负责的干部负责，激励更多干部勇挑重担、奋发有为。坚决肃清腐败分子流毒，消除错误的发展观和政绩观，树立主流价值导向，推动石油精神、石化传统入脑入心、见行见效。

6. 身边有榜样。强化典型示范，组织深入学习王进喜、闵恩泽、陈俊武等先进典型事迹，形成良好风气。大力选树先进典型，开展“感动石化”人物、劳动工匠、最美一线工人等先进典型评选，把石油精神和石化传统人格化、形象化、具体化。采取组织颁奖典礼、开展巡回宣讲、讲好典型故事等形式，宣传身边典型的先进事迹，激励干部员工争做石油精神、石化传统的实践者、传承者、推动者。

7. 年度有考核。把健全完善“七有机制”、传承石油精神、弘扬石化传统作为重要指标纳入年度党建考核，明确考核内容和标准，以考核抓落实促整改。采取巡回指导、重点调研、座谈交流等多种形式，对各单位传承石油精神、弘扬石化传统进行督促指导，通报有关情况，交流经验做法。

三、有关要求

1. 加强组织领导。各单位各部门要提高政治站位，把健全完善“七有机制”、传承石油精神、弘扬石化传统作为开展党史学习教育的重要内容，加强组织领导，落实主体责任，确保各项工作有序开展。党委书记是第一责任人，分管领导是直接责任人，宣传部门、组织部门牵头负责，工会、共青团等部门密切配合，共同抓好工作落实。

2. 创新工作方式。坚持“务实、创新、融合”，紧密结合自身实际，创新“七有机制”落实落地的载体和方式，突出亮点、形成特色、务求实效。

坚持融入日常、抓在经常，作为企业文化建设的重要内容，创新开展基层思想政治工作，促进干部员工自觉学习石油石化传统，为打造世界领先企业不懈奋斗。大力宣传各单位各部门在健全完善“七有机制”中涌现出的好经验、好做法、好典型，形成全员自觉弘扬、主动践行的浓厚氛围。

3. 注重统筹结合。坚持把传承石油精神、弘扬石化传统与打造践行习近平新时代中国特色社会主义思想重要阵地结合起来，与实施世界领先发展方略结合起来，与推动“十四五”良好开局结合起来，与完成全年生产经营任务结合起来，统筹推进，狠抓落实，以传承石油精神、弘扬石化传统成果推动公司高质量发展。

4. 形成长效机制。各单位各部门要注意挖掘、总结健全完善“七有机制”、传承石油精神、弘扬石化传统中形成的新经验、新做法，转化为可复制、可推广的成果，形成系统化、机制化的落实机制，推动弘扬伟大精神向纵深推进，成为打造世界领先洁净能源化工公司的坚强保障。

中共中国石化党组

2021 年 5 月 20 日

参考文献

［1］习近平．高举中国特色社会主义伟大旗帜 为全面建设社会主义现代化国家而团结奋斗——在中国共产党第二十次全国代表大会上的报告 [EB/OL]. 中国政府网，http://www.gov.cn/xinwen/2022-10/25/content_5721685.htm.2022-10-25.

［2］习近平．在庆祝中国共产党成立 100 周年大会上的讲话 [N]. 人民日报，2021-7-2（002）.

［3］习近平．用好红色资源 赓续红色血脉 努力创造无愧于历史和人民的新业绩 [J]. 共产党员，2021（22）：4-6.

［4］习近平．用好红色资源，传承好红色基因，把红色江山世世代代传下去 [J]. 求是，2021（10）.

［5］习近平．决胜全面建成小康社会 夺取新时代中国特色社会主义伟大胜利——中国共产党第十九次全国代表大会上的报告 [EB/OL]. 新华网，http://www.xinhuanet.com//politics/19cpcnc/2017-10/27/c_1121867529.htm.2017-10-27.

［6］习近平．中国共产党第十九次全国代表大会文件汇编 [Z]. 北京：人民出版社，2017.

［7］习近平．党的伟大精神永远是党和国家的宝贵精神财富 [EB/OL]. 求是网，http://www.qstheory.cn/dukan/qs/2021-08/31/c_1127810333.htm.2021-08-31.

［8］习近平．在大庆油田发现 50 周年庆祝大会上的讲话（2009 年 9 月 22 日）[EB/OL]. 共产党员网，https://news.12371.cn/2014/09/24/ARTI1411530150450543.shtml.2014-09-24.

［9］习近平．致大庆油田发现 60 周年的贺信 [EB/OL]. 新华社新媒体，https://

baijiahao.baidu.com/s?id=1645718220330021243&wfr=spider&for=pc.2019-09-26.

［10］总书记刚刚来过这里 | "端好能源饭碗，从胜利走向胜利！" [EB/OL]. 人民网，http://sd.people.com.cn/n2/2021/1023/c166192-34970939.html. 2021-10-23.

［11］习近平．在纪念红军长征胜利 80 周年大会上的讲话 [EB/OL]. 新华网，http://www.xinhuanet.com/politics/2016-10/21/c_1119765804_3.htm. 2016-10-21.

［12］中共中国石油化工集团有限公司党组．关于大力开展传承石油精神、弘扬石化传统教育的安排意见 [Z]. 中国石化党组宣〔2019〕44 号 .

［13］大力传承石油精神弘扬石化传统教育提纲 [Z]. 党组宣传部，2019-10.

［14］关于印发《大力传承石油精神、弘扬石化传统教育提纲》的通知 [Z]. 集团工单宣传〔2019〕37 号 .

［15］关于打造践行习近平新时代中国特色社会主义思想重要阵地的指导意见 [Z]. 中国石化党组〔2021〕50 号 .

［16］中共中国石油化工集团有限公司党组．关于进一步健全完善"七有机制"大力传承石油精神、弘扬石化传统的通知 [Z]. 中国石化党组宣〔2021〕69 号 .

［17］社会责任报告编制组．2020 年度中国石化社会责任报告 [R]. 北京，2021.

［18］马永生．中国石化要当好主力军和先锋队 引领石化工业高质量发展．中国石化新闻，http://www.sinopecnews.com.cn/xnews/content/2022-03/04/Content_7022048.html.2022-03-04.

［19］中国石油化工集团有限公司综合管理部．张玉卓、马永生、赵东同志在打造践行习近平新时代中国特色社会主义思想重要阵地推进会暨 2021 年宣传思想工作会议上的讲话和报告 [Z]. 石化通报，2021-2-7.

［20］张玉卓．在 2020 年集团公司工作会议上的工作报告 [Z]. 集团公司工作会议精神宣讲提纲 .

［21］张玉卓．在直属单位党委书记抓党建述职评议会上的讲话 [Z].

[22] 赵东．在党史学习教育中传承弘扬伟大精神的发言 [Z]. 2021-03-12.
[23] 赵东．传承石油精神 弘扬石化传统 以过硬道德品质为美好生活加油 [J]. 中国石化，2020,7:12-14.
[24] 赵东．传承石油精神 弘扬石化传统 [N]. 中国石化报，2021-12-16（001）.
[25] 赵东：加强党的建设提升凝聚力 传承石油精神增强战斗力 [EB/OL]. 人民网，https://baijiahao.baidu.com/s?id=1711689942291351657&wfr=spider&for=pc. 2021-09-23.
[26] 吕大鹏．在石油精神论坛上的发言《在传承石油精神中传承红色基因，在弘扬石化传统中弘扬伟大精神》[Z]. 2021-06-11.
[27] 吕大鹏．传承石油精神弘扬石化传统 牢记嘱托再立新功再创佳绩 [N]. 中国石化报，2021-12-03（001）.
[28] 中国石化总公司党组．关于开展向闵恩泽、陈俊武同志学习的决定 [Z]. 1994.
[29] 中国工程院，中国科学院，中国石油，中国石化党组．关于向侯祥麟同志学习的决定．2005.
[30] 闵恩泽．工业催化之路的求索 [M]. 石家庄：河北教育出版社，2003.
[31] 闵恩泽．自主创新之路的探索 [M]. 北京：冶金工业出版社，2014.
[32] 盛华仁．《陈俊武传》序，中国科学院院士传记 [A]. 陈俊武传．北京：中国石化出版社，2018.
[33] 侯祥麟．我与石油有缘 [M]. 北京：石油工业出版社，2012.
[34] 中国石油天然气集团公司思想政治工作部．石油精神铁人精神 [M]. 北京：石油工业出版社，2009.
[35] 郭岗彦，党绥梅．大庆精神铁人精神概论 [M]. 北京：石油工业出版社，2020.
[36] 石油精神 - 文献石油 70 年编写组．石油精神 文献石油 70 年 [M]. 北京：石油工业出版社，2020.
[37] 周洪成．石油精神读本 [M]. 北京：中国石化出版社，2019.
[38] Clayton M. Christensen．创新者的窘境 [M]. 北京：中信出版社，2010.

[39] 周洪成，曲晓论，杨荣才，宋春刚. 中国石油工业百年发展史（上下）[M]. 北京：中国石化出版社，2021.

[40] 李晓明. 对新时代传承石油精神 弘扬石化传统的几点思考 [J]. 石油化工管理干部学院学报，2020，22(04)：22–24.

[41] 孙婧. 论大庆精神的形成、历史演变及其时代价值 [J]. 齐齐哈尔大学学报（哲学社会科学版），2020，11：41–44.

[42] 中国石油兰州石化公司党委. 石油精神的时代内涵与实践意义 [A]. 弘扬石油精神和大庆精神铁人精神——第四届石油精神论坛论文集 [C]. 北京：石油工业出版社，2021：101–118.

[43] 胡铱. 石油精神的时代价值研究 [D]. 山东：中国石油大学，2015.

[44] 夏雪. 传播符号理论在影视招贴设计中的应用 [D]. 南京：东南大学，2019：5.

[45] 邓萱 . 石油精神内涵研究 [D]. 黑龙江：东北石油大学，2021.

[46] 李璇 . 论克拉玛依大众传播媒介对“石油精神”的塑造 [D]. 新疆：新疆大学，2013.

[47] 高昂. 铁人精神与石油企业文化建设 [D]. 黑龙江：东北石油大学，2014.

[48] 郑夏. 基于大庆精神的石油企业文化力研究 [D]. 黑龙江：东北石油大学，2013.

[49] 葛欣. 大庆精神与大庆石油企业文化建设研究 [D]. 黑龙江：东北石油大学，2013.

[50] 许峰. “大庆精神”“铁人精神”在中石油东北销售秦皇岛分公司企业文化建设中的应用研究 [D]. 吉林大学：吉林省，2012.

[51] 贾兆鑫. 大庆精神从石油精神向城市精神转化研究 [J]. 国际公关，2021(02)：155–156.

[52] 王志刚，董贵成. “石油精神”的哲学意蕴与当代价值 [J]. 中国石油企业，2017(08)：15–16.

[53] 胡珣. 以石油精神和石化传统 助推打造世界领先进程 [J]. 中国石化，2021(04)：75–77.

[54] 李风格．推动石油精神石化传统落地生根[J]. 中国石化，2020(07)：78–79.

[55] 张志勇．发扬优良传统建设百亿气田——浅识新时期弘扬石油石化精神[J]. 东方企业文化，2015(19)：341+344.

[56] 江同文．油气开发高质量发展的哲学思考[J]. 北京石油管理干部学院学报，2022，29(01)：65–69.

[57] 左志红．弘扬石油精神 传承优秀文化[N]. 中国新闻出版广电报，2021–10–18(007).

[58] 乔靖芳，王中强，张瀚，姜伟．石油精神传承与建设内涵、路径及效果[J]. 中国石油企业，2021(06)：59–65+111.

[59] 徐子懿．新时代石油精神的传承与践行[J]. 人民论坛，2020(35)：92–93.

[60] 任国友．石油工人工匠精神的历史形成与传承[J]. 天津市工会管理干部学院学报，2020，37(01)：33–38.

[61] 王凯宗，罗文双．石油精神的内在逻辑、丰富内涵与时代价值[J]. 宿州教育学院学报，2022，25(01)：74–78.DOI:10.13985/j.cnki.34–1227/c.2022.01.010.

[62] 岳金霞，张卫东．论“石油精神”的时代内涵与当代价值[J]. 中国石油大学学报(社会科学版)，2021，37(06)：50–55.

[63] 邓萱，张文喜．石油精神的提出及其时代价值[J]. 大庆社会科学，2021(01)：31–34.

[64] 李守柱．石油精神“碰”上红色文化[J]. 中国石油石化，2019(18)：60–61.

[65] 尚长文．永远的石油师人[N]. 光明日报，2011–6–20(007).

[66] 冯春艳．中国石化：矢志建设世界一流企业文化[J]，企业文明：2017–10–10.

[67] 于洪波．铁人精神研究的主要成果及存在的问题[J]. 大庆社会科学：2009(2).

[68] 蒋宝德等．血脉脊梁：石油精神中华魂[M]. 北京：党建读物出版社，

2005：21.
[69] 喻滨，吴蓉．“互联网 +”背景下石油精神的继承与弘扬 [J]. 西南石油大学学报，2018(1)：29–35.
[70] 沈正翔，崔建东．大庆精神铁人精神的时代价值 [J]. 大庆社会科学，2012(8)：12–14.
[71] 张利利．政治学视域下大庆精神产生、发展问题研究 [D]. 东北石油大学，2016.
[72] 刘清．试论新时代大庆精神的传承 [J]. 改革与开放，2019(24)：41–45.
[73] 刘江波．秉承家国情怀 矢志振兴石化 [N]. 中国石化报，2019–09–23（001）.
[74] 李月清．加速培育企业转型升级新动能 [J]. 中国石油企业，2018(08)：51–52.
[75] 李月清．油气技术和规模跻身世界第一方阵 [J]. 中国石油企业，2018(10)：47–48.
[76] 李刚．汲取党史智慧 凝聚奋进力量 [N]. 中国石化报，2021–6–9（002）.
[77] 胡珣．“3863”企业文化建设模型的探索与实践 [J]. 企业文明，2021(06)：77–79.
[78] 黄仲文，梅辽颖，卞江岐．保持大平稳赢得大效益 [N]. 中国石化报，2019–3–2（001）.
[79] 冷庆国．弘扬石油精神战“严冬”[J]. 中国石油石化，2021(04)：60–61.
[80] 李钧奇．企业文化的传承与创新——镇海炼化企业文化建设案例 [J]. 现代阅读（教育版），2011(07)：44–45.
[81] 罗志荣．镇海炼化：一家有理想有文化有活力的企业 [J]. 企业文明，2017(04)：12–16.
[82] 王凯宗，罗文双．石油精神的内在逻辑、丰富内涵与时代价值 [J]. 宿州教育学院学报，2022，25(01)：74–78.
[83] 王旭丰．新时代国有石油销售企业人力资源管理面临的问题及改进对策 [J]. 企业改革与管理，2021(17).
[84] 敖健．“互联网 +”背景下石油销售企业营销管理改革方向 [J]. 产业创

新研究，2021(23)：79–81.
［85］岳金霞．张卫东．论“石油精神”的时代内涵与当代价值[J]. 中国石油大学学报(社会科学版)，2021，37(06)：50–55.
［86］冯金芳．关于石油企业管理创新问题与创新发展研究[J]. 中外企业家，2020(02)：57.
［87］崔丽娅．论石油企业管理中的创新管理[J]. 现代国企研究，2019(06)：34.
［88］张燚，刘进平，张锐，等．企业文化、价值承诺与品牌成长的路径和机制研究[J]. 管理学报，2013，10(4)：502–509.
［89］齐善鸿，邢宝学．中国企业的“精神管理”实践模式研究[J]. 管理学报，2011，8(04)：480–485.
［90］彭红霞，达庆利．企业文化、组织学习、创新管理对组织创新能力影响的实证研究[J]. 管理学报，2008(01)：144–149.
［91］黎永泰．企业文化管理初探[J]. 管理世界，2001(04)：163–172.
［92］盖晓芳．石油企业思想政治工作内容时代化研究[D]. 山东：中国石油大学(华东)，2019.
［93］温美荣．“三老四严”的时代内涵[N]. 学习时报，2019–09–04(005).
［94］王志刚．对弘扬石油精神的几点思考[N]. 中国石油报，2017–09–05(003).
［95］王晓群，于佳鑫．大力弘扬石油精神奋力书写石油华章[N]. 中国石油报，2021(001).
［96］本报记者．中国石化2019年十大新闻事件[N]. 中国石化报，2020–01–14(002).
［97］传承石油精神 石化工业奠定强国基石[EB/OL]. 中国工业新闻网，http://www.cinn.cn/nygy/sy/201908/t20190827_217592.html.2019–08–27.
［98］中国石油：弘扬石油精神塑造良好形象[EB/OL]. 党建网，http://www.dangjian.cn/djw2016sy/djw2016gddj/201610/t20161018_3824993.shtml.2016–10–18.
［99］永利化学工业公司铔厂[EB/OL]. 国务院国有资产监督管理委员会网，

http://www.sasac.gov.cn/n4470048/n16518962/n19136906/n19136919/c19320739/content.html.

[100] 玉门油田——中国第一个现代化油田 [EB/OL]. 中国石油网，http://www.cnpc.com.cn/syzs/sysh/201510/8a6142e2176648b09fb6fb62315e984f.shtml.2015-10-16.

[101] 渤海早期勘探开发简史 [EB/OL]. 中国石油网，http://www.cnpc.com.cn/syzs/sysh/202103/69cb0908e91149ac926ee03a2a315214.shtml#.2021-03-08.

[102] 刘俊山 . 传承石油精神，弘扬新时代海油精神 [EB/OL]. 中国网，http://union.china.com.cn/zhuanti/txt/2021-06/15/content_41591844.html.2021-06-15.

[103] 工程客 . 一文搞懂中国石油发展简史 [EB/OL]. 搜狐网，https://www.sohu.com/a/132006496_203321.2017-04-04.

[104] 榜样的力量 [EB/OL]. 中国石油新闻，http://news.cnpc.com.cn/system/2021/07/01/030037171.shtml.2021-07-01.

[105] 寇明灵 . 在工业遗产保护利用工作经验交流会上的发言《延长石油人“埋头苦干”，擦亮工业遗产再建百年油田》[EB/OL]. 中国工业新闻网，http://www.cinn.cn/gywh/201812/t20181221_203044.html.2018-12-21.

[106] 陈俊武 . 时代楷模陈俊武 [EB/OL]. 中国文明网，http://www.wenming.cn/sdkm/chenjw/.2020-01-13.

[107] 顾一琼，王宛艺 . 上海：红色地标亮起来 红色文物活起来 红色故事响起来 [J/OL]. 文汇报，https://wenhui.whb.cn/third/baidu/202105/22/405892.html.2021-5-22.

[108] 晋玉东 . 让懒政者“知耻后勇”[J/OL]. 深圳新闻网，http://www.sznews.com/new-s/content/2020-08/24/content_23488956.html.2020-08-24.